Federico Rampini

IL SECOLO CINESE

Storie di uomini, città e denaro dalla fabbrica del mondo

MONDADORI

www.librimondadori.it

ISBN 88-04-54482-1

I edizione aprile 2005

Indice

Il secolo cinese

A Stefania, Costanza,
Jacopo, Gino e Maria Pia,
famiglia globale

Introduzione

Nel febbraio 2005 gli schermi radar dell'economia mondiale hanno avvistato un sorpasso denso di significato. La Cina è diventata il maggiore consumatore mondiale di prodotti industriali e agricoli sottraendo questo primato agli Stati Uniti, che lo detenevano da quasi cent'anni.

Un mese prima, il 6 gennaio, la signora Lan Hui, impiegata trentunenne della Shell a Pechino, aveva partorito un maschietto di 3,66 chili. Il bambino finì sulle prime pagine dei giornali perché, con la sua nascita, la popolazione cinese raggiungeva ufficialmente 1 miliardo e 300 milioni. È la dimensione demografica dell'Europa sommata a quella degli Stati Uniti... e moltiplicata per due.

Nel corso dello stesso 2005 il numero di cinesi che hanno accesso a Internet (134 milioni) raggiunge e supera quello degli americani. La forza del paese è una combinazione di tutti questi elementi: le grandi dimensioni, l'inesauribile manodopera a buon mercato, le punte avanzate di modernità. Il boom cinese, ormai, detta i ritmi e le regole del sistema in cui noi tutti viviamo. Nessun settore, neanche quello tecnologicamente più avanzato, è al riparo dalla concorrenza del gigante asiatico: la Cina incarna il più grande popolo di consumatori, il più vasto bacino di forza lavoro e una nazione che riesce a eccellere nella ricerca scientifica, nella conquista dello spazio, nelle biotecnologie. Minaccia o opportunità, non ci si può permettere di ignorarla.

Secondo la banca americana Goldman Sachs, nel giro di trent'anni l'economia cinese sarà tre volte maggiore di quella degli Stati Uniti. «The Economist» ha stimato che nel prossimo mezzo secolo lo sviluppo della Cina aggiungerà all'economia del pianeta una ricchezza pari alla scoperta di altre quattro Americhe.

Siamo entrati, in tutti i sensi, nel «secolo cinese».

Agli inizi del Novecento, nessuno poteva immaginare quanto sarebbe cambiata la vita durante quello che poi sarebbe diventato il «secolo americano». Oggi è altrettanto difficile prevedere in che modo e fino a che punto la Cina ci condizionerà negli anni a venire. In ogni caso, dobbiamo prepararci: oggi il nostro pianeta è molto più «stretto» e interdipendente di quanto non fosse cent'anni fa. Il futuro è alle porte. Imparare a conoscere quel Nuovo Mondo, destinato a segnare irrimediabilmente il XXI secolo e di cui sappiamo ancora troppo poco, diventa più che mai urgente.

L'ignoranza che la maggior parte degli occidentali rivela della Cina ha un'attenuante: non potevamo aspettarcelo. È accaduto tutto a una velocità sbalorditiva. Ancora vent'anni fa Shanghai era una città decrepita e stagnante: l'aspetto dei suoi palazzi era cambiato poco dalla seconda guerra mondiale, le strade affollate da biciclette e risciò a motore offrivano un paesaggio da Terzo Mondo e fare la spesa in un grande magazzino era un'esperienza logorante per la scarsità dei prodotti e il menefreghismo delle commesse. È bastato far saltare il «tappo» del maoismo che aveva represso infinite energie nascoste per far accadere il prodigio. La disciplina e l'obbedienza di un popolo per il quale il lavoro è tuttora una benedizione; il leggendario talento commerciale che il comunismo non era riuscito a sopprimere e che restava ben visibile nella diaspora di Hong Kong e Macao, Taiwan e Singapore, San Francisco e Carpi; la parsimonia delle famiglie e gli inesauribili giacimenti di risparmio; il rispetto confuciano per l'istruzione: tutto ciò ha consentito il verificarsi del miracolo cinese, quel «grande balzo in avanti» che non era riuscito a Mao Zedong. Oggi Shanghai ha un treno ad alta velocità che neppure l'Italia può permettersi; il ritmo con cui si costruiscono nuovi grattacieli è tale che chi si assenta per sei mesi, al ritorno rimane spaesato e stordito dai cambiamenti. In mezzo all'esplosione sfavillante delle vetrine il consumatore è re assoluto e gode di una qualità del servizio senza pari in Occidente. L'atmosfera vibra di eccitazione. La Cina sa di essere al centro del mondo, ha fiducia nel futuro, e chi ci vive viene presto contagiato dal suo tenace ottimismo.

Ci siamo dovuti abituare ai miracoli asiatici: il Giappone, la Corea del Sud, Hong Kong e Singapore sono paesi che hanno dimostrato di saper bruciare le tappe dello sviluppo. Ma la Cina è un caso a sé e di dimensioni tali che il suo decollo genera shock senza precedenti. Assistiamo a uno di quegli spostamenti sismici che cambiano il corso della storia umana. Mentre trasforma se stessa a una velocità inaudita, la Cina trasforma inevitabilmente l'intero pianeta. Mai, nel mondo contemporaneo, un paese emergente ha avuto lo stesso potere di scuotere i rapporti di forza economici e gli equilibri diplomatici e militari. Mai si era visto nascere dal nulla, in soli vent'anni, un nuovo ceto medio urbano di 200 milioni di persone dotate di un potere d'acquisto «occidentale». La Cina è l'unica potenza che sfida l'influenza degli Stati Uniti, e questo non solo in Asia, ma anche in America Latina e in Africa. È il paese che, avendo accumulato oltre 600 miliardi di dollari di riserve valutarie, esercita un potere cruciale sulle finanze di Washington. Gli americani sono i primi ad averlo capito. Secondo il «Wall Street Journal», in un sondaggio condotto fra i presidenti delle maggiori multinazionali americane, alla domanda «qual è il singolo fattore che ha il potere di cambiare il mondo in cui viviamo», la risposta è unanime: la Cina. Il National Intelligence Council, una divisione della Cia, in un rapporto sugli scenari del futuro sostiene che la Cina possiede gli stessi requisiti che cent'anni fa permisero agli Stati Uniti di effettuare il sorpasso dell'Inghilterra: dimensioni geografiche (è il terzo paese del pianeta), peso demografico, un mercato interno grande e in espansione, un buon livello di istruzione, accesso a capitali e tecnologie e, infine, una moneta sottovalutata. Lo studio della Cia conferma che l'emergere della superpotenza cinese avrà sulla situazione mondiale un impatto paragonabile all'ascesa degli Stati Uniti nel secolo scorso. Un riconoscimento emblematico: il suo maggiore rivale strategico è il primo ad ammettere che questo secolo apparterrà alla Cina.

I paragoni con la storia passata risultano imperfetti perché sottovalutano gli elementi di originalità della Cina. Il primo è questo: a differenza dell'Inghilterra dell'Ottocento e dell'America del Novecento, per le sue dimensioni demografiche eccezionali la Cina diventerà la maggiore economia mondiale nonostante una fetta della sua popolazione possieda redditi da Terzo Mondo. Sarà una superpotenza, ma conserverà un esercito di riserva di lavoratori poveri e continuerà così per molto tempo a esercitare una formidabile pressione competitiva sui paesi concorrenti. Solo nel 2002 la Cina si è integrata a tutti gli effetti negli scambi internazionali, diventando un membro dell'Organizzazione mondiale del commercio (Wto): un evento di cui i paesi ricchi avevano clamorosamente sottovalutato la portata. In breve tempo ciò ha sconvolto a tal punto gli equilibri dell'economia globale da arrivare a scatenare tensioni e paure, appelli al protezionismo, tentativi affannosi di riscrivere le regole e di rinegoziare gli accordi. La Cina non «entra» nella globalizzazione. Per le sue dimensioni, la Cina «cambia» il concetto di globalizzazione accettato finora.

Soltanto due generazioni fa, per i nostri nonni, il centro della storia sembrava ancora coincidere con Londra, Parigi, Vienna e Berlino. Ben presto quel mondo sarebbe stato invece risucchiato nel vortice dell'americanizzazione: modi di lavorare, tecnologie, consumi, stili di vita, mode e cultura di massa. Per quanto abbia reso marginali gli europei, il secolo americano è stato un po' anche «nostro». Il Novecento ha consentito il prolungarsi della supremazia della razza bianca, decretando lo Zio Sam diretto successore degli imperi britannico, francese e spagnolo. Per gran parte della sua storia, l'America ha avuto la particolarità di essere un grande spazio semivuoto (in seguito al genocidio degli indiani), che inizialmente è stato riempito con contenuti di civiltà, ideologie, tradizioni e valori di origine europea.

Il secolo cinese si apre con premesse opposte. La Cina è uno spazio pieno, anzi pienissimo, sia dal punto di vista demografico (al contrario degli Stati Uniti è un paese di emigranti, non di immigranti) sia per la sua storia, che vanta una civiltà originale e una cultura ricca. Il sinologo Simon Leys ha scritto: «Il fascino unico che la Cina esercita su coloro che l'avvicinano può essere paragonato all'attrazione tra i sessi. Di fatto si basa su una realtà elementare: dal punto di vista occidentale, la Cina è semplicemente il polo opposto dell'esperienza umana. Le altre grandi civiltà sono morte (Egitto, Mesopotamia, America precolombiana) o sono troppo vicine a noi (Islam, India) per dare luogo a un contrasto così assoluto, a un'originalità così radicale e illuminante come quella della Cina. La Cina è l'indispensabile Altro che l'Occidente deve incontrare per prendere davvero coscienza del profilo e dei limiti del suo Io culturale». Quando un paese simile entra in un progresso accelerato e incrocia il destino degli altri, nessuno può restare immune dalla contaminazione. È destinata a cambiare l'idea stessa di modernità, perché la Cina che si apre e si integra al resto del mondo porta con sé i suoi cinquemila anni di storia. Il secolo cinese, in un certo senso, rimette le cose in ordine, restituisce questo paese al ruolo che aveva occupato per secoli, segna il ritorno di una centralità antica, la riscoperta di un «impero di mezzo» che in molti casi fu in anticipo sull'Occidente. Accanto ai segnali premonitori di una sua futura supremazia, rinasce una vera e propria moda della Cina. Dal cinema alla letteratura, dalla pop art alle arti marziali, dalle medicine tradizionali al taoismo cresce la curiosità per la cultura più longeva nella storia.

La Cina suscita anche diverse paure. La più immediata, quella che riempie le prime pagine dei nostri giornali, è la paura economica. Ed è anche la meno giustificata. Se in Cina i tessuti filati costano un decimo di quello che costano da noi, anche in Italia c'è chi riesce a guadagnare disegnando vestiti che si possono produrre più a buon mercato. Se i computer «made in China» costano un terzo, ogni agenzia turistica italiana risparmia su un apparecchio indispensabile per offrire i propri servizi ai clienti del mondo intero. I benefici della produttività cinese circolano invisibili in mezzo a noi, nelle nostre case e nei nostri uffici. Il «prezzo cinese» – cioè il fatto che questo paese è ormai in grado di produrre pressoché tutto, e con il 50-70 per cento di sconto – è una realtà economica che non si può rifiutare. Cercare di sottrarsi alla concorrenza cinese è impossibile, perché serve anche a noi. Abbiamo smesso da tempo di fabbricare computer o telefonini. Chiudere alla Cina vorrebbe dire amputarci di una parte del nostro tenore di vita. Quello sconto cinese che per alcuni di noi è una minaccia, per altri rappresenta un guadagno (consumatori, imprese che delocalizzano). Il 59 per cento delle esportazioni «made in China» in realtà sono «nostre», cioè fabbricate da multinazionali dei paesi ricchi. Certo, i molti benefici che otteniamo senza neppure saperlo coesistono con i danni immediati e dolorosi per industrie e lavoratori spazzati via da una competizione massacrante. C'è poi anche un «effetto declassamento», che accentua la nostra sindrome psicologica del declino. Ben presto, quel club dei paesi ricchi che è il G7 sembrerà un'anacronistica finzione. Le sorti dell'economia mondiale – le nostre – verranno negoziate più semplicemente all'interno di un G2, fra America e Cina. Vista da Pechino, l'Italia è una miniatura: la nostra popolazione è la metà di una provincia cinese come lo Henan o lo Shandong (che molti italiani non hanno mai sentito nominare). Per ignoranza, pigrizia, provincialismo, l'Italia ha perso terreno anche rispetto ad altri paesi europei; non ha visto arrivare il secolo cinese, e quando ha aperto gli occhi li ha richiusi subito, urlando di paura. Come se dalla Cina ci si dovesse, ci si potesse soltanto «difendere».

Oltre all'ossessione del «made in China», si individuano altre paure ben più legittime. A questo ritmo di sviluppo, tra vent'anni la Cina avrà 200 milioni di automobili. Già oggi lo smog cinese contamina l'atmosfera di tutta la Terra: polveri tossiche di Shanghai vengono rintracciate nell'aria che si respira in Europa e in America. Per soddisfare il bisogno di legname dell'economia cinese, ogni anno in Indonesia vengono distrutte foreste pari alle dimensioni della Svizzera. L'impatto sulle risorse naturali del pianeta è una delle incognite più gravi del nostro futuro.

Il regime politico di Pechino rappresenta un'altra seria ragione di preoccupazione. Se nei prossimi anni non avverranno cambiamenti profondi, siamo destinati ad avviarci verso una situazione inedita nella storia contemporanea: per la prima volta la più grande economia del pianeta non sarà governata da un sistema democratico. Chi oggi mal sopporta l'egemonia americana rischia di fare i conti, in un futuro molto vicino, con un'altra superpotenza in cui le decisioni vengono prese senza trasparenza, senza contropoteri interni, senza gli anticorpi di un'opposizione, di una stampa libera, di una magistratura indipendente. Gli attuali dirigenti cinesi ricorrono spesso all'espressione «ascesa pacifica» per descrivere in tono rassicurante la traiettoria del loro paese. Ma al di là della propaganda, non sappiamo che tipo di superpotenza si propone di essere la Cina. Avendo rinunciato fin dagli anni Ottanta alla vocazione maoista di «esportare la rivoluzione», si accontenterà di esportare solo il «made in China» o finirà per diffondere i suoi peggiori problemi, dal disastro ambientale alle tendenze autoritarie? Di fronte a una prevedibile crisi ciclica dell'economia, a una battuta d'arresto dello sviluppo, a tensioni sociali e politiche, la leadership di Pechino subirà la vecchia tentazione delle dittature, cioè quella di cementare il consenso attraverso il nazionalismo e le avventure militari? Quali scenari si aprirebbero in Asia e nel mondo intero nel caso di un'invasione armata dell'isola di Taiwan che gli americani sono impegnati a difendere?

Questo libro non pretende di dare tutte le risposte. Dalla mia esperienza come corrispondente della «Repubblica» in Cina ho raccolto una serie di istantanee su questa società affascinante e generosa di sorprese. Sono impressioni di vita, note di viaggio e spunti di analisi per guidare il lettore alla scoperta del paese che sta diventando il nuovo centro del mondo e da cui dipenderà in gran parte il destino dell'umanità.

Pechino, marzo 2005

Parte prima

Il risveglio

I
La nuova America

«Quando la Cina si sveglierà, il mondo tremerà»: questa profezia di Napoleone – che la formulò nel 1816, dopo aver letto la relazione di viaggio del primo ambasciatore inglese in Cina, Lord Macartney – sembra oggi destinata ad avverarsi nella dimensione economica, prima ancora che in quella militare a cui pensava l'imperatore. L'Organizzazione per la cooperazione e lo sviluppo economico (Ocse), che riunisce i 30 paesi più industrializzati, rivela un sorpasso clamoroso: gli Stati Uniti non sono più la prima destinazione degli investimenti dal resto del mondo, sono stati spodestati proprio dalla Cina come meta preferita delle multinazionali. Le statistiche Ocse includono la creazione di nuove fabbriche, il potenziamento di impianti già esistenti e l'investimento in aziende locali attraverso fusioni e acquisizioni. Il 2003 è stato l'anno di un silenzioso terremoto nelle gerarchie mondiali: la Cina è balzata al primo posto assoluto, attirando 53 miliardi di dollari di investimenti stranieri contro i 40 miliardi destinati agli Stati Uniti (il dato non include gli investimenti puramente finanziari, cioè l'acquisto di azioni, obbligazioni e buoni del Tesoro: in quel campo Wall Street conserva la supremazia mondiale, mentre il mercato cinese si è aperto solo di recente). Nel 2004 la tendenza si è rafforzata ulteriormente e l'economista dell'Ocse Hans Christiansen sottolinea una novità dal punto di vista qualitativo: l'ondata di investimenti in Cina non è più trainata dall'obiettivo di produrre a basso costo per poi riesportare in America o in Europa; la priorità, oggi, è andare in Cina per sfruttare le potenzialità del consumo locale. È impressionante l'ampiezza dello scarto che si è venuto a creare fra la Cina e gli altri grandi paesi emergenti. A fronte dei 60 miliardi di dollari di investimenti esteri in Cina, l'India ne ha visti affluire solo 4, la Russia 1. L'irresistibile attrazione verso la Cina non è indolore. In un anno gli investimenti esteri in Europa sono crollati del 23 per cento: il minore interesse delle aziende per il Vecchio Continente significa una perdita di capitali e di posti di lavoro.

L'ascesa della Cina suscita apprensioni, ma esercita anche un fascino potente, ben visibile negli Stati Uniti. Il magazine domenicale del «New York Times» ha pubblicato nell'estate 2004 un'inchiesta intitolata *The Chinese Century*, il secolo cinese. La tesi è: come il Novecento è stato definito il «secolo americano», così il XXI secolo sarà segnato dal definitivo emergere della superpotenza asiatica. «Se c'è un paese al mondo destinato a soppiantare il ruolo degli Stati Uniti nell'economia globale, questo paese è la Cina» vi ha scritto Ted Fishman. Gli americani appaiono ipnotizzati dal ritmo della modernizzazione cinese, che ispira analogie con l'epoca gloriosa della prima industrializzazione degli Stati Uniti, quella dello «spirito di frontiera» e della costruzione di un nuovo mercato attraverso grandi progetti come le ferrovie transcontinentali che alla fine dell'Ottocento unirono la East Coast e la West Coast. La Cina, osserva il «New York Times», ha 15.000 cantieri stradali aperti.

Dal 1978 a oggi il Prodotto interno lordo cinese si è quadruplicato, segnando il maggior progresso economico della storia: mai una fetta altrettanto significativa della popolazione mondiale si era sollevata al di sopra della soglia di povertà in così poco tempo. In un periodo sorprendentemente breve essa è passata dall'assenza pressoché totale dal commercio mondiale (sotto il maoismo) all'attuale terzo posto fra le potenze esportatrici: dietro Stati Uniti e Germania, per ora, ma già davanti al Giappone.

Per il valore del suo Pil, la Cina ha già superato nella classifica delle nazioni industrializzate l'Inghilterra e l'Italia (cosa che rende ormai inspiegabile la sua esclusione dal G7), ha raggiunto la Francia e punta verso la Germania. Ma la misura del Pil monetario è ingannevole: in Cina la moneta è sottovalutata e il costo della vita è una frazione del nostro; il potere d'acquisto di un euro a Pechino è infatti molto più alto che a Milano. Gli economisti calcolano perciò un altro Pil – aggiustato secondo la parità dei poteri d'acquisto –, e questa misura innalza la Cina al secondo posto mondiale dietro l'America.

Naturalmente i trend del passato non si possono applicare con assoluta certezza al futuro. I pessimisti elencano una lunga serie di cose che possono «andare storte» e quindi rallentare o addirittura far deragliare il boom cinese. La bolla speculativa immobiliare di Pechino e Shanghai (come quella, peraltro, di New York, San Francisco e Londra) potrebbe scoppiare per effetto di una stretta monetaria. Il sistema bancario cinese potrebbe entrare in crisi per i troppi crediti incagliati in aziende di Stato decotte. Le proteste endemiche, le tensioni sociali fra città e campagna a causa delle crescenti diseguaglianze, potrebbero sfociare in una fase di instabilità politica. Un'improvvisa crisi economica americana colpirebbe le esportazioni cinesi, anche perché potrebbe portare, su pressione dei sindacati, all'adozione di misure protezionistiche. Taiwan e la Corea del Nord sono due perenni focolai di tensione regionale. Ma l'elenco di tutte le catastrofi possibili e immaginabili non deve far perdere di vista la resistenza dei trend di lungo periodo. Sempre giocando sul parallelo tra la Cina di oggi e l'America di ieri, il «New York Times» cita la constatazione di Tom Saler: «Ventuno recessioni, una Grande Depressione, due crac di Borsa e due guerre mondiali non riuscirono a fermare la crescita dell'economia americana nel secolo scorso, passata da un Pil di 18 miliardi a 10.000 miliardi di dollari: anche depurato dall'inflazione, è un incremento di 27 volte. La Cina è avviata verso una crescita simile in questo secolo».

Il fascino che il boom cinese esercita sugli americani non è dettato solo dalle analogie con la loro storia particolare. In un paese dove la cultura dell'economia di mercato è ben radicata, al di là delle tensioni protezionistiche e delle proteste contro la delocalizzazione dei posti di lavoro, molti vedono i benefici che lo sviluppo cinese sta portando al resto del mondo. E non solo alle multinazionali americane, che raccolgono ricchi profitti dai loro investimenti sull'altra sponda del Pacifico. Il consumatore è il primo a sapere che cosa significa «made in China». Significa un dvd-player da Wal-Mart a 99 dollari. È il più potente motore per il contenimento dell'inflazione e la difesa del potere d'acquisto.

II

1,3 miliardi (200 milioni più, 200 meno...)

L'ufficio statistico centrale di Pechino lo ha annunciato con matematica certezza: il 6 gennaio 2005 la popolazione della Cina ha raggiunto la cifra tonda di 1 miliardo e 300 milioni, e questo senza contare Hong Kong, Macao e Taiwan e, naturalmente, escludendo l'esercito dei cinesi della diaspora, emigrati da generazioni nel Sudest asiatico o nelle Chinatown occidentali. Oggi più di un essere umano su cinque è cinese, e il mandarino è di gran lunga la lingua più parlata nel mondo, con una diffusione molto superiore all'inglese. Nonostante il controllo delle nascite, l'aumento degli abitanti nella nazione più popolosa del pianeta si stabilizzerà solo fra trent'anni. La Cina prevede una crescita zero solo quando avrà raggiunto il miliardo e mezzo.

In realtà un singolare giallo statistico circonda la soglia ufficiale di 1,3 miliardi varcata all'inizio del 2005. Secondo molti esperti, occidentali e cinesi, il censimento demografico sottovaluta la dimensione della popolazione. Molti indizi inducono a pensare che i cinesi siano ancora più numerosi, forse addirittura 200 milioni in più. Questa è la stima a cui giungono alcuni demografi americani e la Cia, confrontando i dati del censimento con altri indicatori del numero di abitanti, per esempio il consumo totale di grano e riso. Il professor Xu Jin, direttore dell'Istituto di studi sulla popolazione all'Accademia delle scienze sociali di Pechino, ammette che «il censimento è sicuramente difettoso, perché nelle aree rurali molte coppie di contadini non rispettano la regola del figlio unico, e quindi hanno interesse a non rivelare la vera dimensione del nucleo familiare». La sua collega He Qinliang, un'economista della provincia dello Hunan, ha scritto un saggio sulla rivista del Partito comunista, «Problemi e Ideologia», per denunciare il fatto che nelle campagne i leader chiudono un occhio sulla nascita del secondo o terzo figlio in cambio di bustarelle: «I villaggi dove i dirigenti di partito hanno le case più belle sono quelli dove il controllo delle nascite non funziona».

He Qinliang nota che, secondo il censimento, la dimensione standard della famiglia cinese sarebbe di 3,44 membri: una media statistica in base alla quale una cospicua parte dei nuclei familiari è composta semplicemente da due coniugi e un figlio. «Ma chi conosce la realtà delle campagne» dice He «non può che rimanere scettico.» Un'altra fascia di popolazione che almeno in parte sfugge al censimento sono gli immigrati poveri che lasciano le campagne e vanno a lavorare in città senza un regolare permesso di residenza, quindi in una condizione di semiclandestinità. Se fosse vero che in realtà la Cina ha già raggiunto il miliardo e mezzo, osserva l'economista Oded Shenkar, «quei cinesi sommersi che sfuggono alle statistiche arriverebbero a quota 200 milioni e sarebbero da soli la quarta nazione del mondo per grandezza». Quand'anche il margine di errore statistico del censimento fosse molto più ridotto, per esempio dell'ordine del 5 per cento, i soli cinesi «clandestini in Cina» sarebbero numerosi quanto tutti gli italiani.

Ammettendo anche che la Cina abbia «solo» 1 miliardo e 300 milioni di abitanti come vogliono le sue statistiche ufficiali, la sua crescita demografica è comunque uno dei fenomeni che modificano gli equilibri del pianeta. Ancora cinquant'anni fa la Cina aveva appena superato la soglia del mezzo miliardo: 3 volte e mezzo gli Stati Uniti e 12 volte l'Italia. Oggi la sua popolazione è il quintuplo di quella americana e 23 volte la nostra. Eppure, mezzo secolo fa le dimensioni cinesi erano considerate un handicap insormontabile sulla via dello sviluppo. Si parlava di sovrappopolazione, di bomba demografica (o, con un termine di cui oggi ci vergogneremmo, di «invasione gialla»). Si temeva che la Cina non sarebbe riuscita a sfamare tutte quelle bocche. Oggi invece il mondo guarda alla Cina come a una replica degli

Stati Uniti nel primo Novecento: un paese che ha davanti a sé un secolo di sviluppo ed è destinato a diventare il nuovo centro dell'economia globale. Le sue stesse dimensioni demografiche sono diventate un elemento di forza. Perché? Abbracciando il capitalismo dopo la morte di Mao, i dirigenti di Pechino hanno accelerato la modernizzazione del paese: da gigante contadino, la Cina è diventata la «fabbrica del pianeta».

Oggi, se la sua agricoltura non produce abbastanza riso, la Cina lo compra dallo stesso mercato mondiale in cui vende jeans, scarpe e computer. La globalizzazione ha reso molto più facile e vantaggioso di una volta il trasferimento delle fabbriche e delle tecnologie nei paesi emergenti. Nell'era della delocalizzazione, possedere un'immensa forza lavoro diventa un vantaggio.

La Cina urbana – 520 milioni di persone – attira gli investimenti delle multinazionali occidentali, che pagano salari molto più alti rispetto al magro reddito dei contadini. Già oggi il ceto medio delle grandi città cinesi costituisce il primo mercato mondiale di acquirenti di telefonini (310 milioni di abbonati), è quello con il più alto numero di accessi on-line con banda larga (32 milioni di broadband per 134 milioni di utenti Internet), nonché il quarto paese per il numero di personal computer nelle case. La dimensione della Cina in quanto mercato di consumo ne rappresenta una delle maggiori attrattive.

L'altra riserva di forza nascosta del dragone cinese è la sua popolazione rurale, che da sola supera gli abitanti di Europa e Stati Uniti messi insieme. «Il guadagno di un contadino» dice il demografo Xu Jin «non arriva a un terzo del più povero salario urbano. Perciò la spinta a emigrare verso le grandi città continuerà a essere irresistibile. Ogni anno 20 milioni di cinesi abbandonano definitivamente le campagne per cercare lavoro nelle zone più avanzate del paese. È un meccanismo di sviluppo che avete conosciuto: prima voi in Europa, poi gli Stati Uniti. Da noi però accade tutto su scala molto più grande, e in un'epoca in cui l'economia mondiale è più aperta e integrata. Grazie a questo serbatoio di manodopera a buon mercato, per almeno altri vent'anni avremo un vantaggio competitivo su di voi.» La popolazione cinese si può considerare come la più grande «risorsa naturale» del pianeta. Il modo in cui essa verrà utilizzata determinerà gran parte della storia del XXI secolo.

Uno dei grandi punti interrogativi riguarda tutte le altre risorse naturali necessarie per alimentare la crescita cinese. Questo paese deve mantenere più di un quinto della popolazione mondiale su una superficie che è solo di poco più grande degli Stati Uniti. Le terre arabili a sua disposizione sono ancora più ridotte: sul suo territorio la Cina ha appena il 7 per cento della superficie coltivabile del pianeta, il 3 per cento delle foreste e il 2 per cento del petrolio. Il 94 per cento degli abitanti si affollano nella Cina del Sudest, dove si concentrano sia le megalopoli del boom economico sia le terre fertili, mentre aree immense, dal Tibet alla Mongolia interna, sono quasi deserte. Lo squilibrio nella densità di popolazione è estremo: è come se sulla East Coast degli Stati Uniti si concentrasse 1 miliardo di persone. I dirigenti cinesi temono che le loro grandi città non potranno reggere a lungo lo stress legato all'afflusso di immigrati dall'interno. «Studi urbanistici» afferma ancora Xu Jin «dimostrano che esiste un livello di guardia a quota 20 milioni: oltre quella soglia di abitanti nessuna metropoli al mondo può reggere. Le infrastrutture rischiano il collasso. Trasporti, rete idrica, fognature, ordine pubblico. Chongqing, Pechino, Shanghai, Canton e Shenzhen si avvicinano rapidamente a quel limite.»

Grazie a uno sviluppo vorticoso, la Cina ha valuta pregiata in abbondanza per comprare materie prime all'estero, ma i suoi bisogni insaziabili mettono a dura prova gli equilibri ambientali del pianeta. Per quarant'anni il paese è stato autosufficiente in fatto di petrolio: il giacimento di Da Qing bastava a soddisfare tutti i bisogni. Ancora dieci anni fa, la Cina non importava neppure una goccia di greggio dall'estero. Nel 2004 è diventata il secondo importatore mondiale e incalza gli Stati Uniti. Oggi ha 10 milioni di auto private, nel 2025 saranno 200 milioni. Le riserve petrolifere mondiali e l'ossigeno che respiriamo non sono illimitati. Naturalmente la risposta non può consistere nel bloccare la crescita della Cina. La maggioranza dei suoi abitanti ha appena intravisto il miraggio del benessere e non è disposta a fermarsi qui.

La soluzione può consistere solo in uno sviluppo diverso e

sostenibile, obiettivo che apre ulteriori opportunità per noi e per loro. La Germania, leader mondiale dell'energia eolica, la Francia, leader mondiale del nucleare, il Giappone, leader mondiale dell'auto verde: ecco tre esempi di tecnologie che possono offrire ai cinesi una via d'uscita dall'impasse ambientale e a tre nazioni «vecchie» nuovi sbocchi per sottrarre le loro industrie al declino.

Parte seconda

Il boom

III

Generazione Ikea

La mia traduttrice Zhang Yin ci passa tutti i weekend con il marito per arredarsi la casa nuova. L'agente immobiliare Liliana Xu compra lì tutto, perfino gli asciugamani. Zhimin Ma, impiegata di una multinazionale farmaceutica, per un armadio ha speso quanto suo padre guadagna in due mesi. È la «generazione Ikea» di Pechino. I ventenni-trentenni del nuovo ceto medio cinese vestono le loro case solo nello stile casual-cool svedese, dal design giovanile, i legni chiari e le linee modernissime. L'irresistibile boom di Ikea travolge un pezzo di cultura asiatica: un certo modo di vivere dentro casa, una civiltà dello stare insieme, gli spazi tramandati dagli antenati, forme e oggetti che per secoli erano stati diversi dai nostri, tutto questo sta scomparendo. È un fenomeno di società: a Pechino, ormai, il sabato e la domenica da Ikea è sconsigliabile andarci con la propria macchina perché la fila per il posteggio comincia 2 chilometri prima; meglio prendere un taxi.

Visto il successo, gli svedesi hanno inaugurato un secondo ipermercato del mobile nella capitale e ne hanno già quattro tra Shanghai, Shenzhen, Guangzhou (Canton) e altri dieci in cantiere in tutta la Cina. Ikea ha fatto centro vendendo ai cinesi il sogno occidentale, un'idea seducente del loro futuro e della modernità, come fa L'Oréal con le creme che promettono di schiarire la pelle e i supermercati Carrefour, che inondano questo paese perfino di acqua Evian.

Zhang Yin ricorda ancora con una certa emozione la sua «prima volta» da Ikea: «Fin dall'ingresso, per noi evoca un altro mondo. Gli spazi enormi, illuminati a giorno, l'aria condizionata, la musica pop, i commessi in divisa gialla, il comfort dei divani e dei letti che puoi provare dentro i finti living-room e le grandi camere matrimoniali all'americana che sono il sogno di tutti, i computer per simulare le varianti e i colori. Mio padre e mia madre quando avevano la mia età, 30 anni, non possedevano un salotto; nessuno riceveva ospiti in casa propria, nella bella stagione la vita sociale era fuori di casa, sui marciapedi». Adesso la giovane coppia cinese scopre che ogni umile oggetto della vita quotidiana può essere di design, perfino la pentola, il portaombrelli e il bicchiere per lo spazzolino da denti diventano il pretesto per uno «statement», una dichiarazione d'identità. Per dirsi diversi dai genitori, per sentirsi altrove, in una Cina americanizzata, asettica e senza storia come le linee fresche, nitide e comode di Ikea. Fanno la coda perfino per mangiare nel ristorante interno: naturalmente salmone affumicato e blinis con la panna come a Stoccolma.

L'occidentale qui è stupito e ammirato per costi che gli sembrano bassi – e in effetti è umano chiedersi come fanno questi svedesi a vendere un divano a 150 euro –, ma in realtà fra i cinesi il fenomeno Ikea segna un traguardo e una frontiera, una sottile selezione di classe. «Per un armadio ho speso 2500 yuan (250 euro)» mi dice Zhimin Ma. «Mio padre, che fa il professore di liceo in un villaggio a quattro ore di strada da Pechino, ne guadagna solo 1500 al mese.» A quattro ore di automobile dalla capitale esiste un'altra Cina che di Ikea non può neppure immaginare l'esistenza e dove di marche globali per ora arrivano solo la Coca-Cola e le Nike, ma quelle contraffatte. I risparmi di una vita del professore di provincia hanno liberato per sempre Zhimin Ma da quel mondo.

La generazione dei padri e delle madri che hanno vissuto la rivoluzione culturale degli anni Settanta – gli studi interrotti, il lavoro nei campi – o le speranze politiche degli anni Ottanta schiacciate a piazza Tienanmen, oggi si consola con il benessere di questi figli. Zhimin, con due lauree e tre lingue lavora all'impresa farmaceutica italiana Bracco e guadagna otto volte più del padre: è il biglietto d'ingresso nel nuovo mondo di Ikea, della spesa alimentare ai supermercati Carrefour, Metro, Wal-Mart;

dei fast-food Pizza Hut e Kentucky Fried Chicken, dei bar Starbucks, delle automobili Volkswagen e Buick.

Anche a Pechino, in realtà, questo nuovo mondo non è proprio per tutti. Il reddito medio nella capitale, insegnano le statistiche ufficiali, è esattamente di 2500 yuan al mese. Cioè, il prezzo dell'armadio svedese comprato da Zhimin. Ma la media statistica è un'astrazione, in un paese che in pochi anni ha scavato al suo interno diseguaglianze più profonde di quelle esistenti in India.

Cercando casa a Pechino, ho seguito l'agente immobiliare Liliana Xu alla scoperta dei paradisi artificiali dei nuovi ricchi cinesi. Ho visitato i tre grattacieli che chiamano Soho, in questo momento i più desiderati dalle giovani coppie che galleggiano ai vertici del boom economico: torri in vetro e cemento di un bianco abbagliante, piene di penthouse (superattici) all'americana e loft con verande mozzafiato che potremmo trovare a Los Angeles, ciascuna dotata di piscina e fitness nel sottosuolo e vigilantes armati in portineria 24 ore su 24. Dalle immense vetrate delle torri di Soho la vista si allunga su una selva di altri grattacieli di lusso già abitati o in costruzione e poi, a perdita d'occhio, su gru e cantieri illuminati notte e giorno, come se altre due o tre Chicago dovessero sorgere in poche settimane attorno a questa già esistente.

I clienti cinesi di Liliana Xu sono businessmen trentenni con mogli che sembrano tutte indossatrici di spot pubblicitari, le Bmw parcheggiate in doppia fila, i capelli tinti in fogge hollywoodiane. Americani anche gli affitti, da 40.000 a 80.000 yuan al mese, venti-trenta volte lo stipendio medio. Quella è la cima della piramide, la nomenklatura del neocapitalismo cinese. Al suo centro, invece, ci sono la mia traduttrice Zhang Yin e la venditrice della Bracco, Zhimin Ma, con i loro stipendi da 12.000 yuan al mese. Soho non fa per loro, ma possono già permettersi le tante imitazioni che spuntano velocemente alla periferia, sempre più lontano: altri nuovi grattacieli al terzo, quarto anello delle circonvallazioni autostradali che segnano il dilatarsi mostruoso di Pechino. Lì gli affitti scendono alla portata di questi stipendi medio-alti, gli appartamenti standard sono più piccoli, ma moderni e quadrati, asettici e accessoriati quasi come a

Soho. Occidentali senza compromessi: pronti per essere riempiti e vestiti dalle forme razionaliste di Ikea.

I cantieri sterminati di Pechino accerchiano quel che rimane di uno stile di vita asiatico: le case a un piano solo, con il cortile interno pieno di piante e biciclette, panni stesi e grilli nelle gabbie di vimini; gli arredi in bambù; i servizi in comune e la vita nei vicoli con i vecchi che giocano a carte portandosi la seggiola sul marciapiede. Le gru assediano gli *hutong* e vicino al laghetto Houhai, dietro la Città Proibita, per un pugno di dollari al mese mi avrebbero affittato perfino l'antica sede di un ambulatorio, sfrattando i medici di quartiere senza esitazioni. Questa Pechino vecchia, con le sue casette refrattarie alle linee rette e moderniste dei visionari svedesi di Ikea, è ancora qui a ricordare una civiltà diversa. In attesa di essere sfrattata dalle ruspe, vi abita un piccolo frammento della base della piramide, le maestranze, le «ayi» (donne delle pulizie) che guadagnano 1100 yuan al mese. Ma la seduzione del nostro mondo non risparmia nessuno. Da Ikea un venditore mi fa notare che le file alle casse sono meno numerose che all'ingresso: tanti cinesi entrano solo per guardare, come in una gita domenicale a un'esposizione del futuro. La direzione ha pensato anche a loro. Ha creato un reparto solo di oggetti da 10 yuan (1 euro), piccole cose per cominciare a sognare.

IV
Formula Uno e velocità zero

«La più importante gara automobilistica della storia»: così i dirigenti della Mercedes hanno definito il primo Gran Premio di Formula Uno ospitato sul territorio cinese. Non per l'emozione del risultato, visto che la Ferrari aveva già il titolo mondiale in tasca, ma per «il numero di telespettatori senza precedenti, l'inizio di una nuova era». Il 26 settembre 2004 la Formula Uno, lo sport che esprime tutti gli eccessi della società consumistica, ha esordito nel cuore del nuovo capitalismo globale: per la prima volta il grande circo commerciale del Gran Premio è sbarcato a Shanghai, la seducente capitale del business e della moda nella Cina postcomunista. «Per noi la Cina è il Klondike, è la nuova frontiera della corsa all'oro» dichiarava quel giorno la Honda. Tra i cinesi la febbre della Formula Uno è un fenomeno di costume che ne evoca altri: il boom della motorizzazione di massa, l'esplosione del traffico (e dell'inquinamento) nelle tante metropoli da 15-20 milioni di abitanti, l'innamoramento per il design e il lusso e, infine, la sfida competitiva che l'industria cinese si prepara a lanciarci anche nell'automobile.

Il nuovo circuito di Shanghai-Jiading – un'opera da 300 milioni di euro – è stato disegnato dallo specialista tedesco Hermann Tilke con un'avveniristica struttura a forma di ala lunga 140 metri che sovrasta il rettilineo principale e un tracciato che, visto dall'alto, riproduce il carattere cinese *shang*. È la scenografia dello spettacolo che la televisione di Stato cinese Cctv ha trasmesso sul più grande numero di teleschermi del pianeta: la popolazione di 1,3 miliardi di abitanti è ormai praticamente tutta «catodizzata». In Cina la faccia di Schumacher sorride dai cartelloni pubblicitari delle autostrade ed è ormai nota quanto le star Yao Ming, Michael Jordan e Tiger Woods. I 150.000 biglietti per la gara del 2004 sono andati esauriti in un mese, i bagarini li vendevano facilmente a 500 dollari l'uno: il reddito annuo di molti contadini dell'altra Cina, quelli che a Shanghai mandano le figlie a fare le donne delle pulizie, o peggio. Per il Gran Premio gli hotel strapieni rifiutavano clienti fino a Hangzhou, a due ore di strada da Shanghai. Nei negozi sono andati a ruba i gadget col marchio Formula Uno – giacche, magliette, cappelli, souvenir – sotto la vigilanza degli ispettori di Bernie Ecclestone per evitare contraffazioni. L'oggettistica F1 è stata lanciata attraverso lo strumento di marketing più in voga: messaggi sms sui 310 milioni di telefonini.

«L'acquisto dell'automobile è lo status symbol di questa generazione in Cina, col boom dell'economia e la diffusione del benessere di massa siamo diventati i nuovi fan della guida» dice Yu Zhifei, manager dello Shanghai International Racing Circuit: dopo il battesimo della Formula Uno, la sua pista ora è accessibile a pagamento agli appassionati della guida che vogliono sfuggire agli ingorghi urbani. Se è vero che in Cina il reddito medio è ancora di soli 1000 dollari all'anno, su 1,3 miliardi di abitanti ci sono però 200 milioni di appartenenti al ceto medio urbano che possono aspirare all'automobile e 20 milioni di neoborghesi con un tenore di vita benestante anche secondo un criterio occidentale. Le sportive di lusso qui hanno già un mercato di massa, e chi arriva in ritardo rischia di trovarlo occupato dai concorrenti.

La Ferrari ha inaugurato lo showroom di Shanghai all'inizio del 2004 con l'intenzione di aprire una rete di concessionari in altre undici città entro un anno e mezzo. La Bmw rivela un dato sorprendente: le sue ammiraglie 760Li a 12 cilindri, il top della gamma tedesca, si vendono di più in Cina che in qualunque altro paese al mondo. Le serie 3 e 5 vanno così forte che la casa bavarese le produce qui. E, fatto non meno importante, impone ai suoi fornitori di componenti di seguirla in Cina. La Manuli Cavi italiana, per esempio, ha dovuto creare una fabbrica a Dalian, sullo stretto di Bohai (Mar Giallo), per poter fornire la Bmw: un interessante caso di «delocalizzazione contagiosa». Tutte le Bmw sul mercato cinese hanno avuto un aumento delle vendite del 24 per cento nel 2004, pur essendo stato un anno di pausa. Un altro nome celebre nelle auto di lusso, la marca Cadillac del gruppo General Motors, prevede che in cinque anni realizzerà in Cina un quarto delle sue vendite mondiali.

Dietro l'élite che punta sul lusso ci sono i grandi numeri del consumo di massa. Secondo Paul Gao della McKinsey di Shanghai, la Cina rappresenterà già entro tre anni il terzo mercato mondiale per le automobili, dietro America e Giappone e davanti alla Germania. Nel 2004 si sono venduti quasi 5 milioni di vetture; a fine decennio le vendite annue dovrebbero essere il doppio, e nel 2020 si stima che se ne venderanno almeno 16 milioni. Anche supponendo che la penetrazione dell'automobile in questo paese continui a essere un decimo rispetto a quella degli Stati Uniti, ciò autorizza le proiezioni su una Cina con 200 milioni di auto entro qualche decennio.

Gli investimenti dello Stato per adeguare le strade non possono che incoraggiare la tendenza alla motorizzazione di massa. Alla Cina sono bastati appena dieci anni per costruirsi la seconda rete autostradale del mondo dopo gli Stati Uniti: 35.000 chilometri. Nel 2005 il governo di Pechino ha varato un nuovo programma trentennale per portare le autostrade fino a 85.000 chilometri, incluso un progetto – politicamente esplosivo – di tunnel sottomarino che la colleghi a Taiwan. Chi viaggia in Cina rimane colpito anche dalla qualità della rete autostradale, e questo per forza di cose: nuova fiammante, rappresenta una tentazione irresistibile per attirare nuovi clienti verso l'industria dell'auto.

I big dell'industria mondiale hanno puntato su questo mercato. Volkswagen, General Motors, Toyota, Peugeot e Ford sono presenti con i loro stabilimenti per produrre sul posto. Anche nel difficile 2004 queste multinazionali hanno disposto nuovi investimenti per 13 miliardi di dollari, che porteranno la capacità di produzione a 6 milioni di auto all'anno. Ma questo «ingorgo» di investimenti, unito agli ingorghi quotidiani sulle strade, è foriero di preoccupazioni per il resto del mondo. Proprio mentre le case straniere aumentano gli investimenti, il mercato cinese ha attraversato la sua prima crisi da anni. Una crisi per modo di dire: a fine 2004 le vendite sono salite del 20 per cento, una crescita che meriterebbe il nome di «boom» in qualunque altro paese al mondo. Ma la Cina viaggiava a una velocità diversa rispetto al resto del mondo. Nel 2003, infatti, le vendite erano cresciute dell'80 per cento, creando l'illusione che il ritmo di crescita sarebbe rimasto sempre così frenetico.

Anche i turisti stranieri affluiti a Shanghai per la Formula Uno hanno potuto vedere con i propri occhi le ragioni del rallentamento. In una città dove ancora dieci anni fa le biciclette superavano le auto, ora gli intasamenti di Audi e Buick affliggono il traffico a tutte le ore del giorno, e in parte anche durante la notte. Eppure non si può dire che le autorità municipali non siano state previdenti. Gli investimenti per la viabilità sono imponenti, come anche la velocità con cui si stanno costruendo nuove linee della metropolitana. Pechino, poi, è un reticolato di vere e proprie autostrade urbane che non hanno nulla da invidiare alle highways di Los Angeles (se non la benzina verde e le auto ibride). In pieno centro della capitale non è raro trovarsi su dei «boulevard» a otto corsie. Pechino è ormai arrivata a costruire il suo sesto anello concentrico di circonvallazione urbana, e per le Olimpiadi del 2008 progetta il settimo.

Dentro questa ragnatela di raccordi anulari, la superficie della capitale ha ormai raggiunto quella dell'intero Belgio. Con la differenza che un automobilista di Bruxelles impiega meno tempo per arrivare alla frontiera francese, olandese o tedesca – o un milanese per entrare in Svizzera – di quanto impiego io a Pechino per andare in taxi da casa mia al cinema (e sì che vivo in centro). «Abitare vicino all'ufficio» per i pechinesi è un concetto molto relativo: un'ora sola di traffico all'andata e una al ritorno è considerato un pendolarismo corto, da ricchi privilegiati. Per l'inarrestabile immigrazione dalle campagne, è impossibile tenere il passo con la velocità dell'urbanizzazione e l'aumento delle auto. Il traffico di Pechino, Shanghai, Guanghzhou, Shenzhen, Nanchino e Xian è al collasso, e i livelli di inquinamento sono allarmanti. La capitale e Shanghai non sono neppure le città più grandi: le supera la mostruosa megalopoli di Chongqing con i suoi 30 milioni di abitanti, molti più di quelli di Belgio e Olanda messi insieme.

Proprio a Shanghai, la nuova mecca della Formula Uno, per combattere le code e l'inquinamento asfissiante il comune ha adottato la politica più innovativa: calmierare l'aumento delle auto in circolazione vendendo all'asta un numero limitato di targhe d'immatricolazione ogni mese. Questo significa che nel mese di agosto 2004, per esempio, solo 6800 shanghainesi si sono potuti permettere la targa, e con essa la macchina nuova: il prezzo dell'immatricolazione all'asta in quel mese fu di 26.000 yuan (2600 euro). Era andata peggio nell'aprile dello stesso anno, quando la sopratassa per le targhe messe all'asta aveva raggiunto la quota di 4500 euro. A Pechino il governo ha optato per un giro di vite sugli acquisti di auto blu da parte di ministeri e aziende pubbliche. Questo – insieme all'attesa di campagne di sconti da parte dei produttori – spiega perché il ritmo di aumento delle vendite nel 2004 è rallentato. Una buona notizia, forse, per i polmoni di chi vive a Shanghai e Pechino, ma non per l'industria automobilistica mondiale. La capacità di produzione cinese, infatti, non rallenta affatto, anzi cresce per effetto dei nuovi investimenti esteri.

Dopo anni di alti dazi sulle auto straniere di importazione, il governo cinese ha ottenuto esattamente quello che voleva: le marche americane, giapponesi, europee, per essere competitive hanno dovuto portare in Cina le loro fabbriche. Ora se non riescono a vendere sul mercato locale tutto quel che producono, dovranno esportarlo altrove. Quindi gli operai cinesi dell'Audi faranno concorrenza agli operai tedeschi dell'Audi. Inoltre la Cina ha costretto le multinazionali straniere ad allearsi con produttori cinesi. Così è stata «allevata» una concorrenza locale. Quattro grandi case automobilistiche cinesi, più una quinta «cenerentola», si faranno conoscere all'estero. Le quattro si chiamano Saic, Dongfeng, Changan e Zhongxing. La Saic (che sta per Shanghai Automotive Industry Corporation) da anni assembla modelli per la General Motors e la Volkswagen: ora che ha imparato come si fanno le auto con standard di qualità avanzati, ha comprato la Sangyong in Corea del Sud e la Mg-Rover ingiese. È una strategia intelligente per lanciarsi alla conquista dei mercati stranieri. Poiché la Cina non ha ancora un'immagine forte e affidabile quanto a marchi locali di automobili, comprare case straniere è una soluzione che può servire a bruciare le tappe. In un colpo solo, i cinesi acquistano marchi che hanno già notorietà; acquisiscono manager che hanno esperienza; imparano a misurarsi con delle clientele straniere molto esigenti sull'affidabilità e i servizi di assistenza dopo-vendita; infine possono appropriarsi di tecnologie, tradizioni e competenze nel design.

Naturalmente, le acquisizioni di marche straniere hanno i loro svantaggi. Spesso le case in vendita sono in crisi. Altre volte, se l'acquirente non ha molta esperienza e capacità negoziale, rischia di strapagare. Ma è un rischio che ai cinesi conviene correre, se vogliono accelerare la loro maturazione come protagonisti mondiali anche nel settore dell'automobile. La Saic ha un obiettivo esplicito: vuole arrivare a produrre 4 milioni di vetture l'anno e raggiungere almeno il sesto posto mondiale tra i costruttori.

La questione del design è stata risolta dalla Changan in un altro modo, meno costoso e assai logico: dopo aver lavorato a lungo su licenza della Ford, ha aperto un centro di ricerca e creazione in Italia per progettare nuovi modelli da esportazione. Se tanti designer bravi sono italiani, si è detta l'azienda cinese, perché non pagarli e farli lavorare per noi?

La Dongfeng, per poter finanziare la sua espansione, si quota alla Borsa di Hong Kong: attraverso i fondi comuni d'investimento, saranno anche i risparmiatori occidentali a finanziarla perché vada a vendere nei loro paesi. La Zhongxing ha una strategia originale di delocalizzazione verso un paese in cui gli operai costano ancora meno che in Cina: ha aperto la sua prima fabbrica in Vietnam.

Infine, all'assalto dei nostri mercati sta partendo anche la «cenerentola», la più piccola ma anche la più audace delle case automobilistiche cinesi. È la Chery, che vuole sbarcare negli Stati Uniti e in Europa lanciando una gamma di modelli con prezzi di listino inferiori del 30 per cento alla concorrenza. Ironia della sorte, questa è la stessa azienda che la General Motors ha trascinato in tribunale con l'accusa di plagio. Secondo la casa americana, il modello di utilitaria venduto dalla Chery in Cina con la sigla «QQ» sarebbe stato copiato dalla Chevrolet Spark (anche la Volkswagen lamenta somiglianze sospette con un suo modello cinese). Finora la General Motors è stata sconfitta nei tribunali locali, ma non ha rinunciato ai ricorsi. Intanto, la concorrente accusata di plagio va a portare la sua sfida proprio sul mercato americano. Per prudenza, negli Stati Uniti non sarà venduta la controversa «QQ». La Chery lancerà comunque cinque modelli, dalla mini al coupé al fuoristrada. L'obiettivo è di passare da 250.000 auto vendute nel 2007 a 1 milione in soli cinque anni. Anche sul mercato europeo è previsto l'arrivo della Chery, che in Cina riesce a offrire il suo modello base a un prezzo di 4000 dollari: perfino più competitivo della piccola Renault prodotta in Romania.

Finora la Chery è rimasta un marchio di nicchia, all'ottavo posto tra le case che producono in Cina, ma si è già fatta conoscere nei paesi emergenti: vende in Malaysia e in Sudamerica, in Egitto e in Medio Oriente. Pur essendo localizzata ai margini delle regioni più industriali – l'azienda è di proprietà della provincia di Anhui, lungo il fiume Yangtze –, la Chery ha investito in tecnologie avanzate e applica sistemi di produzione giapponesi. Gli americani temono che questa sia l'avvisaglia di un fenomeno più ampio. Finora, nel settore delle automobili i cinesi hanno soprattutto imitato prodotti altrui; hanno puntato sui prezzi bassi più che su qualità e affidabilità, al punto che lo stesso consumatore cinese medio-alto rimane esterofilo. Ma in altri settori – dai computer ai telefonini – il «made in China» ci ha già sorpresi più volte, dimostrando di poter saltare le tappe dell'evoluzione e di affacciarsi sui nostri mercati più in fretta di quanto crediamo.

V
L'interprete di Deng al comando dell'Ibm

Il 7 dicembre 2004 l'Ibm, la multinazionale americana che più di ogni altra viene identificata con l'informatica, vende per 1,75 miliardi di dollari tutta la sua attività nel settore dei personal computer a un'azienda statale cinese, la Lenovo. Uno dei simboli del capitalismo americano e della tecnologia passa di fatto sotto il controllo del governo comunista di Pechino. È una svolta che sarebbe stata impensabile ancora pochi anni fa. Conferma l'ascesa economica cinese e le trasformazioni nei rapporti di forza dell'economia globale.

È la fine di un'epoca. L'Ibm, secondo un'indagine di «Business Week», è la terza azienda americana più nota nel mondo dopo Coca-Cola e McDonald's. Per mezzo secolo, inoltre, ha rappresentato nell'immaginario popolare la supremazia tecnologica degli Stati Uniti: nel classico film *2001: Odissea nello spazio* di Stanley Kubrick (1968), il supercomputer protagonista del celebre ammutinamento nell'astronave (la tecnologia che si ribella all'uomo) è battezzato allusivamente Hal, con le tre lettere dell'alfabeto che precedono, rispettivamente, quelle che compongono la sigla Ibm. Anche se non fu l'Ibm a inventare il personal computer, fu essa a imporlo sui mercati mondiali come un prodotto di massa, inaugurando l'era dell'informatica diffusa a partire dal 1981.

A conquistare i personal computer Ibm è l'azienda di Pechino – il cui nome originale era Legend – già oggi primo produttore di computer in Cina e in tutta l'area del Pacifico asiatico. Il gruppo cinese balza al terzo posto nel mondo, dietro le americane Dell e Hewlett-Packard-Compaq. Il presidente della Lenovo, Yang Yuangqing, dichiara: «Noi non ci fermiamo qui, non ci accontenteremo di rimanere il numero tre».

In un primo tempo l'operazione configura perfino una sorta di delocalizzazione al rovescio. Siamo abituati alle multinazionali dei paesi ricchi che per tagliare i costi decentrano attività e posti di lavoro in Cina. Stavolta la multinazionale cinese rileva 10.000 dipendenti Ibm, di cui 4000 sono già situati in stabilimenti cinesi, mentre 2500 si trovano sul territorio degli Stati Uniti e i restanti sono sparsi nel resto del mondo. Il posto di lavoro di quei 2500 americani ormai dipende dalle scelte prese a Pechino. È possibile che un giorno l'azienda controllata da un governo comunista debba annunciare licenziamenti e trattare «da padrone» con i sindacati dell'America capitalista.

Non è la prima volta che la Cina compie la scalata a un gruppo americano: un precedente è l'acquisto dei televisori Rca da parte della Tlc di Shanghai. Ma quella di Lenovo è un'operazione molto più imponente. È la conferma che l'ascesa della Cina ha varcato una soglia. Il paese più popoloso del pianeta non rappresenta più soltanto la base manifatturiera a basso costo per le multinazionali straniere: ora la Cina ha le sue multinazionali, decise ad allargarsi oltre le frontiere e dotate di capitali per acquistare aziende nei nostri paesi.

Un altro segno dei tempi è stata l'assenza di resistenze in America. Negli anni Ottanta, quando andava forte il Giappone e le sue multinazionali invadevano gli Stati Uniti comprando la Columbia o il Rockefeller Center, si diffuse la psicosi del «pericolo giallo». Eppure il Giappone, per quanto fosse allora competitivo sul terreno industriale, era politicamente uno Stato-vassallo, con la flotta militare Usa nei suoi porti. La Cina non è certo un satellite, anzi l'amministrazione Bush la considera il rivale strategico. Perché il governo Usa non ha tentato di impedire l'operazione? Innanzitutto, perché l'ingresso della Cina nella competizione mondiale ha trasformato i computer in una *commodity*, prodotti ad alti volumi su cui i margini di profitto sono risicati: sicché, la logica economica spinge l'industria americana a uscirne. Inoltre, le regole del Wto renderebbero difficile un veto politico e la Cina potrebbe rifarsi contro le multinazionali

Usa che investono sul suo territorio, da Microsoft a General Motors. Infine, la Cina ha un formidabile potere contrattuale nei confronti di Washington: alla fine del 2004, la sua Banca centrale ha accumulato 600 miliardi di dollari di riserve valutarie, di cui 200 miliardi in buoni del Tesoro Usa. Pechino è il banchiere degli Stati Uniti.

Oltre alla neutralità di Bush, colpisce l'assenza di reazioni negative nell'opinione pubblica americana. Non ci sono stati allarmi nel mondo politico e sindacale. Il giorno dopo l'annuncio, tra i media americani spicca un «New York Times» molto positivo che titola *Un ponte fra due culture*, sottolineando lusingato che Lenovo trasferisce il quartier generale dei suoi personal computer a New York (pur mantenendo le sedi strategiche di Pechino e Hong Kong) e citando un economista che giudica l'operazione «un segno incoraggiante dei legami sempre più solidi fra Cina e Usa».

La storia della Legend-Lenovo, e la personalità dei suoi dirigenti, illustra la strepitosa trasformazione avvenuta in Cina. Il fondatore dell'azienda, Liu Chuanzhi, era un ingegnere militare dell'Esercito di liberazione popolare. La sua prima invenzione commerciale, nel 1984, fu un software per tradurre in caratteri cinesi dalla tastiera alfanumerica dei computer. Proprio come le start-up fondate da laureati di Stanford nei garage della Silicon Valley, la Legend viene creata a quell'epoca da Liu e altri dieci ingegneri in un bungalow dell'Accademia delle scienze di Pechino, con 24.000 dollari di *venture capital* fornito dalla stessa istituzione universitaria. All'inizio disegna microprocessori per usi militari, satelliti, missili. Presto diventa distributrice in Cina di computer Ibm e Hp. Ancora nel 1990 non possiede neppure un nome, un marchio registrato per prodotti suoi. Sette anni dopo ha già la quota di mercato dominante nel mercato cinese dell'informatica. L'attende un'altra sfida: nel 2002 la Cina entra nel Wto, e molti esperti – anche cinesi – pensano che lo shock sarà brutale. Vedono una Cina che si integra nel processo di globalizzazione in posizione subalterna, come fornitrice di manodopera a buon mercato e prodotti a basso valore aggiunto, destinata a essere colonizzata da americani e giapponesi nell'hi-tech. In effetti, tra il 1990 e il 1998, prima dell'ingresso nel Wto, le importazioni cinesi nel settore dell'alta tecnologia straniera esplodono del 500 per cento. Ma una volta aperte le frontiere, la Legend regge magnificamente all'urto della concorrenza. Sceglie lo slogan «It's cheap, it works, and it's Chinese» (costa poco, funziona ed è cinese). Colloca i suoi computer in una fascia intermedia: meno cari del 30 per cento rispetto agli americani, ma più cari dei «cloni» cinesi. Punta su qualità e affidabilità, oltre che su un pizzico di nazionalismo. L'intuizione vincente è la creazione di una rete di vendita di migliaia di negozi specializzati, che «alfabetizzano» il consumatore cinese ancora a digiuno di informatica. Oggi la Legend ha il primato assoluto, con il 28 per cento dei computer venduti in Cina. Dell, Ibm e Hp non arrivano, messe insieme, alla metà delle sue vendite. Poco prima di candidarsi a rilevare i pc dell'Ibm, la Lenovo compie un gesto non meno simbolico della Cina di oggi: firma un bilancio in cui triplica gli investimenti in ricerca e sviluppo.

Qualcuno storce il naso scoprendo che un'istituzione di regime come l'Accademia delle scienze è tuttora azionista dell'azienda. Ma l'esercito e le università in Cina hanno spesso avuto il ruolo di «incubatori» o *venture capitalist* sul modello americano (nella Silicon Valley anche la Cia ha una società di *venture capital*, e perfino Internet è nato da una costola scientifica del dipartimento di Stato Usa). Questo è tanto più normale in un paese che ha alle spalle meno di vent'anni di economia di mercato. La scelta della Lenovo di lasciare a New York il quartier generale della nuova attività americana conferma che per Pechino la campagna acquisti in Occidente serve anche a fare un salto di qualità nel management, dove i cinesi ammettono di avere molti ritardi da recuperare. Nel caso della Ibm non hanno comprato solo un marchio e qualche centro di ricerca, ma una fetta di classe dirigente americana e di cultura aziendale.

Un altro risvolto sorprendente di questa vicenda è che il manager più potente del gruppo Lenovo è una donna, la cinquantenne Ma Xuezheng, direttrice finanziaria, responsabile della quotazione alla Borsa di Hong Kong e delle relazioni con gli investitori stranieri. La sua biografia è uno spaccato della turbolenta storia cinese. Nel 1976 – l'anno della morte di Mao e quello che segna fine della Rivoluzione culturale – Ma Xuezheng riesce a laurearsi alla Normale di Pechino, nonostante la crisi del sistema universitario provocata dalle campagne delle Guardie rosse contro la «cultura borghese». In quegli anni di isolamento per la Cina, lei va in Gran Bretagna a studiare lingua e letteratura inglese. Tornata in patria, entra nella prestigiosa Accademia delle scienze sociali e diventa l'interprete ufficiale di due leader politici fondamentali nella storia degli ultimi decenni: Deng Xiaoping e Hu Yaobang. Il primo è l'uomo delle riforme, che apre la Cina all'economia di mercato. Il secondo, segretario del partito dal 1980 al 1987, ha idee così democratiche che simpatizza con i primi movimenti di contestazione studentesca; nel 1987 viene costretto a dimettersi e quando muore, nel 1989, il suo funerale è la «scintilla» che fa divampare il movimento di piazza Tienanmen. Il tragico 1989 è l'anno in cui la giovane Ma fa una scelta propria di molti suoi coetanei: abbandona il mondo della politica e si butta nel business. Ma e la sua generazione stanno bruciando traguardi che avrebbero lasciato esterrefatto perfino il visionario Deng: ora manager e ingegneri dell'Ibm prendono ordini dalla sua ex interprete.

Un mese dopo l'operazione Lenovo in America, è il magnate Li Ka-shing di Hong Kong a far scalpore a Parigi: compra Marionnaud, la più grande catena di profumerie d'Europa con 500 negozi in Francia e altre centinaia di punti-vendita diffusi tra Italia e Spagna, Svizzera e Austria. L'impero di Li Ka-shing trascende le frontiere del «miracolo cinese» e comincia a estendere le sue ramificazioni globali prima che Hong Kong passi nuovamente dalla Gran Bretagna alla Cina: oltre a essere il primo operatore mondiale nel trasporto di container e uno dei più grandi costruttori in Cina, con la sua Hutchinson Whampoa è anche uno dei protagonisti della telefonia mobile in Europa. Ma oggi Li Ka-shing è cinese a tutti gli effetti, il governo di Pechino lo considera benevolmente, e questa Cina che può comprare aziende colpisce l'immaginazione francese. L'operazione Marionnaud è finita in prima pagina su «Le Monde», anche perché il prezzo ha fatto scalpore: quasi 1 miliardo di euro. Un prezzo eccessivo secondo molti esperti. La conferma che per i grandi gruppi cinesi le risorse finanziarie non sono un limite.

L'industria francese, abituata come quella italiana a lamentarsi per la concorrenza sleale del «made in China», è costretta ad «aggiornare» i propri pregiudizi: la Cina non si accontenta più di essere la manifattura del pianeta, l'esportatore di beni a scarso valore aggiunto. È giunta l'ora delle multinazionali cinesi. In Francia la lista delle acquisizioni cinesi è consistente. Ci sono passati i bei nomi della grande industria tecnologica: la Thomson ha ceduto alla Tcl del Guangdong la divisione televisori; Alcatel ha ceduto alla stessa Tcl i telefonini. Ai francesi che inventarono i «campioni nazionali» – grandi aziende da sostenere anche con le risorse dello Stato perché reggano la competizione globale – fa un certo effetto vederli rispuntare a Pechino. Il signor Li Dongsheng, 47 anni, presidente di Tcl, è anche membro del Congresso nazionale del popolo. La commistione fra politica e affari può essere criticata... a condizione di dimenticare quanti *présidents-directeurs généraux* parigini dell'industria pubblica e privata hanno iniziato le loro carriere nei gabinetti ministeriali.

Tenuto conto che la Cina è già la seconda potenza economica dietro gli Stati Uniti – se convertiamo il Pil in parità di potere d'acquisto –, in futuro il «posto» delle multinazionali cinesi nel mondo non sarà marginale. Prima di aver lanciato i propri campioni nella campagna acquisti all'estero, Pechino ha accolto le imprese straniere a casa sua. Il 59 per cento delle esportazioni cinesi sono realizzate da gruppi stranieri. Per un paese di queste dimensioni, è un grado di apertura che non ha equivalenti. Di certo né il Giappone né la Germania, né la Francia né l'Italia, paesi dalla tradizione capitalistica più antica, hanno mai mostrato il pragmatismo che hanno avuto i cinesi nel lasciarsi prima «colonizzare» dalle multinazionali per poter imparare da loro e trasformarsi poi in conquistatori.

VI

L'assalto alle materie prime

A San Francisco, poco sotto le ville miliardarie degli attori Robin Williams e Sharon Stone, stretta fra due scogliere c'è quella che chiamano la spiaggia dei cinesi. Non è battezzata così in omaggio al nuovo turismo asiatico. I cinesi, per un secolo, sono sbarcati a San Francisco come carne umana destinata ai lavori più massacranti. Vi andavano a morire come pescatori o minatori, o nella costruzione della grande ferrovia tra la East e la West Coast. I nipoti di quelli che sono sopravvissuti si sono costruiti Chinatown a furia di ristorantini e modeste lavanderie. I bisnipoti di quelli rimasti in Cina hanno cominciato a tornare in un'altra veste: per vincere borse di studio a Berkeley e Stanford, e dirigere imprese tecnologiche nella Silicon valley. Infine, eccoci all'ultima puntata: oggi i cinesi tornano in California per cercare di comprarsi una compagnia petrolifera. Il nome non ha lo stesso potere simbolico dell'Ibm, ma il valore dell'operazione è dieci volte più alto: 13 miliardi di dollari. Lo scalatore si chiama Cnooc, è una società controllata dal colosso pubblico China National Offshore Oil Corporation. La preda è Unocal, un nome storico dell'industria petrolifera sulla West Coast americana (che attira anche gli appetiti di altre multinazionali, incluso l'Eni). Per un secolo si è chiamata Union Oil of California. Fece parte del grande cartello di società petrolifere che operò sotto la regia dei Rockefeller, e i cui eccessi portarono gli Stati Uniti a varare la legislazione antitrust un secolo fa.

Le origini della Unocal risalgono al 1890, a Santa Paula, nella

Ventura County. Per il pubblico americano è un nome familiare: in California i distributori di benzina con il marchio Union 76 fanno parte del paesaggio locale, tanto per le strade di San Francisco e Los Angeles quanto sulla Highway 1 celebrata da Jack Kerouac. In realtà, la Unocal vendette quei distributori qualche anno fa per concentrarsi su un'attività più redditizia: la ricerca e l'estrazione di petrolio nei giacimenti da essa controllati in Texas, nel Golfo del Messico e, soprattutto, in tre paesi del Sudest asiatico: Indonesia, Thailandia e Bangladesh. È questo il patrimonio che attira i cinesi.

L'assalto all'industria petrolifera americana è l'ultima conferma del formidabile appetito di materie prime mostrato dalla Cina: il boom economico nel 2004 ha fatto salire del 40 per cento le sue importazioni di petrolio. Con una crescita così «energivora», l'approvvigionamento di greggio continuerà a essere una priorità. Non potendo puntare all'autosufficienza, le autorità di Pechino cercano di controllare le fonti di energia secondo una logica capitalistica, cioè con una campagna di acquisizioni all'estero. Il progetto Unocal è significativo perché coinvolge una compagnia petrolifera americana, ma non è l'unico. L'attivismo delle «tre sorelle» petrolifere cinesi – Cnooc, Sinopec e Petrochina – ha conosciuto un'accelerazione in tutti gli angoli del globo. Il paese su cui i cinesi hanno puntato di più è il Canada: Pechino e Ottawa hanno raggiunto un accordo che dà alla Cina un accesso senza precedenti alle riserve energetiche canadesi. Tra i progetti più importanti c'è l'investimento delle «tre sorelle» nelle sabbie petrolifere dello Stato di Alberta. La China Minmetals Corporation ha esteso le sue mire alla società mineraria canadese Noranda, terzo produttore mondiale di zinco e nono produttore mondiale di rame.

Un altro fronte di avanzata è la Russia. Il presidente Putin ha autorizzato la China National Petroleum Corporation ad acquistare una partecipazione nella Yuganskneftegaz, il gigante petrolifero della Siberia che da solo estrae tanto greggio quanto l'intera Indonesia. Yugansk era una filiale della Yukos che è stata messa in vendita e di fatto rinazionalizzata forzosamente dal Cremlino. Dando il benvenuto ai cinesi nel capitale della società, Putin ha ceduto alle avances che la Cina faceva da tempo per garantirsi un accesso privilegiato alle forniture russe.

Anche in Africa Pechino accumula le teste di ponte per il controllo delle materie prime. La Cina ha acquistato giacimenti in Sudan, si è garantita diritti di estrazione in Gabon e in Angola, e in Sudafrica ha formato una joint venture per la liquefazione del carbone. In America Latina gli investimenti diretti della Cina hanno raggiunto la soglia di 4,6 miliardi di dollari: Sinopec e Petrochina sono ormai presenti in Argentina, Venezuela ed Ecuador.

La Cina sta muovendosi in un apprendistato che il mondo intero deve seguire con attenzione. Avendo una classe dirigente abituata a guidare imprese di Stato, sta avviando ora la sua iniziazione al grande gioco della finanza globale. Avendo un bisogno di risorse che cresce in maniera esponenziale, sta tessendo le sue trame per avvolgere il pianeta in una nuova strategia imperiale.

Parte terza

I comunisti più ricchi del mondo

VII

Alibaba.com

In un centro commerciale alla periferia di Santa Barbara, California, il supermercato KMart accoglie i clienti con un profluvio di drappi e prodotti rossi. Non è un omaggio alla bandiera comunista: è il colore degli innamorati per la festa di San Valentino. Gli orsacchiotti rossi di peluche, gli slip o i boxer con i cuoricini stampati, perfino i cartoncini di auguri esibiscono una sola provenienza: «made in China». Nell'ipermercato a fianco, l'hard-discount Costco, un televisore con schermo gigante è in offerta speciale a 229 dollari, e un apparecchio dvd si porta a casa per 99 dollari. Le marche sono l'olandese Philips e la giapponese Sony, ma l'Olanda e il Giappone c'entrano poco: sono entrambi «made in China». Da Wal-Mart, il re della grande distribuzione americana, i prezzi stracciati hanno una sola spiegazione: l'80 per cento dei prodotti viene dalla Cina.

A 9960 chilometri di distanza da Santa Barbara vive Ma Yun, detto anche Jack Ma. La travolgente avanzata dei prodotti cinesi tra i consumatori occidentali ha su di lui un effetto particolare. Seduto davanti al suo computer a Hangzhou, città costiera vicina a Shanghai, Ma Yun sta incassando 100.000 dollari di profitto netto ogni giorno, domeniche incluse. Aveva 34 anni, nel 1999, quando inventò il sito che oggi fa tremare eBay, Yahoo, Amazon: Alibaba.com è il luogo virtuale in cui 7 milioni di importatori da duecento paesi del mondo «incontrano» e fanno quotidianamente affari con 2 milioni di imprese cinesi. Il pedaggio è modesto: 5000 dollari a testa ogni anno. Su Alibaba.com un commerciante italiano o spagnolo può confrontare e mettere in competizione fra loro i diversi produttori di lavastoviglie, di pentolame, o di jeans «made in China», per poi selezionare il suo preferito e concludere l'acquisto senza bisogno di affrontare costose trasferte intercontinentali. C'è perfino un flusso di imprese occidentali che attraverso Alibaba delocalizzano intere produzioni in Cina.

Per questo, a 40 anni appena compiuti, il suo fondatore potrebbe essere definito il comunista più ricco del mondo (anche se Ma Yun preferirebbe non essere descritto in questi termini). Lo chiamano il «padre di Internet in Cina»: non è cosa da poco, per una nazione in cui il numero di navigatori on-line – 134 milioni – sta superando quello degli Stati Uniti. Quando è in visita ufficiale a Shanghai, Tony Blair non manca di andarlo a trovare. Inaugurando una nuova forma di culto della personalità (quello dei ricchi), la Tv di Stato di Pechino Cctv ha incoronato Ma Yun «celebrità economica dell'anno». Il Forum economico mondiale di Davos lo segnala come uno dei leader mondiali del futuro. È il primo imprenditore cinese a cui la rivista americana «Forbes» abbia dedicato una copertina. A sei anni dalla sua creazione, Alibaba ha 2000 dipendenti (età media 26 anni) e diverse filiali nella Silicon Valley, a Londra, a Tokyo e in America Latina. Nel suo azionariato sono entrati i colossi della finanza internazionale Goldman Sachs, Fidelity, Softbank, e nel consiglio d'amministrazione siede l'ex direttore generale del Wto, Peter Sutherland. Una vera rivincita, per questo «brutto anatroccolo» che si è fatto dal nulla e che vantava un curriculum più mediocre perfino dello studente fuoricorso Bill Gates. In un paese che idolatra il merito scolastico, Ma Yun si trascina dietro la macchia infamante di ben tre bocciature all'esame di accesso all'università, per le quali ha dovuto ripiegare sul magistero, facoltà di serie B che forma solo gli insegnanti.

«Non ho avuto aiuti né dalla famiglia né dal governo» dice Ma Yun. «I miei genitori sono dei semianalfabeti: mio padre è andato in pensione con un salario di 250 yuan (25 euro) al mese, come ogni operaio ai tempi di Mao. Ero un pessimo studente in tutte le materie, fuorché in inglese. Avevo 13 anni quando la Cina si è aperta al mondo e a Hangzhou sono arrivati i primi turisti stranieri. Andavo a offrirmi gratis come guida turistica, pur di praticare l'inglese.» Ma Yun inizia a insegnare inglese all'università: il suo primo stipendio è di 11 euro al mese. E a quel punto la sua vita subisce una svolta. «Proprio come in un film hollywoodiano» dice lui. E non esagera (Ma Yun non esagera mai): nel '95, una joint venture formata da un'impresa cinese e una americana che si è aggiudicata l'appalto per costruire l'autostrada Hangzhou-Fujan lo ingaggia come interprete e lo manda in missione negli Stati Uniti. I soci cinesi e americani litigano, poi succede l'inverosimile: l'interprete Ma viene rapito, tenuto in ostaggio, minacciato con una pistola. Liberato fortunosamente, rimane senza bagagli e riesce a tornare in Cina solo dopo aver vinto 600 dollari in un casinò di Las Vegas. Prima di tornare a casa, fa visita a un amico di Seattle che lo introduce al nuovo fenomeno di Internet, ancora sconosciuto in Cina («Avevo perfino paura di sfiorare la tastiera del suo computer. Pensavo: "chissà quanto costa, se lo rompo sono rovinato"»). Ed è lì che Ma ha un'illuminazione: «Chiesi al mio amico di fare una ricerca su Internet alla voce "birra", riuscendo a trovare solo marche americane o tedesche. A quel punto ho pensato che avrei dovuto sfruttare Internet per aiutare le imprese cinesi a farsi conoscere nel mondo. Mi sono dimesso dall'università, ho invitato venticinque amici a casa mia e ho annunciato che avrei creato una dotcom. All'inizio molti mi hanno scambiato per un imbroglione. Non ho mai capito nulla di informatica e di management. Però ho capito qualcosa prima degli altri». Partito con 50.000 dollari di capitale – i risparmi personali dei suoi venticinque amici –, oggi Alibaba ha tre siti per il commercio elettronico. In Cina ha sbaragliato eBay. Con un tasso di crescita del 100 per cento all'anno, con ogni probabilità fra tre anni sarà il numero uno mondiale del commercio elettronico.

Ma Yun non ha fretta di quotarsi in Borsa. La Borsa implica parecchia pubblicità, e nella mappa del nuovo potere cinese lui vorrebbe restare invisibile. «Sono un buon amico del mio governo» dice «ma non abbiamo mai fatto affari. Io ho scelto come clienti le piccole imprese. La fama mi preoccupa. È anche per questo che rimango a Hangzhou, lontano dal potere di Pechino. Ho visto troppa gente salire alle stelle e poi precipitare.» Il fondatore di Alibaba abbina un linguaggio manageriale americano a una morale confuciana. Non ha Ferrari in garage. Non flirta con le top model nelle discoteche di moda a Shanghai. «Ho una moglie, un figlio di 13 anni e tre cani. Passo i weekend a casa, con gli amici, a giocare a carte e a bere tè. Non vado nei locali di karaoke perché ho paura che mi riconoscano.»

Nel secolo cinese, la nazione più popolosa della terra si trasforma in una patria di super-ricchi. Secondo «Euromoney», i cento cinesi più facoltosi hanno superato un patrimonio (ufficiale) di 30 miliardi di euro. Al vertice della piramide troviamo altri *enfants prodiges*, alcuni perfino più giovani di Ma Yun. Ha 35 anni Huang Guangyu (1 miliardo di euro di patrimonio personale dichiarato), l'ex venditore ambulante del Guangdong che ha fondato la più grande catena di negozi di elettrodomestici, la GoMe: 40.000 dipendenti per un totale di 150 supermercati. Ha 31 anni e 900 milioni di euro Chen Tianqiao, fondatore della società di giochi e lotterie on-line Shanda. Diverso è il caso di Larry Rong Zhijian (800 milioni di euro), il potente magnate del gruppo finanziario Citic il cui impero si estende dall'aviazione alle telecomunicazioni, dall'edilizia alle autostrade. Lui ha 62 anni e, soprattutto, è figlio dell'ex vicepresidente della Cina Rong Yiren, a sua volta erede di una dinastia di industriali tessili che nel 1949 si convertì al comunismo e cedette il suo patrimonio allo Stato. Il solo fatto che questi nomi circolino sui giornali e sulle copertine dei rotocalchi è la prova di quanto sia cambiata la Cina. Le classifiche dei miliardari in yuan sono diventate popolari. I magazine ad alta tiratura di Pechino e Shanghai sfornano ciascuno la propria hit-parade del denaro, stimolando la curiosità del pubblico. I super-ricchi sono solo la punta dell'iceberg in un paese che già nel 2001 ha censito più di 2 milioni di capitalisti privati.

Gli studiosi ufficiali cominciano a occuparsi apertamente, con il beneplacito del governo, di un tema finora rimasto tabù: qual è l'influenza politica dei capitalisti? Quanto pesano i «poteri forti» nella nuova Cina? Bai Shazhou, ex direttore del centro ricerche dell'Università di studi politici e legali della Cina, divide l'universo del neocapitalismo cinese in tre categorie. Al primo posto individua i cosiddetti «capitalisti di potere», legati a doppio filo ai vertici politici, con cui scambiano favori reciproci. Un'alleanza agevolata dal fatto che molti dei familiari degli uomini politici si sono lanciati nel business, approfittando del loro *guanxi*, vale a dire le relazioni altolocate. Da quando l'ex leader Jiang Zemin ha ufficialmente esteso ai «padroni» la possibilità di iscriversi al Partito comunista, il 30 per cento degli imprenditori ha preso la tessera: una percentuale molto più alta rispetto all'adesione della popolazione media al partito (solo il 5 per cento dei cinesi possiede la tessera comunista). I generosi dividendi, per questa categoria di nuovi ricchi legati alla politica, non hanno tardato ad arrivare. Il 25 per cento dei capitalisti ricopre oggi incarichi pubblici, e il 17 per cento è stato eletto al Congresso. Non stupisce dunque il risultato di un recente sondaggio condotto fra i 600 più importanti imprenditori privati: un'esorbitante maggioranza di consensi al potere del partito unico.

La seconda categoria, quella che Bai definisce «i sordomuti», comprende persone come Ma Yun, il fondatore di Alibaba. Sono probabilmente la maggioranza: adottano un profilo pubblico basso, cercano di seguire strade che non incrocino quelle della nomenklatura politica. «È raro» dice lo studioso «sentirli criticare le politiche del governo o denunciare la corruzione, anche se sicuramente hanno delle lamentele da esprimere.» I «sordomuti» ricordano l'antico proverbio cinese: «Un uomo ricco teme la fama come il maiale teme il proprio grasso». Ma Yun sa che la grande ricchezza nella Cina postmaoista è un fenomeno troppo recente e che troppo spesso ha origini sospette: le manca ancora quella legittimità sociale che ha invece in America.

Infine c'è la terza categoria, che Bai Shazhou definisce quella degli «sfidanti». È una piccola ma interessante minoranza di capitalisti ribelli che osano contestare il sistema. Alcuni di loro ricordano di essere stati giovani e di essersi trovati a piazza Tienanmen nel 1989. Altri sono fedeli alle loro origini proletarie: il più famoso è Sun Dawu, l'ex agricoltore che ha fondato una grande impresa alimentare nella provincia dello Hubei. L'economista Hu Xingdou lo ha definito «la coscienza del capitalismo cinese». Sun Dawu ha osato denunciare i capipartito che gli chiedevano tangenti. Si è spinto al punto di tenere una conferenza all'Università di Pechino nel marzo 2003, in cui ha chiesto al governo che i contadini fossero «trattati come cittadini». È stato messo in carcere, ma la sua grinta ha avuto la meglio: il presidente Hu Jintao è intervenuto per farlo liberare.

Un fenomeno nuovo si sta diffondendo proprio nella zona da cui proviene Ma Yun, vicino alla sua Hangzhou e in tutta la provincia circostante dello Zhejiang, la culla del capitalismo mercantile cinese già ai tempi di Marco Polo. Nel 2002 un imprenditore locale, Yu Tingshun, ha sfidato il segretario del Partito comunista candidandosi a sindaco del villaggio di Huaxi. Durante la campagna elettorale ha sfoderato un'arma vincente: ha promesso di costruire la nuova rete fognaria a proprie spese. Un trionfo. Il suo esempio è stato contagioso. Yang Baowei, nel villaggio Shangyang, è stato eletto a furor di popolo dopo avere promesso di pagare di tasca propria le tasse dei contadini. Da allora, la scalata dei piccoli capitalisti alle amministrazioni locali avanza. Oggi, nello Zhejiang, il 65 per cento dei capivillaggio sono imprenditori. È un fenomeno diverso rispetto agli industriali alleati e clienti della nomenklatura, una sorta di Opa amichevole che i capitalisti lanciano al potere politico a partire dalla periferia.

Tra le novità del secolo cinese spicca l'ascesa di questa nuova classe capitalista. È l'altra faccia, il risvolto speculare del vorticoso aumento delle diseguaglianze sociali. Nel 1978, nella Cina che usciva da decenni di radicalismo maoista, il 20 per cento delle famiglie più benestanti guadagnava il quadruplo di quelle più povere. Oggi, il 20 per cento dei più ricchi guadagna 15 volte il reddito dell'ultimo gradino della piramide. È in atto un vero e proprio terremoto che coinvolge i modelli di comportamento, gli stili di vita, le gerarchie sociali. Saranno sempre in meno a condividere la prudenza confuciana di Ma Yun, la sua vita ritirata, le sue partite a carte con gli amici. Louis Vuitton ha visto triplicare le vendite in tre anni; stando ai sondaggi, la Bentley è l'auto più di moda tra i rappresentanti dell'élite; Cartier inaugura sette nuovi negozi ogni anno. Se la Cina di Mao mise all'indice i ricchi, in quella di oggi è vietato essere poveri.

VIII

Chateau Margaux e principini

Il ristorante ha una lista dei vini di tutto rispetto, ma il mio ospite non la apre neanche, anzi la allontana da sé con fastidio. Ha portato da casa due bottiglie della sua leggendaria cantina che devo assolutamente assaggiare: un Chateau Margaux dell'89 e uno champagne Carneros Reserve Taittinger della Napa Valley californiana. Tony Yeh, presidente della Gourmet Foodstuff Shanghai Company, è un noto perfezionista: se non lo fosse, non avrebbe conquistato in pochi anni il quasi-monopolio dei negozi di gastronomia di lusso a Shanghai. Un business in vertiginosa espansione: sfamare i *nouveaux riches*. Chi lo avrebbe detto vent'anni fa? Il ristorante giapponese Shintori in cui ci incontriamo per la prima volta a cena – per quanto i tempi cambino, il rito alimentare è tuttora un obbligo sociale se si vogliono frequentare i businessmen cinesi – è affollato da un campione significativo della nuova élite di Shanghai. Ricavato dai magazzini di una fabbrica abbandonata, a due passi dal vecchio quartiere coloniale francese, è frutto di una ristrutturazione postmoderna che evoca il design di certi loft newyorkesi di Soho e Tribeca. Allo spaesamento iniziale contribuiscono la gastronomia (nouvelle cuisine nipponica), i completi Dolce & Gabbana e le costose acconciature del pubblico (età media 35 anni): potremmo benissimo essere in un locale esclusivo di Manhattan o di San Francisco.

Oltre che per la qualità dei suoi vini, Yeh mi colpisce per un'altra ragione: il suo passaporto. È un cittadino di Taiwan che ha trovato a Shanghai il nuovo paradiso terrestre del capitalismo. Cerco di sondare la sua opinione sulle aspirazioni indipendentiste di Taiwan e sulle crescenti tensioni con il governo di Pechino, così come sui contrasti tra Cina e Stati Uniti. Ma Yeh liquida la mia curiosità con due battute qualsiasi su «politici corrotti che usano il nazionalismo a fini interni», senza neppure specificare a quale delle due sponde dello stretto si riferisca. Ha solo voglia di chiudere rapidamente questo argomento e di passare a parlare d'altro.

Al nostro tavolo c'è un altro tycoon taiwanese che ci ha raggiunti al ristorante sul suo camioncino blindato, scortato da guardie del corpo. La sua fama arriva fino a Las Vegas, dove ha una «linea di credito» sempre aperta nei casinò (10 milioni di dollari). È Tsai Eng Meng, fondatore, azionista di maggioranza e presidente della Want Want Holdings, impero alimentare con sedi a Taipei, Singapore e Shanghai. Si trascina dietro un banchiere svizzero che amministra il suo patrimonio personale. Nella sola Cina continentale ha 60 fabbriche alimentari e 20.000 dipendenti. Per il suo ultimo investimento locale ha trovato un partner d'eccezione: l'Esercito di liberazione popolare, cioè le forze armate cinesi, con cui si è messo in società per produrre il latte in polvere destinato alle mense dei soldati. Dice di andare perfettamente d'accordo con i generali: stando a lui, imparano in fretta i criteri dell'economia di mercato.

Tsai Eng Meng padroneggia perfettamente le arti del marketing occidentale: è in grado di produrre merendine e snack studiati per diverse categorie di consumatori e, come una grande multinazionale occidentale, diversifica i marchi e i messaggi pubblicitari a seconda che i suoi prodotti siano destinati alla popolazione rurale o al ceto medio urbano di Pechino e Shanghai. Osserva con preoccupazione la moda dilagante nelle metropoli, quella di fare la spesa nella grande distribuzione di tipo occidentale: «Gli ipermercati Carrefour mi fanno impazzire: per vendere a loro, perdo ogni margine di profitto». Ma Tsai Eng Meng è un imprenditore che guarda lontano. Si è già introdotto in uno dei business del futuro: cliniche e ospedali privati. I medici cinesi, spiega, sono i migliori del mondo, ma la sanità pubblica non è più in grado di soddisfare le richieste dei vari milioni di ricchi anziani che popolano questo paese. Invecchiamento demografico e crisi del Welfare: benvenuti tra noi.

Tony Yeh e Tsai Eng Meng sono due emblemi del fenomeno sorprendente che si cela dietro il boom economico di Shanghai: il ruolo chiave di Taiwan. Mezzo milione di taiwanesi abitano e lavorano in questa città; sebbene non siano tutti tycoon miliardari come i miei due commensali, sono portatori di capitali e know-how. Gli alti e i bassi della tensione politica «nello Stretto», cioè fra Pechino e Taipei, non contano nella sfera economica. Il denaro non ha odore: i taiwanesi qui sono accolti a braccia aperte. Capitalisti o manager, finanzieri o ingegneri, molti di questi taiwanesi, del resto, non fanno che tornare a casa. Shanghai, culla storica del capitalismo cinese, fu abbandonata da molte famiglie borghesi che fuggirono a Hong Kong e a Taiwan dopo la rivoluzione comunista del 1949. I capitalisti taiwanesi che oggi tornano per fare ricca questa città spesso sono i figli o i nipoti di quegli emigrati. La Cina oggi è la destinazione favorita dei capitali mondiali, ma i primi a investire nella madrepatria sono i cosiddetti «cinesi etnici», una diaspora di 60 milioni di emigrati ricchi dal Sudest asiatico all'America, taiwanesi in testa.

Un frutto della fusione tra capitalismo taiwanese e shanghainese – in nome degli affari e a dispetto di ogni ideologia – è l'azienda Grace Semiconductor, che visito nel parco tecnologico di Zhangjiang, a metà strada fra Shanghai e l'aeroporto internazionale di Pudong. Appena tre anni fa Zhangjiang era un'immensa distesa di campi agricoli; oggi ospita innumerevoli capannoni industriali, centri di ricerca e di design, filiali di multinazionali. La Grace Semiconductor, che ha iniziato a produrre microchip per computer solo nel luglio 2003, cerca di intessere alleanze strategiche con colossi come l'Intel o l'Ibm, punta a quotarsi alle Borse di Hong Kong e New York e ha già raccolto 1,6 miliardi di dollari di capitali. Il suo direttore finanziario, Daniel Wang, è un cinese-californiano sbarcato a Shanghai direttamente dall'industria hi-tech della Silicon Valley e affascinato dal suo paese d'origine: «Nella produzione manifatturiera, in questo momento, nessuno può battere il rapporto qualità-prezzo che offriamo noi cinesi: *we are the best*. Dagli Stati Uniti al Giappone, dalla Corea a Taiwan, prima o poi il grosso dell'industria è destinato a spostarsi qui». La radiografia di quest'azienda è illuminante. Il presidente Yeshun Dong è il fiduciario di due soci fondatori, tuttora maggioritari, che formano una coppia singolare: uno è Winston Wang, figlio del più grande tycoon di Taiwan, l'altro è Jiang Mianheng, figlio di Jiang Zemin, ex presidente della Cina, tuttora legato a un clan di amici influenti ai vertici del Partito comunista, in particolare a Shanghai. Questo non ha però impedito alla Grace Semiconductor di scegliere come sede sociale il paradiso fiscale delle isole Caimane.

«È una scelta più agevole, che permette di ottenere una rapida quotazione alla Borsa di New York» commenta candidamente il presidente. Il figlio di Jiang Zemin, vicepresidente dell'Accademia delle scienze, è un tipico esponente di quella categoria che i cinesi definiscono «i principini». I rampolli della nomenklatura comunista, che vengono mandati a studiare in America, ne ritornano sedotti dall'*american way of life* ma assolutamente impermeabili al fascino della democrazia («l'anatra alla pechinese ormai la mangio solo a New York perché è meno grassa» osserva snobisticamente il giovane Jiang Mianheng prima di lanciarsi in sarcastici commenti sulla «pagliacciata delle elezioni americane»). Della dittatura del partito unico, colgono solo i vantaggi, in particolare l'accesso privilegiato alle banche e al governo, che aiuta ad avere successo negli affari. La regola dei principini è: i padri fanno politica, i figli preferiscono accumulare soldi e posti di comando nelle grandi imprese.

L'alleanza tra il figlio dell'ex numero uno della gerarchia comunista cinese e il figlio del più ricco magnate di Taiwan – l'isola che viene difesa con le armi degli Stati Uniti – non stupisce nessuno a Shanghai. Nel clima da febbre dell'oro che eccita questa città tutto è permesso, o quasi. Le famiglie della nomenklatura politica hanno da tempo piazzato le loro pedine sul grande gioco del Monopoli capitalistico. Nei loro discorsi ufficiali il presidente Hu Jintao e il primo ministro Wen Jiabao usano parole severe contro le crescenti diseguaglianze sociali della Cina di oggi, contro lo sfruttamento della manodopera immigrata dalle campagne e la latitanza dello sviluppo nelle zone rurali. Wen ha lanciato un piano per riequilibrare la crescita e smorzare gli eccessi speculativi che arricchiscono Shanghai e la zona costiera. Almeno in parte, il problema si trova all'interno del suo stesso Partito comunista, che in questo boom ha investito molto: in credibilità politica e in ricchezze personali.

Parte quarta

Le capitali del nuovo secolo

IX

Nel cuore del centro del mondo

Vicolo dell'Intelligenza e della Virtù
Vicolo del Pozzo di Acqua Zuccherata
Vicolo della Prosperità Eterna
Vicolo della Salsa di Fagioli
Vicolo del Presagio Fausto
Vicolo della Chiarezza Magica
Vicolo della Deferenza e della Sobrietà
Vicolo della Pace Amara
Vicolo della Via all'Ombra dei Salici
Vicolo della Purezza di Ghiaccio
Vicolo della Lealtà Pura
Vicolo della Felicità Profumata
Vicolo del Fiore della Purezza
Vicolo delle Composizioni Letterarie
Vicolo delle Nuvole Azzurre
Vicolo delle Foglie di Tè
Vicolo della Carne di Agnello
Vicolo dell'Annuncio di Ricompense
Vicolo del Bagliore di Lucciole
Vicolo della Seta Rossa
Vicolo del Giardino della Pienezza
Vicolo dello Splendore Marziale
(nomi di *hutong*, i vicoli antichi di Pechino)

La signora di mezza età con i capelli raccolti a chignon dietro la nuca riempie il secchiello di acqua melmosa del laghetto, vi intinge un lungo pennello e dipinge eleganti ideogrammi sul marciapiede: un gruppetto ammira il trionfo dell'effimero, il piccolo capolavoro di calligrafia destinato a evaporare in pochi minuti. Il giovane flautista ogni mattina esegue un assolo davanti al lago, tenendo uno specchietto appoggiato sulla panchina: mentre suona si osserva le labbra per correggere gli errori. Il barbiere ha messo la sedia in strada come ogni giorno e, malgrado il freddo di dicembre, un cliente si fa tagliare i capelli davanti a tutto il vicinato. Un ciclista passa intonando la cantilena «Shuo feipin», raccatta rifiuti domestici che sa come riciclare. Tre pensionati portano a spasso i loro amici: grilli e uccelli in gabbia. I piccioni ammaestrati volano con fischietti di bambù legati alla coda, e dal cielo la loro musica si spande sull'intero quartiere. Al calare del sole, dopo cena, gli adulti torneranno ancora in strada per giocare a scacchi, a carte o al *mah-jong* sui tavolini in piazzetta; altri, nei giardini lungo il lago, ballano il liscio ogni sera con un mangianastri a mo' di orchestra o intonano in coro inni nostalgici di guerre e rivoluzioni.

È la vita degli *hutong*, i vicoli della Pechino antica: un angolo di città che resiste alla corsa verso la modernizzazione. In mezzo al cuore della frenetica capitale da 15 milioni di abitanti, a poca distanza dalla piazza Tienanmen, c'è un piccolo mondo antico in cui le biciclette regnano sovrane (i vicoli stretti scoraggiano le auto) e bisnonni e nipoti condividono un'intimità che obbedisce a riti secolari. Sul reticolo fitto degli *hutong* si affacciano i *siheyuan*, le tradizionali case in pietra grigia a un solo piano a forma di quadrilatero, con il cortile al centro e i tetti di legno intarsiato su cui compaiono dipinti di paesaggi, fiori e animali, come nelle pagode. Alcuni di essi sono modeste casupole fatiscenti, altri risalgono invece alle dinastie Yuan, Ming e Qing e hanno più di ottocento anni. Il loro originario decoro aristocratico o borghese si indovina a stento, dopo tutti questi decenni di privazioni. Ma restano, questo sì, inconfondibilmente cinesi. A differenza delle giungle di grattacieli, degli shopping mall invasi da McDonald's e Pizza Hut, del traffico infernale di Audi e Toyota che intasa i raccordi anulari a sedici corsie nell'«altra» Pechino.

Il mio vicino Li Fuhai mi guida in pantofole dentro casa sua. Amabile, ospitale, questo ometto paffuto di 64 anni, operaio metalmeccanico in pensione, è felice di raccontare la storia del quartiere in cui è nato, al pari di suo padre e di suo nonno. Mi fa accomodare in una stanza buia e fredda (con 100 euro di pensione al mese non ci si può permettere di sprecare luce e carbone). La sua voce è interrotta dagli attacchi di tosse e da un grillo scatenato: «Mio nonno, che è nato nel 1880, da giovane ha lavorato nella villa imperiale dei Qing. Un tempo qui attorno c'erano tanti parchi imperiali, le botteghe degli artigiani che lavoravano per l'imperatore, i mercati della frutta e della verdura, gli attori di strada che improvvisavano duetti comici: erano i talk show di una volta. Mio nonno mi raccontava che questo laghetto faceva parte di una rete di canali creata per trasportare il riso e il grano ai palazzi imperiali e alle ville dei cortigiani. Nel '49 il primo governo comunista chiuse i canali, ma per altri dieci anni il quartiere rimase quasi identico; dal ponticello di Houhai, nelle giornate limpide, vedevamo le montagne, e le ninfee in fiore rivestivano il lago. Nel '59 iniziò il razionamento, fece la sua comparsa la tessera del riso, e i mercati per molto tempo scomparvero. Poi arrivò la Rivoluzione culturale, che mi sequestrò metà della casa per darla a un'altra famiglia. Sono stato costretto a stringermi per quarant'anni. L'altra famiglia se n'è andata solo l'anno scorso. Oggi, invece delle montagne, all'orizzonte si vedono solo grattacieli, ma noi vecchi non vogliamo andarcene. Questo quartiere è troppo bello. Lo chiamiamo ancora il Lago dei Templi, anche se dei dieci templi buddisti ne resta soltanto uno. Qui mangio la migliore cucina di Pechino, scelgo la frutta sulle bancarelle, l'aria è un po' meno inquinata».

Sotto la dinastia Qing, dal 1644 al 1911, il centro di Pechino ha visto costruire cinquanta diverse ville imperiali attorno alla Città Proibita. Oggi ne rimangono solo otto. Gli alveari umani degli *hutong* hanno subìto un destino analogo sotto l'avanzata del cemento armato. Nel 1949 i vicoli coprivano 17 milioni di metri quadrati. Mezzo secolo dopo la capitale è cresciuta in modo impressionante (Pechino occupa ormai la superficie del Belgio), ma il suo cuore antico, incarnato dagli *hutong*, si è prosciugato a soli 3 milioni di metri quadrati. E l'assedio non è ancora finito.

In vista delle Olimpiadi del 2008, la pianificazione urbana è stata colta da un nuovo attacco di megalomania. Dopo l'industrializzazione pesante degli anni Cinquanta – in cui Mao realizzò il suo sogno a Pechino: un panorama di ciminiere fumanti a perdita d'occhio –, dopo lo squallore sovietizzante degli anni Sessanta che ha distrutto la Storia per erigere monumentali sedi di partito, grandi viali per sfilate militari e orribili esempi di edilizia popolare, la Cina del terzo millennio vuole dare lezioni di modernità a Houston e a Toronto, a Tokyo e a Sydney. Andreu, l'architetto francese che ha progettato il nuovo terminal dell'aeroporto Charles de Gaulle, è stato chiamato a costruire il nuovo Teatro dell'Opera, mentre all'olandese Koolhaas è stato commissionato l'arco futurista per la nuova sede della Tv di Stato. Grattacieli a non finire estenderanno le catene di banche e multinazionali, di hotel americani Hilton e Sheraton, Hyatt e Marriott, con gli annessi shopping mall sotterranei: una città parallela nelle viscere della terra in cui si celebra l'orgia del consumismo.

Da quando i cantieri olimpici hanno creato la nuova bolla speculativa di Pechino, altri 300.000 abitanti dei vecchi quartieri sono stati sfrattati. Il copione è sempre lo stesso: di colpo, su interi isolati, appaiono gli striscioni con cui il comune obbliga allo sgombero con un preavviso di venti giorni. Nel migliore dei casi, le indennità offerte arrivano a 400-600 euro al metro quadro, una frazione del valore di mercato. Per prevenire eventuali ricorsi, il comune definisce «insalubri e fatiscenti» le case da demolire.

La prospettiva, per gli sfrattati, è di emigrare nella più lontana periferia di Pechino, in squallidi quartieri-dormitorio a diverse ore di distanza dai luoghi di lavoro. Il giorno stabilito arrivano a ondate le ruspe meccaniche, seguite da un esercito di manovali armati di piccone e da squadroni della polizia in assetto di guerra. In poche ore un quartiere viene ridotto a un ammasso di calcinacci su cui sorge immediatamente un nuovo cantiere su cui miriadi di formichine operaie si apprestano ad arrampicarsi giorno e notte per costruire nuovi grattacieli. Chi cerca di resistere, aggrappandosi alla propria casetta e ai propri mobili, viene travolto senza pietà.

Nella via Nanyingfang vivevano mille famiglie. Alcune erano radicate da secoli in quelle casette costruite sotto la dinastia

Qing per alloggiare i soldati che difendevano la città dalla Porta Chaoyangmen. Il blitz della polizia, il mattino del 15 novembre 2004, ha preso d'assalto l'intero isolato. Una donna anziana che si era asserragliata in casa è stata aggredita e presa a mattonate in testa: l'hanno portata via che sanguinava. La folla di curiosi è stata dispersa a getti di estintore. Due bulldozer hanno polverizzato il muro su cui qualcuno aveva scritto: «Le demolizioni violente e gli sfratti forzosi sono contro la Costituzione».

Neppure i gesti più disperati sono serviti a qualcosa. Ye Guozhu, che pur di lasciare una casa intatta alla sua famiglia ha tentato di suicidarsi sulla piazza Tienanmen, e stato prima messo in salvo e poi sbattuto in carcere con una condanna a due anni. L'architetto Zhao Zhongshu riassume così la situazione: «I dirigenti del comune ricevono tangenti dai costruttori. Tutti i piani urbanistici sono dettati dagli interessi della speculazione edilizia». Un ex addetto ai lavori, Liu Xiaoshi, che per anni è stato membro dell'ufficio di pianificazione urbana, ammette che «i costruttori si stanno appropriando del centro città, ma i loro nuovi edifici non possono sostituire l'atmosfera e la cultura dei vecchi quartieri». Perfino un celebre intellettuale di regime, lo scrittore Yu Qiuyu, commenta amaro: «La Cina vanta la civiltà più antica del mondo, ma in questi ultimi decenni, fatta eccezione per la crescita economica, ha smesso di costruire qualcosa per rafforzare la propria cultura. All'opera vedo solo forze distruttive».

La resistenza degli abitanti del centro storico ha assunto i tratti di un movimento organizzato. Sono sorti combattivi comitati di quartiere assistiti da esperti che hanno tentato tutti i ricorsi possibili. La più celebre di queste battaglie ha avuto per protagonisti 24.000 piccoli proprietari coalizzati sotto la guida dell'architetto Fang Ke e dell'avvocato Wu Jianzhong. Ai dirigenti comunisti della città, Wu ha osato dire: «Neppure gli invasori giapponesi avevano devastato Pechino quanto voi». Lo scandalo della corruzione ha dato il via a diversi processi: è venuto a galla un giro di tangenti che in dieci anni ha raggiunto i 15 miliardi di dollari, e un vicesindaco si è perfino suicidato.

Ormai la mappa degli *hutong* storici è circoscritta all'interno di un eroico quadrilatero: a est, la Torre del Tamburo e la Torre della Campana, due strutture imponenti che regolavano la vita della città medievale e che si fanno tuttora sentire in occasione della Festa della Primavera; al centro, i laghetti Houhai e Qianhai; a ovest il parco Behai e, a sud, la Città Proibita. In questa ridotta la resistenza ha adottato una tattica nuova. L'idea è venuta al fotografo Xu Yong, un artista d'avanguardia che espone le proprie opere alla ex fabbrica 798, il Greenwich Village di Pechino. Due anni fa ha pensato di combattere il potere con le sue stesse armi: in una Cina che venera solo il dio denaro, Xu ha dimostrato che conservare i quartieri antichi può diventare un business. Ha inventato la prima «agenzia turistica degli *hutong*» che organizza visite guidate sui risciò, i vecchi taxi-bicicletta. «In Cina» dice «se vuoi salvare la Storia devi collegarla a un guadagno.»

La sua scommessa ha funzionato. Pechinesi e stranieri riscoprono il fascino di Houhai di giorno e di notte. Fioriscono ristoranti e alberghi, sale da tè, negozi di lusso e jazz-club. I laghetti ghiacciati dal rigido inverno pechinese si affollano di entusiasti pattinatori. A godersi la vita della città vecchia arrivano perfino dall'estrema periferia. Il nuovo piano regolatore elenca ormai centinaia di vicoli «intoccabili».

Dietro questo successo si profila però una minaccia più sottile. Ora è il valore delle vecchie case, i *siheyuan*, a salire alle stelle. Abitare qui è di moda: il centro storico vede affluire i nuovi ricchi del capitalismo cinese, i manager delle multinazionali straniere, gli artisti di successo (per non parlare della nomenklatura di partito che, anche all'apice delle devastazioni urbanistiche, non ha perso per questo il proprio buon gusto e si è accaparrata interi isolati di ville imperiali attorno alla Città Proibita). Alla fine del 2004, il magnate della Tv Rupert Murdoch ha comprato, insieme alla sua seconda moglie cinese, Wendi Deng, uno *siheyuan* antico e si appresta a ristrutturarlo. Gli *hutong* rischiano la fine di Trastevere, di Venezia o del Marais parigino.

«Cambia tutto, con questi ricchi che arrivano» dice il mio vicino Li Fuhai. «Io me ne accorgo. Ora, quando passeggio lungo il lago Houhai, davanti alle case ristrutturate vedo alti muri, guardiani privati che mi allontanano se mi fermo a curiosare. Sono a disagio, non mi sento più a casa mia.»

Arriva il suo vecchio amico Sun Xiuhong, pensionato dell'azienda elettrica, per una partita a carte. A 70 anni, Sun continua a fare ogni giorno quattro ore di strada a piedi per tornare qui dal quartiere in cui è finito dopo lo sfratto: «Laggiù mi manca tutto: la vita in mezzo alla strada con gli amici dalla mattina alla sera, le case senza serrature, la pesca nel laghetto, il canto dei grilli».

X
L'Eldorado degli architetti occidentali

C'è un interrogativo a cui nessun visitatore straniero è mai riuscito a sottrarsi: perché la civiltà cinese, ben più antica di quella greco-romana, ha lasciato poche tracce monumentali di se stessa? Il turista occidentale che esplora la Cina per la prima volta paga sempre lo scotto di una delusione iniziale: vorrebbe trovare più «pietra». Qualche bel tempio o monastero, le tombe imperiali dei Ming vicino a Pechino e a Nanchino, la Grande Muraglia, le meravigliose ceramiche esibite nel museo di Shanghai: tutto ciò lascia inappagati. La quantità e la qualità delle vestigia non risultano proporzionate a cinquemila anni di storia. Spesso i monumenti rimasti ci riservano, tra le altre cose, la brutta sorpresa di essere copie di copie, restauri recenti di un originale distrutto più volte. Come si spiega questo apparente mistero? Più che nelle ricorrenti fiammate di violenza iconoclasta e di febbre distruttrice di monumenti – di cui la Rivoluzione culturale non è che un esempio recente –, la risposta va cercata in questa geniale intuizione di un grande sinologo francese, Victor Segalen (1878-1919): «Molto tempo fa i cinesi capirono che nulla di immobile sfugge agli affamati denti dei secoli». I cinesi hanno preferito cedere all'impatto del tempo per riuscire a piegarlo e a neutralizzarlo. In effetti, l'architettura cinese si basa principalmente su materiali deperibili, come per esempio il legno, e questo perché l'eternità non deve dimorare negli edifici, bensì nell'architetto. Già prima dell'epoca di Confucio, alcuni pensatori cinesi concepivano una sola forma di immortalità, quella conferita dalla Storia. La sopravvvivenza non va cercata nel soprannaturale, né può fondarsi sui monumenti o sulle cose. «L'uomo non può che sopravvivere nell'uomo, vale a dire nella memoria dei posteri, attraverso lo strumento della scrittura.»

Questa analisi torna utile di fronte alla nuova ondata di distruzione del passato che è all'opera oggi in Cina sotto i nostri occhi. Questa volta, però, non ci sono Guardie rosse all'assalto dei templi buddisti. Il compito di ricominciare da zero, di ridisegnare la fisionomia del paese su una pagina bianca, è stato affidato a un protagonista inatteso: il grande architetto moderno venuto dall'Europa o dall'America. Oggi il design occidentale scatena la propria creatività nella capitale cinese più che in qualsiasi altro luogo del mondo.

Ancora cinquant'anni fa, Pechino era una delle città medievali meglio conservate del mondo. Formata da quattro zone concentriche, si sviluppava a partire dalla Città Proibita, proseguendo con la cerchia formata dalla città imperiale e, a seguire, le due sfere residenziali dei palazzi principeschi, dei templi e delle case signorili. Oggi, di quella Pechino resta ben poco. La capitale cinese si è trasformata nel più grande laboratorio sperimentale dell'architettura moderna. Da molti abitanti e visitatori questa nuova ebbrezza viene vista come la conferma di trovarsi nel nuovo centro del mondo, Altri, invece, contestano aspramente l'occidentalizzazione sfrenata del paesaggio urbano. Lo scontro tra queste due correnti si sta facendo sempre più acceso.

Di tutte le città-cantiere cinesi che subiscono oggi un'evoluzione travolgente, Pechino è la più estesa, la più popolata e, naturalmente, la più importante: è qui, infatti, che ha sede il potere. Dopo essere stata, per molti decenni di comunismo puro e duro, una metropoli isolata dal mondo e impermeabile all'influenza straniera, oggi questa città brilla per l'eccesso opposto. È diventata la prima «cliente» mondiale delle star dell'architettura, la vetrina su cui tutti i grandi designer europei e americani cercano di lasciare la loro impronta. Ben quindici delle venti maggiori «firme» globali dell'urbanistica contemporanea hanno partecipato ai concorsi indetti dalla capitale per progettare nuovi edifici. Molti di questi progetti sono legati alle Olimpiadi del 2008: una scadenza importante soprattutto per il suo significato politico. Il paese che meno di vent'anni fa suscitava l'orrore collettivo per il massacro di piazza Tienanmen, nel 2008 vuole consacrare simbolicamente il suo ingresso trionfale nel mondo del XXI secolo. Trentasette miliardi di dollari di investimenti, più del triplo di Atene: a tanto ammonta la fattura della costosa plastica facciale che gli amministratori di Pechino hanno voluto per la loro città.

Dovendo scegliere nell'orizzonte sconfinato dei cantieri aperti, le costruzioni più impressionanti (e discusse) sono principalmente cinque: il nuovo stadio olimpico da 100.000 posti, avvolto in un «nido d'uccello» di colonne intrecciate, opera degli svizzeri Herzog & de Meuron; la piscina olimpica progettata dalla società australiana Ptw, con una facciata di pannelli lucidi che si gonfieranno come bolle gigantesche; il nuovo Teatro dell'Opera dalla forma ovoidale e con un'immensa «goccia» trasparente appoggiata sul tetto, progetto firmato dal francese Paul Andreu; la futura sede della televisione di Stato Cctv, un grattacielo di vetro a forma di «O», dell'olandese Rem Koolhaas; infine, il terzo terminal dell'aeroporto intercontinentale di Pechino: la silhouette di un immenso dragone concepita dall'inglese Norman Foster.

Questa indigestione di architettura occidentale contemporanea sta provocando molte reazioni di rigetto. Il via alle critiche è stato dato dal tragico infortunio in cui è incappata una delle «grandi firme» internazionali, il francese Andreu. Noto soprattutto per aver progettato il nuovo terminal dell'aeroporto parigino Charles de Gaulle, Andreu è stato chiamato in causa dallo Stato francese per il crollo della struttura di uno dei nuovi terminal. Nel disastro morirono quattro persone, tra cui – coincidenza incredibile – due turisti cinesi di passaggio. Una sciagura che ha avuto enorme risonanza a Pechino, dove il nuovo Teatro dell'Opera sorge a pochi passi da piazza Tienanmen e, ben visibile dalla Città Proibita, rivaleggia per mole con il mausoleo funebre di Mao Zedong. Il crollo all'aeroporto di Parigi ha spezzato un incantesimo e infranto un tabù. Di colpo, si sono scatenati tutti i cinesi che prima non osavano mettere in dubbio lo stile delle celebrità straniere: dagli architetti locali agli ambientalisti, dalla stampa agli intellettuali sono cominciate a piovere le critiche, che contano, dalla loro, su un solido argomento finanziario. L'urbanista Alfred Peng ha denunciato il costo dell'Opera di Andreu:

quattro volte quello del Lincoln Center di New York. «Tenuto conto del diverso costo della manodopera, e fatte le debite proporzioni tra il Pil e il reddito pro capite di Cina e Stati Uniti, è come se costasse sedici volte tanto: un'assurdità.» Nonostante il boom economico, anche il governo cinese deve fare i conti con alcune preoccupazioni relative al bilancio, tra cui il prezzo esorbitante delle materie prime e la crisi energetica. Nemmeno ai vertici, ormai, la megalomania degli amministratori locali di Pechino è più così apprezzata. Dietro le accuse rivolte ai faraonici progetti degli architetti stranieri, naturalmente, si celano interessi «di bottega», per esempio gli architetti locali scartati dai concorsi a vantaggio delle star internazionali. Ma si cela anche un disagio più profondo, relativo agli effetti che la globalizzazione esercita sull'identità culturale cinese. Consapevoli della loro storia plurimillenaria, alcuni cinesi cominciano a chiedersi perché il loro paese deve omologarsi in tutto all'Occidente.

I contestatori hanno mille volte ragione... ma hanno anche torto. Pechino è una città per la maggior parte brutta, anzi orrenda. Chi arriva dall'aeroporto, prima di poter vedere le poche bellezze rimaste della Cina antica, deve attraversare per interi chilometri una brutta copia delle più brutte città americane: non certo New York o Chicago, ma Atlanta o Detroit, se il paragone regge. Ma è forse colpa degli architetti stranieri? Nemmeno per idea. Certo, non tutto ciò che fanno i «nostri» è bello: accanto a qualche forma innovativa e accattivante, ci sono progetti presuntuosi e irritanti. Alcune celebrità mondiali dell'urbanistica d'avanguardia stanno usando Pechino come un laboratorio sperimentale, alla maniera del laboratorio di Frankenstein. Molto prima di riuscire a intravedere le loro costose e spericolate stravaganze, però, bisogna superare intere catene montuose di cemento armato e vetro erette ad altezze smisurate e in un delirio di cattivo gusto: costruzioni realizzate da cinesi doc che per anni hanno scimmiottato l'America ben peggio di come Las Vegas riesca a riprodurre Venezia. Le circonvallazioni sono presidiate da grossolani grattacieli che sembrano essere stati disegnati col righello da pigri geometri. Il solo tocco cinese consiste nell'aggiungere, sul cocuzzolo di quei casermoni, una moderna riproduzione del tetto delle pagode. Ben vengano Foster e Koolhaas, al confronto!

Anche l'accusa di distruzione della Storia fa sorridere. Non perché sia sbagliata, ma perché andava rivolta quarant'anni prima a Mao Zedong, il vero macellaio dell'urbanistica cinese. Fu lui, non la globalizzazione, che cominciò a radere al suolo i gioielli della Pechino medievale, ad abbattere quartieri di *hutong* e villette, templi buddisti e pagode per sostituirli con colate di asfalto in cui far sfilare i carri armati dell'Esercito di liberazione popolare e palazzoni squadrati a imitazione del realismo socialista sovietico.

La difesa dell'identità culturale cinese è una questione di estrema attualità, a tratti drammatica. Ma quell'identità è stata travolta da tre decenni di maoismo, che hanno fatto tabula rasa della memoria storica, mettendo all'indice la raffinatezza, censurando la sperimentazione artistica, imponendo il cattivo gusto come estetica di Stato. Del resto, sono proprio gli eredi di Mao a essersi invaghiti dell'architettura occidentale come di un trofeo da esibire. È questa la critica più intelligente di Yu Kongjian, 41 anni, che dopo un dottorato a Harvard è diventato il preside della scuola postuniversitaria di Architettura e paesaggio urbano all'Università di Pechino. Scagliandosi contro l'Opera di Andreu e la sede della Cctv di Koolhaas, Yu accusa in realtà chi sta dietro a questi progetti. La sua critica è rivolta più al potere politico che ai creatori. «Una mentalità imperiale, feudalistica e autocratica» dice Yu «ispira la decisione di costruire quei due edifici pseudomoderni. Mere riproduzioni dell'architettura occidentale, la loro vera funzione è quella di trasmettere un'immagine di maestà e di superiorità. Rafforzano questa particolare ideologia e ne fanno la nuova identità nazionale. Quelle due costruzioni, oltre a rappresentare una vera e propria tendenza, rappresentano soprattutto l'immagine che lo Stato vuole dare di se stesso. Una volgarità insopportabile. Per di più, come se non bastasse la crisi della nostra cultura, la Cina è nel bel mezzo di una crisi ecologica. Il disprezzo per l'ambiente ha autorizzato lo stupro della natura nel nome dell'urbanizzazione e della modernità. Dobbiamo cercare un'identità che non sia la semplice imitazione dell'Occidente, ma neanche una copia delle nostre tradizioni imperiali.»

Si capisce che a certi architetti occidentali Pechino appaia come il paradiso. Koolhaas ha esaltato i metodi di pianificazione urbana di questa capitale come «il comunismo nella forma di uno Stato che ha ancora uno scopo». Non è la prima volta che gli artisti si innamorano dell'onnipotenza del Principe. È la prima volta, però, che forme estetiche occidentali vengono chiamate a trasformare – se non a snaturare – così in profondità il paesaggio urbano della Cina. In ciò che sta accadendo si può vedere l'ennesima conferma della visione di Segalen: la Cina si lascia possedere dalla forza del tempo, non cerca di resistere al trascorrere della storia fissando la propria identità nella pietra.

XI
Spirito di Shanghai

«I vicoli di Shanghai sono sensuali, intimi come il contatto della pelle; freschi e tiepidi al tatto, conservano segrete le loro emozioni. Nei vicoli di Shanghai accadono cose inconfessabili e tutte quelle muffe malsane che crescono nell'ombra, come cicatrici sulle ferite, evocano sofferenze che si cancelleranno solo col tempo. Quando il sole sorge sopra i tetti, illuminandoli irregolarmente con una luce obliqua, sgorga uno spettacolo magnifico da infiniti piccoli dettagli, una forza immensa fatta di innumerevoli pazienze unite.»

Bisogna affrettarsi, per visitare questi ultimi vicoli di Shanghai descritti da Wang Anyi, la scrittrice cinquantenne celebrata come una delle più grandi autrici della letteratura cinese post-maoista. Bisogna affrettarsi prima che vengano tutti cancellati dalle ruspe per far posto ad altri grattacieli, nella corsa alla modernizzazione che ha già reso irriconoscibile la maggior parte di questa metropoli.

Ci sono città antiche che portano i segni della visione grandiosa e del senso di onnipotenza di cui erano pervasi i loro sovrani. La Shanghai che oggi attira il turismo mondiale più sofisticato è un monumento al volontarismo politico dei nostri tempi: è la creazione di un leader che ha cambiato il volto della Cina contemporanea. Deng Xiaoping vi effettuò una visita storica durante il Capodanno cinese del 1991, esattamente 18 mesi dopo la repressione di piazza Tienanmen. Da quel viaggio del grande vecchio è nata la Shanghai di oggi, con il suo skyline di grattacieli che intimidisce e rende quasi obsoleti i paesaggi urbani di New York e Chicago, di Dallas e Vancouver. L'allora sindaco di Shanghai era Zhu Rongji, esponente di una nuova generazione politica cosmopolita e riformista. Deng e Zhu si trovarono d'accordo nel voler fare di Shanghai il laboratorio principale di un nuovo esperimento: liberare gli «spiriti animali» del capitalismo nella società cinese. I benefici dell'economia di mercato, per la verità, erano già stati preassaporati negli anni Ottanta nelle zone franche della fascia costiera meridionale vicine a Hong Kong, da Shenzhen a Guangzhou. Ma all'inizio del 1991 Deng aveva due preoccupazioni. La prima era dimostrare alla Cina e al mondo intero che la conversione al capitalismo andava avanti nonostante il gelo nelle relazioni internazionali suscitato dai fatti di piazza Tienanmen. Il secondo obiettivo era quello di riequilibrare geograficamente lo sviluppo cinese, per evitare che la forza dell'economia di mercato si concentrasse tutta a Sud e che il potere del denaro finisse in mano ai cantonesi, convogliandosi indirettamente a Hong Kong come capitale finanziaria. Shanghai, culla del capitalismo cinese nell'Ottocento, poteva sfidare vittoriosamente Hong Kong.

L'anima antica di Shanghai ha questa peculiare capacità di sparire sottotraccia per decenni interi per poi riaffiorare, intatta, all'improvviso. L'operazione di Deng partì dal recupero di un progetto urbanistico vagheggiato agli inizi del Novecento dal fondatore della prima repubblica cinese, il dottor Sun Yat-sen. Questo progetto, che il governo nazionalista di Chiang Kaishek era stato quasi sul punto di realizzare prima della rivoluzione comunista del 1949, consisteva nello sviluppo di Pudong, un'isola di 500 chilometri quadrati sulla riva orientale del fiume Huangpu situata di fronte al porto e al centro storico della vecchia Shanghai. Un'area pari alle dimensioni di Singapore, occupata, fino agli anni Novanta, da miriadi di campi coltivati. La modernizzazione di Deng piombò su Pudong, grandiosa e travolgente: tre ponti autostradali e ferroviari di collegamento con Shanghai, sette tunnel sotto il fiume, due cerchie di raccordi anulari, due linee di metropolitana, l'aeroporto intercontinentale più grande della Cina, un treno ad alta velocità (400 chilometri orari). E soprattutto, via libera al mercato: porte aperte ai capitalisti di Hong Kong e Taiwan, e ben presto agli investitori di tutto il mondo, dall'America al Giappone, per costruire a Pudong la più spettacolare concentrazione di grattacieli, banche, alberghi e centri industriali a tecnologia avanzata.

Già nel 1993, l'impulso di Deng si era dispiegato in tutta la sua potenza: metà delle gru dell'intera Asia erano concentrate a Shanghai. Un esercito sterminato di muratori arrampicati su singolari impalcature di bambù era al lavoro giorno e notte, domeniche e festivi compresi, sotto il sole o alla luce dei riflettori, sotto la pioggia invernale o nell'opprimente afa estiva, per costruire i grattacieli. Quattro milioni e mezzo di metri quadrati di uffici. In tre anni Shanghai doppiò la decennale ricostruzione di Tokyo e di Londra nel secondo dopoguerra. Dalla caratteristica guglia spaziale dell'Oriental Pearl Television Tower – punto di riferimento obbligato per orientarsi nella nuova Pudong – al Grand Hyatt, l'albergo da cui si contempla un riassunto scenografico del nuovo boom cinese, l'operazione Pudong ha raggiunto il suo scopo: costruire la Manhattan del terzo millennio e avvalorare visivamente l'impressione che questo sia il nuovo centro del mondo. Il peso di tutto quel cemento ha un effetto tremendo: i geologi rilevano che la città intera sprofonda di 8 millimetri all'anno. La febbre delle costruzioni si è estesa a macchia d'olio e non ha risparmiato ampie zone della vecchia Shanghai, stringendo nell'assedio delle ruspe i suoi vicoli «sensuali e intimi»: reliquie di un'altra Asia, lontana eco di quella Cina rurale che resta nella preistoria del miracolo shanghainese come il ricettacolo di quegli immigrati che dalle campagne affluiscono ogni giorno per soddisfare i bisogni dei *nouveaux riches*.

Il processo che ha avuto inizio quattordici anni fa con il «piano Pudong» non rappresenta uno strappo radicale rispetto alla storia di Shanghai, ma è anzi il riaffiorare dell'antica vocazione di questa metropoli cosmopolita, esterofila e occidentalizzante. Nel 1869, con l'apertura del canale di Suez e l'esplosione del traffico navale sui bastimenti a vapore, la rotta Suez-Bombay-Singapore-Shanghai divenne quella che Joe Studwell in *The China Dream* ha definito «la vena giugulare dell'impero britannico». Fu costruita qui, nel 1877, la prima linea ferroviaria della Cina. Dopo Londra e Parigi, nel 1930 Shanghai consumava più energia elettrica di qualsiasi altra città europea: in quegli anni aumentò il flusso di immigrazione degli ebrei dall'Europa centrale e dal Medio Oriente, che crearono proprio qui una delle più importanti comunità d'affari straniere (la fuga dalla persecuzione nazista, inoltre, fece raggiungere alla popolazione ebraica dimensioni record lasciando un'impronta durevole sulla città, descritta nell'ampia letteratura di ricordi sul «ghetto di Shanghai»).

Di quell'epoca gloriosa sono rimaste tracce urbanistiche importanti. Nel primo dopoguerra, Shanghai fu la città asiatica che vide sorgere il maggior numero di protograttacieli a imitazione dei primi modelli newyorkesi. Qui ebbe massima fioritura il trapianto asiatico dell'architettura Art Déco, rimasta in gran parte intatta nel boulevard del Bund che costeggia il fiume o sull'arteria commerciale della Nanjing Road. Segnata dall'influenza europea più di ogni altra città cinese, Shanghai conserva le vestigia dei quartieri indipendenti in cui le potenze imperiali dell'Occidente erano riuscite a stabilire le proprie rappresentanze commerciali: fino alla rivoluzione comunista, molte strade eleganti del centro avevano ancora nomi francesi. (Forse è anche per questa ragione che il turista occidentale prova di fronte a Shanghai il classico colpo di fulmine, mentre inizialmente si sente respinto da Pechino, città meno cosmopolita e dalle bellezze più nascoste). Un profumo nostalgico dell'anteguerra emana tuttora dalle serate al ristorante dello storico Peace Hotel, dove un'orchestra jazz si esibisce nell'intatto décor dei ruggenti anni Trenta. Sono bellezze sopravvissute a cicli di tragedia e di miseria, testimonianze di un'epoca in cui Shanghai fu tra le capitali mondiali di una globalizzazione ante litteram. Gli shanghainesi di oggi, pragmatici e materialisti, non perdono tempo a guardarsi alle spalle. L'orchestrina jazz del Peace Hotel ormai suona solo per comitive di turisti stranieri. La città benestante, esibizionista e cool, preferisce di gran lunga affollarsi nei bar notturni dell'elegante Xintiandi o nei sofisticati ristoranti disegnati da Michael Graves al numero 3 del Bund, sopra lo showroom di Giorgio Armani, con una vista mozzafiato sul fiume e sulla Shanghai by night.

I giovani professionisti cinesi con le loro amiche top model, che alle due di notte salutano il portiere in livrea di fronte alle vetrine di Armani e si fanno consegnare le chiavi della loro Bmw, non vedono neppure i senzatetto dietro l'angolo che, con i piedi infagottati di cenci, frugano nei bidoni della spazzatura di un grande albergo.

Come negli anni Trenta, nelle pieghe delle grandi trasformazioni sociali c'è sempre spazio per l'umida penombra dei vicoli in cui si addensa la storia dei perdenti. «Quando in pieno volo» scrive Wang Anyi «gli stormi di piccioni vedono l'affastellarsi dei tetti dei vicoli, una punta di dolore li trafigge.»

XII
La New York del futuro

«Ho vissuto a Los Angeles e a Parigi. Oggi non ho dubbi: il centro del mondo si è spostato qui a Shanghai» dice Liu Tao, che per gli occidentali americanizza il proprio nome in Teddy Liu. Ventotto anni, giornalista del «Jiefang Daily», Liu ha i tratti tipici della nuova middle class urbana che sta cambiando la storia della Cina: ha una moglie che lavora per un'investment bank, la Chevrolet spider, fa la spesa all'ipermercato francese Carrefour e possiede l'orgoglio tipico dello shanghainese, cittadino di una metropoli di 20 milioni di abitanti che nel XXI secolo, secondo «Time», coprirà il ruolo che fu di New York in quello appena trascorso. Dal bar panoramico all'ottantasettesimo piano del Grand Hyatt Hotel in cui incontro Liu, non è difficile credere a quella profezia. Attorno a noi la New York dell'Asia ha già superato in audacia il modello originale. Il quartiere direzionale di Pudong, con i suoi 4 milioni di metri quadrati di spettacolari grattacieli eretti in soli dieci anni, fa sembrare gli Stati Uniti un continente antico. Gli stessi americani appaiono soggiogati dal fascino di questa sfida: il magazine di moda del «New York Times» fa indossare le nuove collezioni alla top model Qi Qi, la Linda Evangelista cinese, sullo sfondo dei paesaggi futuristici di Pudong. Il «Wall Street Journal» intitola un supplemento turistico *Shanghai Chic*, elencando gli hotel a cinque stelle inaugurati di recente: Marriott, Four Seasons, Ritz-Carlton, St Regis.

Armani, Bulgari, Louis Vuitton, Rolls-Royce: nessuna firma del lusso può permettersi di non avere negozi a Shanghai, e gli

Universal Studios, per sfruttare l'afflusso turistico dal mondo intero, costruiscono qui la replica del loro parco attrazioni di Hollywood. Nelle ore di punta le Audi hanno prontamente sostituito le biciclette in ingorghi asfissianti sulle grandi arterie metropolitane, tanto che la città deve contingentare il traffico con soluzioni audaci: le nuove immatricolazioni vengono messe all'asta. Come in un lampo, Shanghai ha cancellato decenni di austerità comunista e ha riconquistato il posto che aveva avuto negli anni Venti. Allora la si definiva la Parigi dell'Asia (e alcune tracce di quel lusso non sono mai scomparse dal quartiere coloniale francese del centro storico, sull'altra riva del fiume Huangpu): era l'epoca in cui la ballerina Margot Fonteyn decantava le raffinatezze dell'Astor House Hotel. Cosmopolita, raffinata e spietata: Shanghai è la città delle diseguaglianze sociali più stridenti, quella in cui il Partito comunista di Mao tenne il suo primo congresso. Come già ottant'anni fa, Shanghai non rappresenta l'intera Cina ma le indica un futuro possibile. Si trovano a Pudong l'hotel più alto del pianeta, il più vasto grande magazzino, la più elevata torre della Tv, il treno più veloce. L'obiettivo è superare il mondo, cioè l'America.

La vita privata di Teddy Liu è l'emblema di una società che si è trasformata bruciando le tappe. Un intero secolo di evoluzione sociale europea o americana appare concentrato nella storia di una generazione cinese, balzata in pochi anni dai problemi di un paese emergente a quelli di una società postindustriale. E questo a cominciare dal nucleo fondamentale della vita sociale: la famiglia. Sia Liu che sua moglie sono figli unici, come molti loro coetanei. Uno sconfinato esercito di giovani cinesi non ha fratelli né sorelle. È il risultato di una severa politica di controllo delle nascite avviata dal Partito comunista attraverso la guerra all'esplosione demografica e l'imposizione di dure sanzioni alle coppie che avevano più di un figlio. L'economia di mercato ha fatto ancora di più: senza che nessuno li costringesse, Liu e sua moglie hanno deciso di non avere figli. E non rappresentano un'eccezione. Per le coppie della loro età e del loro reddito, la scelta «zero figli» dilaga.

Dal 1990 a oggi, in coincidenza con l'esplosione del capitalismo, le nascite sono crollate del 30 per cento. In parte si tratta di una reazione speculare allo stile di vita dei genitori, resi oltremisura protettivi dalla politica del figlio unico: troppi sacrifici, troppa dedizione al prezioso discendente. Al tempo stesso questo fenomeno è l'altra faccia del disimpegno che ha accompagnato il decollo economico degli anni Novanta seguito alla repressione dei moti studenteschi di piazza Tienanmen. Liu ne è la prova. «Prima facevo il giornalista politico, ora preferisco scrivere di business. È più eccitante. Credo che questo spostamento di interessi sia comune tra i miei coetanei.»

«Tra i miei collaboratori ci molti ragazzi della generazione diventata adulta dopo Tienanmen» conferma Victor Ho, un avvocato d'affari di Shanghai tornato in patria dopo anni di lavoro a Hong Kong. «Una generazione di individualisti, di edonisti: vogliono raggiungere prima possibile un maggior benessere materiale.» L'economista Liu Xin dell'Università di Shanghai definisce i suoi studenti «pervasi da un cinismo profondo. Dall'età di 10 anni hanno studiato su manuali di propaganda, arrivati a 18 sanno che è tutto falso e non credono a niente: non leggono niente, vogliono solo un diploma, i soldi, la carriera».

Nella Shanghai di oggi, competitiva e ambiziosa, allevare un bambino costa caro, specie se questo figlio deve essere un «vincitore». La scuola pubblica non garantisce un futuro coronato da successi, e così esplode il business delle istituzioni private che offrono insegnanti di inglese madrelingua e corsi intensivi di matematica fin dalla tenera infanzia per preparare futuri candidati ai master delle università americane. L'iscrizione al 3+3 Kindergarten, una scuola materna privata e bilingue in un ricco sobborgo residenziale di Shanghai, costa 3000 dollari l'anno. È il salario annuo di un insegnante e quasi il doppio del reddito medio degli abitanti di Shanghai. Per i super-ricchi, i tycoons del neocapitalismo che abbondano a Shanghai, sono spiccioli; ma per il ceto medio rappresenta un sacrificio. «Com'è possibile pagare rette scolastiche simili? Semplice: sei membri di una famiglia si autotassano e contribuiscono con i risparmi di una vita a finanziare l'istruzione di un solo bambino» spiega Sam Wu, presidente del 3+3 Kindergarten, gestito da una società privata di Taiwan. Al liceo Dulwich College, proprietà di imprenditori locali e di una rinomata scuola privata di Londra, le famiglie pagano fino a 12.000 dollari di retta all'anno, e secondo Fritz Libby, fondatore della joint venture anglo-cinese, «nessuno ha mai obiettato sul costo».

Chi può pagare senza difficoltà simili somme per un'istruzione di lusso abita probabilmente in quartieri come Palm Springs, Long Beach, Park Avenue o Napa Valley. Sono questi i nomi dei condomini di lusso che spuntano come funghi e contendono il terreno edificabile alla speculazione immobiliare dei grattacieli destinati agli uffici. Il prezzo medio di un appartamento in vendita si aggira intorno agli 800.000 euro. Nelle spese è compreso il costo di guardie private ventiquattr'ore su ventiquattro: i proprietari di questi appartamenti vivono barricati dietro muri e cancelli blindati. Un esercito di sottoproletari si sposta dalle campagne per venire ad accudire questi nuovi ricchi. La donna di servizio, un mestiere impensabile per l'ideologia ufficiale comunista di vent'anni fa, rappresenta un piccolo lusso ormai alla portata di molti: per l'equivalente in yuan di 100 euro al mese, al vitto e all'alloggio, una ragazza di campagna si rende disponibile a trasferirsi nella nuova casa e a lavorarvi sette giorni su sette, dieci ore al giorno.

Il divario tra le due Shanghai, quella di Armani e quella del lumpenproletariat rurale, permette di misurare la distanza percorsa dalla nuova Cina. Ancora vent'anni fa, questo era un paese austero che razionava i consumi ma che poteva vantare un livello di diseguaglianze sociali fra i più bassi del mondo. Gli stessi esperti cinesi sono costretti a riconoscere che il dislivello di reddito tra i più ricchi e i più poveri ha superato quello degli Stati Uniti e, cosa ancora più incredibile, perfino dell'India. «Il capitalismo oggi è l'unica risposta al nostro bisogno di sviluppo, tuttora molto forte» dice l'economista Liu Xin. «Pensare che l'equità sociale potesse avere la precedenza finché eravamo un paese povero in attesa del decollo era sbagliato. Ma la Cina di oggi è ancora prigioniera di una sorta di illusione marxista, e cioè l'idea che l'economia sia onnipotente, che lo sviluppo curi e risolva tutto. Così, siamo passati dal totalitarismo comunista a un capitalismo di tipo autoritario sul modello di Singapore. Forse le aspirazioni alla giustizia sociale si faranno sentire presto, non appena diventeremo una società più matura.» Regge, per ora, la tregua tra le due Shanghai: la Shanghai del Gran Premio di Formula Uno, degli yuppies senza figli e dei college bilingui e la Shanghai delle giovani serve venute da lontano: con 100 euro di stipendio al mese, i 3 milioni di lavoratori immigrati dall'entroterra riescono tuttora a risparmiare per mandare aiuti a casa. Per i familiari rimasti in campagna, quell'assegno che arriva dalla remota Shanghai è l'eco lontana del nuovo benessere cinese.

XIII

Concorrenti da 100 euro al mese. Marco Polo a Hangzhou

Il cielo azzurro che si rispecchia nel lago, le barche dei turisti che scivolano pigramente sull'acqua, l'intenso verde dei boschi: ci si potrebbe tranquillamente sentire sul lago di Garda, se non fosse per le antiche dimore imperiali col tetto a pagoda. Fino a un decennio fa Hangzhou (la cui pronuncia corretta è «angiò») era solo una tranquilla cittadina turistica della provincia del Zhejiang che si cullava nel ricordo dei duemiladuecento anni di storia che l'avevano vista fra le sette capitali della Cina. I gerarchi del Partito comunista si riservavano abitualmente, per la loro villeggiatura estiva, le più belle ville della passeggiata lungo il lago. Una statua di Marco Polo troneggia in città a memoria dei lunghi soggiorni del mercante veneziano nei suoi viaggi sulla via della seta, in particolare tra il 1292 e il 1294. Oggi, però, per via della sua collocazione strategica – 140 chilometri a sudovest di Shanghai, sul delta del fiume Yangtze – Hangzhou è una delle basi da cui l'industria cinese si prepara a conquistare il mondo. Un accordo siglato in seno al Wto e in vigore dal 2005 segnerà probabilmente la fine dell'industria tessile e dell'abbigliamento per molti paesi, ricchi e meno ricchi, che finora erano riusciti ad arginare le importazioni di maglieria e di vestiti dalla Cina. Hangzhou si è preparata per questo momento.

Attorno al lago e alla cittadina storica che ospita la statua di Marco Polo è cresciuta una moderna metropoli di 7 milioni di abitanti, punta avanzata della formidabile macchina da guerra del «made in China». Nella visita mi fanno da guida i suoi amministratori locali: il vicesindaco Zhang Jon, i dirigenti del parco tecnologico Zhang Xuening e Qiu Jianhua e il banchiere Jia Qiong; una singolare task force che alle tessere del Partito comunista ha coniugato dottorati in varie università americane (Mit, Harvard, Stanford). In auto percorriamo interi chilometri fiancheggiando gli alveari delle api operaie che stanno cambiando le regole dell'economia mondiale, decine di nuovissimi e fiammanti palazzi-dormitorio costruiti in tempi record di fianco alle fabbriche che sono proliferate alla periferia di Hangzhou. La mensa, la scuola per i figli e la sala del karaoke sono inclusi nei prefabbricati perché l'esercito proletario perda il minor tempo possibile nello spostarsi da casa al posto di lavoro.

Nel 2004, mi spiega Zhang, «Hangzhou ha polverizzato i record del boom cinese. La sua produzione industriale è cresciuta del 30 per cento: 400 multinazionali di 28 paesi sono venute qui a investire», cioè a delocalizzare manodopera. E il 2004 era soltanto «la vigilia». La grande rivoluzione del commercio globale che Hangzhou aspettava è arrivata: gli accordi negoziati in seno al Wto hanno costretto i paesi protetti a smantellare le ultime barriere contro la maglieria cinese. In diversi mercati del mondo spariscono le quote e i contingenti che limitavano gli acquisti di biancheria intima, T-shirt e altri prodotti tessili «made in China». Per l'industria italiana la minaccia si profila su due fronti diversi: all'interno del paese, ma ancora di più sui mercati d'esportazione come l'America, la concorrenza cinese non avrà più ostacoli di alcun tipo.

Il vicesindaco Zhang, imprenditore a capo della società Oriental Horizons, mi esibisce le cifre di questo imbattibile modello cinese che inchioda alla resa qualsiasi produttore europeo o nordamericano: «Il salario minimo legale a Hangzhou è di 450 renminbi (45 euro) al mese. In realtà, con l'economia che tira, i nostri salari sono ben al di sopra del livello minimo: un operaio di questa zona guadagna in media 1000 renminbi (100 euro) al mese. Un manager arriva a 3000 renminbi (300 euro)». Nella lunga catena di montaggio che approvvigiona le aziende di Hangzhou, non bisogna dimenticare chi fatica ancora di più. A un gradino più basso degli operai delle città costiere si trovano i contadini del Sichuan, che ogni estate vendono il proprio lavoro alla giornata sui monti Tianshan: padre, madre e figlio raccolgono 180 chili di cotone al giorno per 3 euro a testa. William Fung, che dirige una delle più grandi società di trading nel settore tessile, ricorda che il segreto dell'ascesa cinese risiede solo nei bassi salari. «Nei Caraibi guadagnano ancora meno, ma qui sono imbattibili per la produttività. Sono tra i lavoratori più disciplinati del mondo, e usano i macchinari più recenti.» Fornitigli, tra gli altri, da noi italiani. Zhang lo sa, e ci incoraggia a farlo: «Voi italiani siete come noi di Hangzhou, una razza di veri imprenditori pieni di iniziativa. Come potete sopravvivere alla nostra concorrenza? Almeno in due modi: venite qui a produrre, e vendeteci le vostre macchine per l'industria tessile. Siamo fatti per intenderci: a Hangzhou abbiamo già la nostra via Montenapoleone, con i negozi di Ferragamo e Max Mara».

Accanto ai palazzoni-dormitorio per gli operai, il vicesindaco mi mostra anche i quartieri satellite formati da centinaia di villette monofamiliari a schiera: il sogno e lo status symbol della nuova middle class. Curiosi ibridi architettonici simili alle città-replica di Disneyworld, mescolano uno stile vittoriano anglosassone e l'inevitabile tetto a pagoda. Il cartellino del prezzo: 25.000 euro per una villetta con l'aria condizionata, inclusi gli elettrodomestici e i pannelli solari per l'acqua calda. Siamo lontani anni luce dagli *hutong* fatiscenti privi di fognature e con i bagni in comune. Per chi ne guadagna 300 al mese, 25.000 euro non sono pochi. Ma la Tv locale trasmette un documentario a puntate che mostra come si viveva vent'anni fa sotto il regime della proprietà collettiva e del razionamento delle case: le famiglie coabitavano in una promiscuità da terremotati, con uno spazio di 4 metri quadri a persona. È contro il ricordo di questo passato che gli operai modello di Hangzhou combattono ogni giorno.

Zhang e i suoi colleghi sanno che la Cina non potrà essere sempre vincente sui bassi salari. Dietro l'angolo spuntano il Vietnam, la Cambogia, paesi ancora più poveri, egualmente disciplinati e laboriosi. Hangzhou non compete più con loro: è ben più avanti in questa gara. Ha costruito una rete di autostrade a otto corsie nell'intera regione (per un totale di 120 milioni di frequentatori) e prepara il treno Maglev ad alta velocità, che permetterà di arrivare a Shanghai in soli 40 minuti. Ha inaugurato il nuovo aeroporto intercontinentale, con voli diretti che partono quotidianamente per l'America e l'Europa. Dista poco più di due ore da alcuni dei più grandi porti marittimi e fluviali del mondo. E, soprattutto, ha investito nell'istruzione come poche città al mondo. Hangzhou ha ben quindici università, di cui otto politecnici. «Abbiamo studiato il modello californiano di Stanford perché sappiamo quanto ha influito sulla nascita della Silicon Valley» spiega Zhang. La ricetta funziona anche qui. Oltre al settore dell'abbigliamento, questa città colleziona primati nell'industria hi-tech. «È il primo distretto industriale del mondo nella manifattura di telefoni cellulari. E ora comincia a crescere il settore biofarmaceutico» afferma Jia Qiong della Industrial and Commercial Bank of China. Nel giro di pochi anni gruppi come Motorola, Siemens, Ibm, Toshiba, Panasonic, Mitsubishi, Sumitomo, Aventis e Allergan vi hanno aperto nuove fabbriche e centri di ricerca. Come in una classifica delle multinazionali stilata da «Fortune», conto le loro insegne in cima ai grattacieli che si affollano lungo l'autostrada per Shanghai.

A noi occidentali la statua di Marco Polo sul lago di Hangzhou ricorda un'epoca in cui la seta della Cina valeva tanto da indurre i mercanti veneziani ad attraversare il mondo e a rischiare la vita per impossessarsene. Ai cinesi, invece, suscita ricordi diversi: è la traccia di un passato in cui il loro impero – come nel suo nome in mandarino, *zhong-guo* – è stato il paese di mezzo, il centro del mondo. Per mille anni, fino al XVI secolo, l'economia cinese è stata più ricca di quella europea. Ancora nel 1820, prima che iniziasse la fase di lungo declino, il Pil della Cina rappresentava il 33 per cento della ricchezza mondiale (gli Stati Uniti, anche all'apogeo del loro primato, non hanno mai superato il 27 per cento). Per Zhang, Qiu e Jia, la task force che guida Hangzhou con la tessera comunista e il Ph.D. americano in tasca, è ora che le cose tornino al loro ordine naturale.

Parte quinta

La bolla

XIV
Prestare la corda con cui farsi impiccare

«The Bull. The Bear. And Now: The Dragon». Il Toro. L'Orso. E adesso: il Drago. Questo lo slogan della campagna pubblicitaria di chiaro sapore hollywoodiano con cui è stato lanciato, su interi paginoni a colori del «New York Times» e di altri grandi giornali americani, un nuovo fondo comune d'investimento. Il China-US Growth Fund non è certo l'unico a investire nel miracolo economico cinese, ma è il primo a fare una promozione così massiccia, puntando direttamente al popolo dei piccoli risparmiatori. Il taglio minimo dell'investimento è di soli 1000 dollari, 500 per chi si impegna a versare con regolarità una qualsiasi somma (bastano anche 50 dollari al mese). Ciascun americano può comprarsi un pezzetto di boom asiatico, la speranza di partecipare alla conquista del nuovo Far West sull'altra sponda del Pacifico. Non importa se quei capitali finanziano le multinazionali Usa che chiudono fabbriche nel Michigan per riaprirle a Shanghai: mentre i lavoratori americani soffrono per la delocalizzazione, i risparmiatori sognano una nuova «febbre dell'oro».

Sotto il titolo *The Dragon*, il messaggio pubblicitario eccita la fantasia e l'appetito dei risparmiatori. «Quando Pechino ospiterà le Olimpiadi del 2008, il mondo arriverà qui e troverà un paese completamente trasformato. Per il suo potere d'acquisto, la Cina è la seconda economia mondiale. Dieci anni fa, un ceto medio formato da centinaia di milioni di cinesi desiderava il consumismo. Ora ne ha i mezzi. Da ormai tre anni la Cina cresce a un ritmo del 9 per cento annuo. Il China-US Growth Fund rappresenta un'opportunità unica per partecipare all'ascesa della Cina come potenza economica globale.»

A promuovere questo prodotto finanziario è Fred Alger Management, un gestore di Wall Street tragicamente noto per aver avuto la propria sede nel World Trade Center e per aver perso gran parte dei suoi manager nell'attacco alle Torri Gemelle dell'11 settembre. Il suo rilancio passa attraverso questo fondo, che quanto a strategie d'investimento si avvale dei consigli della filiale della banca J.P. Morgan Chase a Hong Kong.

Ma sulla Borsa cinese c'è chi ha già guadagnato parecchio, e forse è già troppo tardi. Nel 2003, i fondi americani canalizzati sulla Cina (ne esistono già tanti, anche se la maggior parte di essi ha barriere all'ingresso molto più elevate e si rivolge esclusivamente a investitori facoltosi) hanno guadagnato il 63 per cento, superando ogni altra categoria. Nel 2004, invece, la tendenza si è bruscamente invertita. La Borsa cinese ha chiuso pesantemente in rosso, registrando la perdita maggiore di tutte le grandi piazze internazionali. In parte la colpa risiede nella mancanza di trasparenza e di regole certe a tutela degli azionisti, in particolare dei soci di minoranza. E ciò è a tal punto vero che le stesse società cinesi che vogliono rendersi più credibili vanno a quotarsi sul listino di Hong Kong o direttamente a Wall Street. Qualcosa sta cambiando, ma lentamente. Alla fine del 2004, le autorità di vigilanza cinesi hanno promesso norme più severe per «fare pulizia» sui mercati. Di recente la Cina ha avviato una riforma della Borsa, allo scopo di liberalizzare l'accesso dei capitali stranieri. Nonostante il pessimo risultato del 2004, sui listini di Shanghai e Shenzhen si moltiplicano i nuovi collocamenti, e aumenta così il numero di imprese cinesi quotate e aperte ai soci esterni. Il mercato azionario è ancora ai primi passi. Nel 2003, la Borsa cinese ha attirato appena 2,5 miliardi di dollari di fondi americani: una minuscola frazione rispetto ai 500 miliardi di dollari di investimenti diretti effettuati dalle multinazionali Usa che, senza passare dalla Borsa, hanno creato nuove fabbriche in Cina.

In questo nuovo clima di euforia non manca chi avverte segnali di pericolo. Lo stesso «New York Times», su cui è apparso il paginone pubblicitario di Alger, pochi giorni prima aveva aperto con un'inchiesta dal titolo *La Cina è la prossima bolla?* Le matricole che raddoppiano il proprio valore in poche ore ricordano da vicino gli eccessi della New Economy. I mercati asiatici offrono precedenti preoccupanti. Alla fine degli anni Ottanta, a Tokyo, i pochi metri quadri del Palazzo imperiale valevano più di tutta la superficie immobiliare della California; poi seguì il crollo, da cui il Giappone non si è mai più ripreso. Nel 1997 toccò alla Thailandia, all'Indonesia e alle altre tigri del Sudest asiatico: la crisi valutaria distrusse i capitali affluiti in massa. Oggi la Cina presenta dei rischi: le banche vacillano sotto il peso di crediti irrecuperabili concessi ad aziende di Stato decotte; la crescita economica è così frenetica che diversi settori sono afflitti dal fenomeno del sovrainvestimento e sono quindi esposti a crisi di sovrapproduzione. Il neocapitalismo è opaco, la corruzione rampante, il rispetto delle regole labile. Dal canto loro, gli ottimisti ribattono che nell'ultimo decennio la Cina ha sempre smentito i profeti di sventura. Ogni anno gli economisti sentenziano che la sua crescita rallenterà, e ogni anno, invece, continua. Ha retto meglio di qualsiasi altro paese asiatico agli shock finanziari degli anni Novanta.

Ad attirare i risparmiatori sono le stesse controversie sul «caso cinese». Per anni l'amministrazione Bush ha accusato Pechino di mantenere artificiosamente bassa la propria moneta per non perdere competitività: un espediente che ha diffuso tra gli investitori di tutto il mondo la convinzione che il renminbi prima o poi verrà rivalutato. Chi investe alla Borsa di Shanghai e di Shenzhen spera che un giorno la moneta cinese varrà di più.

La Forrester Research stima che nel prossimo decennio saranno trasferiti in Asia dagli Stati Uniti 3,3 milioni di posti di lavoro qualificati, i «colletti bianchi» dell'industria tecnologica. Non a caso, il fondo China-US Growth Fund colloca i propri capitali non solo in società cinesi, ma anche in aziende americane presenti in Cina. I risparmiatori americani sono pronti a finanziare chi li licenzierà.

XV

Se scoppia la bolla

La camera 1624 dell'Hilton di Shanghai ha lo stesso ospite da tredici anni. L'avvocato d'affari Norman Givant di Berkeley vi ha posato la valigia per soggiornarvi solo pochi mesi e non l'ha più lasciata. Givant è un pioniere nell'assistenza alle imprese occidentali che investono in Cina. Arrivò quando il leader comunista Deng Xiaoping era impegnato a rilanciare Shanghai, il centro dell'esperimento capitalista che avrebbe dovuto salvare la Cina dall'isolamento internazionale seguito ai fatti di piazza Tienanmen. Da allora, dopo essere divenuto socio di uno dei più grandi studi legali americani, Givant è stato travolto dal successo al punto da non avere tempo di cercare casa («Con i soldi che gli ho dato» brontola «dovrei possedere tutto l'Hilton»). È la persona giusta per affrontare una questione delicata: il profumo di bolla speculativa che aleggia su questa città e che ricorda da vicino l'euforia finanziaria che entrambi vedemmo sorgere in California alla fine degli anni Novanta.

«Tutti gli investitori del mondo accorrono per comprare un pezzo del miracolo cinese prima che sia troppo tardi» osserva l'avvocato californiano «ma un quarto delle aziende quotate a Shanghai sono in perdita. Non è una Borsa a cui affiderei i miei risparmi. Il finanziere americano Warren Buffett, che di solito non sbaglia, alla fine del 2003 ha comprato azioni della China Petrochemicals e, per ora, ci ha solo perso. George Soros sostiene che il mondo è troppo esposto in investimenti cinesi. Se mi guardo attorno, per ogni opportunità d'oro vedo cento mine vaganti.» Le analogie con la febbre della New Economy sono palpabili. La più grande società cinese che ha fatto il suo ingresso in Borsa nel 2004 – una compagnia assicurativa – ha ricevuto prenotazioni 130 volte superiori ai titoli in vendita. Tre siti web quotati al Nasdaq hanno triplicato il loro valore in dodici mesi e sono tutti cinesi: Sina.com, Sohu.com e NetEase.com. Viziato dagli acquisti dei cinesi d'oltremare che tornano a comprare case nella madrepatria, il prezzo del metro quadro a Shanghai lievita. Per arginare la speculazione immobiliare, la Banca centrale ha deciso un nuovo limite sul credito: i palazzinari possono farsi prestare dalle banche «solo»... il 70 per cento del capitale investito. Il governo ricorre a metodi ancora più drastici e all'antica: il razionamento del credito a tutti i settori surriscaldati dell'economia, a cominciare proprio dall'edilizia.

Victor G.H. Ho, avvocato d'affari del China Practice Group, non è meno severo del suo concorrente americano. «Noi cinesi siamo speculatori nati» dice «e il nostro mercato è poco trasparente. In passato, la maggior parte delle aziende approdava alla quotazione non perché fossero le più sane, ma perché erano a corto di soldi e avevano appoggi politici. Lo Stato privatizza quello che non rende: usa la Borsa come un sostituto delle tasse. Il mercato funziona se ispira fiducia, e la fiducia si costruisce con le regole. Qui un arbitro imparziale non esiste: i giudici sono spesso militari in pensione, inesperti o peggio ancora.» A conferma della sua analisi, un episodio edificante viene rivelato nel dicembre 2004. Un'impresa «si mangia» il capitale speculando sui titoli derivati. La società madre che la controlla nasconde tutto, e piazza in Borsa azioni della stessa azienda per ripianare il buco a spese degli azionisti minori. Una trama fin troppo familiare: potrebbe essere successo in Italia, con il caso Parmalat, o in America, con lo scandalo Enron. È successo alla China Aviation Oil, società statale cinese con sede sociale a Singapore che si occupa (o dovrebbe occuparsi) di acquistare carburante all'ingrosso per le compagnie aeree del suo paese e che invece si è giocata 550 milioni di dollari in derivati finanziari sul petrolio. L'azienda di Stato che ne è proprietaria, la Caohc di Pechino, è accusata di insider trading per aver venduto il 15 per cento del capitale di China Aviation Oil senza rivelare il «buco». Ormai i cinesi del capitalismo moderno non ignorano proprio nulla. La loro Borsa è ancora minuscola rispetto alle dimensioni dell'economia reale, ma le scorribande dei pirati sono già all'altezza dei mercati più sofisticati. Con l'aggravante che la credibilità delle autorità di vigilanza in Cina è ancora tutta da costruire.

Al numero 315 della strada Zhong Shan vengo ricevuto da Zhang Wei, una specie di Enrico Cuccia cinese che fa e disfa la geografia di questo capitalismo nascente. Gestisce una merchant bank dalle strategie arcane – come la vecchia Mediobanca – che al tempo stesso ricorda la Gepi, la holding di Stato in cui i nostri governi democristiani incanalavano aziende pubbliche decotte. Il nome di questo ente è Shanghai United Assets and Equity Exchange. Fuori della porta di Zhang Wei c'è una lunga fila di manager di diverse multinazionali straniere che vogliono comprare «pezzi» dell'industria cinese in dismissione. «Ho chiuso un affare con la francese Alcatel» dice. «Le abbiamo venduto il 51 per cento della Shanghai Bell, l'azienda telefonica municipale; il governo locale resta socio di minoranza.» Gli investitori stranieri, quando comprano aziende pubbliche inefficienti per ristrutturarle, arrivano a offrire 5000 dollari di buonuscita a ogni lavoratore: una fortuna.

Nel corso della sua storia, la Cina è stata più volte l'oggetto del desiderio del capitalismo occidentale. I primi segni di esaltazione si ebbero già nell'Ottocento, quando gli inglesi sognavano di far funzionare i telai del Lancashire giorno e notte per vestire i cittadini del Celeste Impero. Nel 1937, nel suo *Four Hundred Million Customers* (Quattrocento milioni di consumatori), Carl Crow sbeffeggiò i sogni infranti dei capitalisti occidentali che avevano creduto nel boom cinese. L'ultima infatuazione risale a tredici anni fa: una «bolla» presto oscurata da ciò che accadde dopo, vale a dire la crisi asiatica del '97 e la febbre della New Economy. Era il 9 ottobre 1992: la Brilliance China Automotive – una holding con sede alle Bermuda proprietaria di un'azienda di Stato per la produzione di minibus – faceva il suo ingresso a Wall Street. L'indomani, le sue azioni andavano talmente a ruba che il volume di scambi era secondo solo alla Ford. Febbraio 1993: un'altra casa automobilistica cinese, la Denway, veniva collocata a Hong Kong; la domanda delle sue azioni era 657 volte l'offerta. Perfino l'allora presidente Jiang Zemin cantò le lodi di questi collocamenti in Borsa. Ma già nel 1995 quella bolla si era sgonfiata: Brilliance e Denway avevano perso metà del loro valore.

Nella bolla cinese dei primi anni Novanta molti stranieri ci hanno lasciato le penne. Oggi, però, la posta in gioco è più alta di un decennio fa. La stabilità politica del paese dipende dalla crescita. Il presidente Hu e il premier Wen avvertono i rischi di un surriscaldamento dell'economia, ma il vero pericolo è un altro: se alla prima frenata della crescita dovesse guastarsi il giocattolo di Shanghai, vale a dire la macchina che ha garantito una crescita del Pil del 9 per cento l'anno, come reagirebbe la middle class che assapora un benessere di tipo occidentale? I 200 milioni di consumatori medio-alti, i privilegiati delle metropoli costiere rappresentano la prima *constituency* su cui poggia la nuova legittimità dei leader e del loro esperimento liberista. Una recessione sarebbe ancora più dura per gli 800 milioni di contadini, ma è il ceto medio di Shanghai, quello che legge l'inglese e naviga su Internet, che rischia di cedere «cattivo esempio» di Hong Kong, alle sue manifestazioni di protesta e alla sua sete di democrazia.

La febbre finanziaria genera crisi improvvise. Questo boom, però, poggia su un'economia reale più robusta di un decennio fa. Lo testimonia l'impazzimento mondiale del trasporto marittimo, che ha visto i porti congestionati e gli armatori a corto di navi per l'impennata del traffico di merci dalla Cina e per la Cina. Lo dimostrano le dimensioni del mercato interno: un televisore per ogni famiglia, un frigorifero e una lavatrice in quattro case su cinque, un dvd e un condizionatore nel 50 per cento delle famiglie. Il 20 per cento della popolazione possiede un personal computer, 200 milioni hanno cable-tv e telefonino. «La bolla può scoppiare e si possono perdere tanti soldi» conclude Ho «ma questo è il paese in cui gli investitori occidentali saranno condannati a ritornare sempre.»

Parte sesta

La superpotenza scientifica

XVI

Harvard a Shanghai

Si chiama Emanuele Vender, ed è figlio del noto finanziere milanese Jody Vender. Fino a 27 anni, la sua è la biografia tipica dei rampolli dell'alta borghesia: scuola internazionale in Svizzera, laurea in ingegneria a Oxford, due anni in una società di consulenze a contatto con le più grandi aziende italiane. Oggi però, all'età in cui per i ragazzi del suo censo è tradizione conseguire un master postuniversitario a Harvard, alla Columbia o a Stanford, Emanuele ha fatto una scelta che è un chiaro segno dei tempi. Frequenta il master della Business School di Shanghai. Fino a quindici anni fa la Cina non aveva neppure un'economia di mercato: oggi ha una Business School di fama mondiale, entrata nella graduatoria annua del «Financial Times» in cui figurano le migliori università delle vecchie potenze del capitalismo. La futura classe dirigente globale non si forma più solo in America ma anche qui a Shanghai. Dalle grandi Écoles parigine o da Eton e Cambridge, dalla East e dalla West Coast americana, una nuova generazione di capitalisti occidentali va a lezione in Cina. Se si frequentava Harvard anche per far parte dello stesso «network» dei discendenti dei Kennedy o dei Bush, allo stesso modo la Business School di Shanghai vanta tra i suoi ex alunni la figlia del presidente Hu Jintao: un investimento nelle relazioni non trascurabile.

«Cercavo una formazione internazionale» dice Emanuele Vender. «L'Europa mi stava stretta, l'America mi sembrava la scelta più scontata, a basso rischio, ma non abbastanza innovativa. Sono rimasto folgorato nello scoprire una Business School cinese che a soli dieci anni dalla sua fondazione è già da tre anni consecutivi nelle classifiche del Financial Times. Ho consultato il professor Luigi Tava, docente di matematica alla Business School della Bocconi, che ha reagito con entusiasmo. "Shanghai è strepitosa" mi ha detto "la Cina è la nuova frontiera e la nuova cultura, è il posto in cui bisogna essere." Non mi pento. La mescolanza tra il metodo anglosassone e i miei colleghi cinesi dà risultati sorprendenti.»

A passeggio nelle aule, tra i giardini e le palestre sportive di questa China Europe International Business School disegnata dall'architetto sino-americano Pei, cui si devono le piramidi in vetro del nuovo Louvre, ci si può sentire tranquillamente in un lussuoso campus americano. Siamo a Pudong, il quartiere più futurista di Shanghai, nel cuore del miracolo asiatico. Da qui, un tempo, i migliori talenti cinesi partivano per andare a studiare in America. Ora comincia una fuga di cervelli all'inverso. L'ironia non sfugge al direttore del master, l'economista Wang Jianmao. «Io fui uno di quelle centinaia di migliaia di studenti cinesi che emigravano verso l'altra sponda del Pacifico» mi dice Wang, che ha un dottorato alla University of Florida. «Sono nato nel 1955, poco prima che Mao decidesse il cosiddetto Grande balzo in avanti. A 11 anni, la mia istruzione fu troncata dalla Rivoluzione culturale: venni spedito a lavorare nei campi. Quando riaprirono le università fui uno dei pochi privilegiati che riuscirono a passare l'infernale processo di selezione necessario a riprendere gli studi.»

Sembra impossibile che stia parlando dello stesso paese. «Oggi sono assediato dalle multinazionali che pagano per mandare i loro manager a studiare qui. Dall'Ibm alla Volkswagen, sono in molti a organizzare anche i ritiri dei loro dirigenti a Shanghai, come un tempo facevano a Harvard. Ora vogliono tutti dei corsi intensivi sulla Cina. Per i loro capi, già arrivare qui dall'aeroporto a trecento chilometri all'ora sul treno a sospensione magnetica Maglev, vedere questa selva di grattacieli, i centri di ricerca scientifica, è una terapia d'urto. Io ricordo loro che questo paese sforna 4 milioni di laureati all'anno, il più alto numero di scienziati e di ingegneri del mondo, per cui la prossima sfida cinese non sarà sul costo del lavoro.» Il messaggio fa centro, a giudicare dalla lunga lista di aziende occidentali che finanziano il Ceibs: da Philips a Bayer, da Alcatel a Colgate, da Axa a Lvmh.

Tutte le attività, qui, si svolgono in inglese. Gli iscritti sono per il 70 per cento cinesi, mentre il resto è una mescolanza di americani e di europei che pagano 20.000 dollari l'anno (gli Executive Mba, i corsi intensivi per manager, costano più del doppio). Stefan Baumann, tedesco, laureato in economia a Colonia, ha un'esperienza di lavoro alla Bertelsmann e diverse consulenze alla Deutsche Bank e Citibank. «Se sei giovane» dice «hai voglia di trovarti al centro dell'azione. Non c'è un altro posto del mondo dove percepisci così tante opportunità, in cui respiri un clima di dinamismo e di ottimismo. In che modo ho saputo di questa Business School? Erano venuti a farsi conoscere perfino in una fiera internazionale delle università a Francoforte. Io ero sul punto di iscrivermi a Oxford, ma quando ho visto Shanghai non ho esitato. Naturalmente, venire in Cina significa anche assumersi dei rischi. Ma è solo rischiando che si può puntare più in alto. Mi piace l'adrenalina che c'è qui.»

Oltre a Vender e a un gruppo del master dell'Università Bocconi in visita di studio, incontro un altro italiano iscritto alla Business School cinese, Mario Dimitri, che ha una storia istruttiva: «Per riuscire a venire, ho chiesto uno di quei prestiti bancari previsti dalla legge italiana per chi vuole studiare all'estero. La risposta è stata deprimente. Chi studia in Cina non ha diritto al prestito. Lo raccontavo a un gruppo di industriali ai margini della visita in Italia del premier Wen Jiabao. Un imprenditore ha reagito: "Gli studi glieli finanzio io, se poi lei mi promette di lavorare per me a Shanghai". Ho il corso pagato e la lettera di assunzione in tasca».

XVII
Primi in matematica

L'America si arrende al «made in China» anche sui banchi di scuola. Allarmate dai pessimi risultati dei loro liceali in matematica e nelle materie scientifiche, nelle quali i ragazzi asiatici sono molto più avanti, le autorità scolastiche Usa stanno importando dalla Cina i programmi di studio e i metodi di insegnamento. La speranza è quella di arrestare un declino che altrimenti avrà conseguenze sul livello scientifico dell'America e sulla competitività della sua industria.

Lo shock, per gli Stati Uniti, arriva puntualmente ogni anno, all'epoca in cui viene pubblicata la classifica mondiale delle nazioni in base ai risultati dell'istruzione. È compilata con metodi rigorosi dall'Organizzazione per la cooperazione e lo sviluppo economico (Ocse), che ha sede a Parigi e riunisce i 30 paesi più industrializzati. La classifica si ottiene dopo aver sottoposto decine di migliaia di studenti – un'élite selezionata tra i migliori di ogni paese – a test di lettura, matematica e scienze. Gli esami non premiano l'apprendimento nozionistico, anzi: le prove di matematica misurano la capacità di applicare i concetti in modo creativo, per risolvere nuovi problemi. Da molti anni, ormai, gli studenti americani si piazzano agli ultimi posti tra i paesi sviluppati, mentre al vertice della classifica dominano le nazioni asiatiche.

Nel 2004 l'orgoglio degli Stati Uniti ha subìto un colpo più duro del solito. Gli studenti Usa sono scivolati al venticinquesimo posto nella prova di matematica, scendendo ancora di parecchie posizioni, perché per la prima volta sono state ammesse al test due città della Cina comunista, Hong Kong e Macao. L'Italia non può certo rallegrarsi: nei test dell'Ocse, i nostri studenti si piazzano dietro gli americani.

Nella prova di matematica gli studenti di Hong Kong, non appena ammessi, hanno subito conquistato il primato assoluto in classifica. Nelle scienze arriva prima la Finlandia, ma alle sue spalle si piazza un trio asiatico: Giappone, Hong Kong e Corea. Da notare l'ottima performance di Macao, che meno di dieci anni fa era ancora una colonia portoghese, ma che ha adottato il sistema di insegnamento cinese: si classifica tra i primi dieci paesi in tutte le prove. La figuraccia degli studenti americani rappresenta uno shock che a sua volta riapre il dibattito su un problema strategico. Proprio per le carenze del suo sistema scolastico, l'industria dell'alta tecnologia negli Stati Uniti soffre di una penuria cronica di ingegneri, matematici, fisici, biologi, ed è costretta a importare talenti dall'estero. «Ma oggi le nostre multinazionali hanno un'altra opzione» avverte Susan Traiman della Business Roundtable, la Confindustria Usa, «e cioè di spostarsi là dove ci sono i talenti. Hanno sempre più la tentazione di trasferire le attività di ricerca in paesi come la Cina.» I politecnici cinesi ormai sfornano 350.000 ingegneri all'anno, e con lo stipendio di un americano la Microsoft o l'Intel possono assumerne quattro.

La paura è tale da costringere a estremi rimedi. Il «Wall Street Journal» ha rivelato che più di 200 licei americani, dal Massachusetts al New Jersey all'Oklahoma, hanno adottato una soluzione radicale: importare in toto il sistema d'istruzione cinese, usando gli stessi manuali e gli stessi metodi didattici. Il modello più copiato in assoluto è il programma di matematica e scienze di Singapore. La ragione è semplice. La piccola città-Stato è etnicamente e culturalmente a maggioranza cinese, ma da decenni ha adottato un perfetto bilinguismo inglese-cinese, sia nelle scuole che nella vita pubblica. Questo bilinguismo rende più facile importare di sana pianta i programmi scolastici di Singapore negli Stati Uniti, senza bisogno di ricorrere a complesse traduzioni.

Gli insegnanti americani che usano il «metodo Singapore» hanno scoperto che in Cina i programmi scientifici sono meno estesi ma molto più approfonditi. «Nella scuola media di Singapore» dice il professore di matematica Steve Keating citato dal «Wall Street Journal» «risolvono problemi di algebra che sono difficili perfino per me, e che in America vengono affrontati solo a fine liceo.» Viene smentito il pregiudizio secondo cui in Asia si inculcano ancora tante nozioni attraverso un metodo di memorizzazione ripetitiva. Imparare a memoria si usa, ma al tempo stesso gli scolari cinesi ricorrono alla visualizzazione per comprendere concetti astratti. Per gli Stati Uniti i risultati di questa sperimentazione su larga scala sono già evidenti, e positivi. Il «made in China» si esporta bene anche in questo campo. I primi test compiuti nei licei americani che utilizzano i programmi didattici di Singapore rivelano un netto miglioramento dei risultati scolastici. Ma il National Council of Teachers of Mathematics (Consiglio superiore dei professori di matematica) ritiene che «per raggiungere gli stessi risultati di Singapore non basta adottare i suoi manuali». Gli esperti sottolineano che il migliore apprendimento della matematica e delle scienze in Asia è frutto anche di altri fattori: «Una cultura dell'autorità e della disciplina, in cui l'intera comunità sociale, dai docenti ai genitori, si aspetta dai ragazzi un duro sforzo e un impegno totale nello studio».

Un testimone di questa differenza culturale è l'americano Peter Hessler, che arrivò in Cina nel 1996 nell'ambito del Peace Corps per insegnare in un liceo di Fuling, nel Sichuan. Della sua esperienza pluriennale, raccontata nel libro *River Town*, Hessler ricorda lo shock di fronte ai metodi d'insegnamento cinesi. «Quando ero uno studente in America» racconta Hessler «ero abituato ad avere insegnanti che cercavano di indorarmi la pillola: mi risparmiavano sempre giudizi severi o critiche troppo dirette. Ero abituato a vedere gratificato il mio amor proprio, a essere sempre incoraggiato per i miei sforzi anche se facevo degli errori. Ma i miei amici sino-americani mi avevano avvertito che nelle famiglie e nelle scuole cinesi non si usa così. Loro stessi, cinesi cresciuti in America, subivano lo shock di frequentare scuole in cui gli insegnanti americani li trattavano con gentilezza e di essere sottoposti, quando rientravano a casa, ai giudizi severissimi dei genitori. *Buduei*, sbagliato. Un sette in pagella contava meno di tutti i dieci e lode nelle altre materie. *Buduei*. Continua a lavorare. Non hai ancora combinato niente di buono.» A questo punto, per l'America, il passo successivo è chiaro: importare insegnanti cinesi, impregnati della dura disciplina confuciana.

XVIII

Il ritorno del professor Chen

Trent'anni dopo aver varcato il Pacifico nella direzione opposta, una volta compiuti i 60, Steve Chen ha deciso di voltare le spalle alla Silicon Valley californiana e di stabilirsi a Shenzhen, giovanissima metropoli della Cina meridionale. Il suo non è certo il primo esempio di emigrazione di ritorno, da quando il boom economico ha fatto della Cina la «nuova frontiera» del capitalismo. Ma la scelta dello scienziato sino-americano è un caso speciale, che preoccupa gli Stati Uniti più di tutti. Perché Chen è uno dei «padri» di quei supercomputer che vengono prodotti in pochi esemplari ogni anno, cervelloni ad alta potenza usati nella ricerca scientifica più avanzata e, spesso, per scopi militari. La partenza di un talento che era stato conteso dalla Cray e dall'Ibm è una perdita strategica per gli Stati Uniti, tanto più perché se ne avvantaggia un rivale come la Cina. Il caso Chen è la punta di un iceberg che cela una tendenza di massa. La fuga dei cervelli, che un tempo era a senso unico e cioè sempre verso l'America, improvvisamente sta cambiando segno. Dal 2004, per la prima volta, il numero di studenti e ricercatori cinesi e indiani nelle università americane è in calo: grazie al miracolo economico asiatico, per loro rimanere in patria è diventata un'alternativa attraente. Craig Barrett, per anni numero uno dell'Intel (il leader mondiale dei microchip), ammette che «i cinesi sono ormai alla pari con noi nell'ingegneria, nel software, a ogni livello di management». Adam Segal, esperto di questioni cinesi al Council on Foreign Relations di Washington, scrive su

«Foreign Affairs» che «alla velocità con cui la capacità di innovazione attraversa il Pacifico, gli Stati Uniti non possono più dare per scontato il fatto di continuare a essere l'epicentro della scienza e della tecnologia».

L'allarme sulla partenza di Chen è stato lanciato dal «New York Times». Traspare la paura dell'intelligence militare americana per l'uso che la Cina potrebbe fare dei supercomputer nello sviluppo di nuovi armamenti, più competitivi con gli arsenali hi-tech del Pentagono. Ma anche nelle applicazioni civili i supercomputer sono spesso «l'arma segreta», lo strumento che per potenza di calcolo consente all'università e all'industria Usa di bruciare la concorrenza nelle scoperte di fisica, chimica, ingegneria o biogenetica. Dei 500 supercomputer più potenti del mondo, la maggioranza si trova in America. Ma da quando Chen ha cominciato a lavorare per la Cina (nel giugno 2004), con il suo aiuto è stato prodotto a Shanghai un supercomputer che è il decimo del mondo per velocità. La Cina ora ha 14 supercomputer classificati fra i 500 più potenti del mondo, ha già raggiunto la Germania al quarto posto in questo settore e, al ritmo con cui si rafforza, è pronta a superare Giappone e Gran Bretagna per collocarsi dietro l'America.

Chen non è né una spia né un traditore al soldo di Pechino. Cinese etnico, è nato però a Taiwan da dove partì trentenne, nel 1975, per conseguire un dottorato di ricerca in informatica negli Stati Uniti. Già negli anni Ottanta era balzato al top della sua professione, diventando uno dei massimi progettatori di supercomputer, con una carriera passata fra le migliori università e l'industria privata (Cray Research, Supercomputing Systems, Ibm). Non c'è una motivazione politica o nazionalistica dietro la sua partenza; del resto, ha lasciato la moglie americana e i figli a vivere sotto il sole della California, a San Jose. Niente scelta di campo. Semplicemente, Chen per realizzare i suoi ultimi progetti ha trovato più finanziamenti e opportunità di sviluppo in Cina. Incredibile a dirsi, nel centro mondiale del venture capital che è la Silicon Valley, faceva più fatica a trovare i fondi e gli uomini giusti. Li ha trovati alla società Galactic Computing di Shenzhen, finanziata da venture capital di Hong Kong e sostenuta da un gruppo di università tecnologiche cinesi.

Insieme all'allarme per il caso Chen, l'America sta scoprendo che il fenomeno è più vasto. Dopo aver beneficiato per decenni del *brain-drain*, l'attrazione di cervelli dall'estero, il sistema universitario americano perde colpi. In parte la causa è da attribuirsi ai fatti dell'11 settembre, al Patriot Act e al giro di vite sui visti che complica la vita a chiunque voglia emigrare negli Stati Uniti, ricercatori, scienziati e imprenditori. In parte è dovuta al deficit federale accumulato da Bush, che comincia a tradursi in tagli ai finanziamenti per le università pubbliche. Ma c'è una terza causa, che riguarda i paesi asiatici. Le loro economie stanno crescendo a una velocità nettamente superiore al resto del mondo si stima al 9 per cento la crescita annua del Pil cinese negli ultimi quattro anni e all'8 per cento quella dell'India), lo sviluppo tecnologico è così intenso che per i migliori talenti emigrare in America non è più l'unica opzione. Le statistiche degli atenei sono eloquenti. Nell'anno accademico 2004-2005, le domande presentate da laureati cinesi per iscriversi a corsi postuniversitari negli Stati Uniti (master e Ph.D.) sono crollate del 45 per cento rispetto all'anno precedente. Per gli indiani il calo delle richieste è stato del 28 per cento.

Per il sistema universitario americano – e quindi per la competitività del capitalismo Usa – è un segnale di pericolo. Da decenni l'afflusso di studenti asiatici alimentava gli Stati Uniti di forze fresche, qualificate e competitive, soprattutto nei settori scientifici. Era stata coniata una definizione, ironica ma efficace: «I migliori campus americani sono quei luoghi in cui anziani professori ebrei trasmettono il sapere sulla matematica, sulla fisica e sulla biologia a giovani studentesse cinesi». La realtà non è molto lontana da quell'immagine. Un po' perché i licei americani non sono all'altezza delle università, un po' perché da tempo i figli della borghesia americana preferiscono fare gli avvocati o entrare in una merchant bank, l'America è perennemente a corto di scienziati, ingegneri, chimici e informatici. Finora il gap era stato colmato dall'immigrazione asiatica. «Foreign Affairs» cita un dato impressionante: oggi, in America, il 38 per cento degli scienziati e degli ingegneri con un dottorato di ricerca (Ph.D.) sono nati all'estero. Per la maggior parte sono cinesi, indiani, coreani. Già negli anni Novanta nella Silicon Valley l'economista Annalee

Saxenian aveva censito un terzo di start-up tecnologiche create da neoimprenditori col passaporto asiatico. Se viene meno questa risorsa, le conseguenze saranno profonde.

La Cina, da parte sua, non fa altro che imitare il modello americano. Pur essendo un paese emergente, fa sforzi eccezionali negli investimenti scientifici: in cinque anni i finanziamenti pubblici che Pechino destina alla ricerca e sviluppo sono passati dallo 0,6 all'1,5 per cento del Pil, superando il livello di molti paesi europei. Nel settore privato, un aiuto non marginale glielo fornisce la stessa industria Usa. Negli ultimi anni i big dell'industria tecnologica americana delocalizzano in Cina non solo le fabbriche, ma anche i centri di ricerca, cioè posti di lavoro per scienziati. Microsoft, Intel, Ibm, Motorola, Bell Labs, sono alcuni grandi nomi del «sistema America» che ormai hanno in Cina centri di studi, laboratori sperimentali, uffici di design e progettazione dove assumono matematici, fisici, ingegneri. Adam Segal del Council on Foreign relations non ha dubbi sulla serietà della minaccia: «La leadership globale degli Stati Uniti dipende in larga parte dalla nostra capacità di sviluppare nuove tecnologie e nuove industrie più velocemente di qualsiasi altro paese al mondo. Oggi, però, la Cina ha già guadagnato un terreno decisivo nelle tecnologie avanzate come i laser, la biochimica, i nuovi materiali per i semiconduttori, il settore aerospaziale. Il nostro vantaggio, che davamo per scontato, forse ci sta sfuggendo».

XIX
Gli embrioni della speranza

Sanitario dei Lavoratori, Xixiazhuang, Shijingshan District. La località più vicina è Badachu, che vuol dire «le Otto Meraviglie», perché un tempo era un paesaggio di colline verdeggianti, pagode e monasteri buddisti. Oggi è una periferia squallida e sporca, tutta fabbriche e caseggiati popolari, nella grande area metropolitana di Pechino a un'ora e mezzo di auto dal centro della capitale. Ma per molti occidentali è la Terra Promessa. Vengono qui a centinaia dall'America e dall'Europa: paralizzati da incidenti alla spina dorsale, paraplegici, malati di sclerosi multipla, affetti dal morbo di Gehrig o dal Parkinson o, ancora, con emiplegie da ictus. La loro speranza si chiama Huang Hongyun, un neurochirurgo cinese che ha studiato negli Stati Uniti ma che solo a Pechino può applicare la sua rivoluzionaria terapia a base di iniezioni di cellule embrionali (da non confondersi con le cellule staminali). A 49 anni il professor Huang è una celebrità internazionale, anche se il suo metodo divide il mondo della scienza. L'ho incontrato in mezzo ai suoi pazienti, e di questo posso dare atto: non ha l'atteggiamento di un guru, non cerca di vendere illusioni.

Il primo impatto con l'ospedale non è rassicurante. Il cortile esterno e la facciata, i corridoi d'ingresso e i primi piani sono malandati e bui. L'aspetto è quello di una sanità povera, le condizioni igieniche lasciano perplessi. Ma questo è l'ospedale pubblico riservato ai comuni mortali, cioè ai cinesi. Al terzo piano, dove un'insegna in inglese indica «Neurosurgery Ward» specificando perfino «Foreigners» (stranieri), c'è un'oasi privatizzata dove un'operazione del professor Huang costa 20.000 dollari (una cifra esorbitante per i cinesi, ma non per gli standard della neurochirurgia nei paesi ricchi).

Qui, tutto cambia. I muri, dipinti di fresco, sono di un gradevole color celeste, le luci vivaci; alle bacheche sono appese foto di pazienti sorridenti, dalle finestre si vede un giardino di bambù, il personale è di una gentilezza irreprensibile, la pulizia regna dappertutto e si vedono arrivare vassoi di gastronomia cinese che non hanno nulla a che vedere con il rancio della mensa interna. I centralinisti hanno imparato l'inglese. E per forza: l'elenco dei 90 pazienti ricoverati quando visito il reparto riproduce una mappa completa degli Stati Uniti. Vengono da New York, New Jersey, Michigan, Wisconsin, Texas, Florida, Nevada, California. Dall'Europa ci sono due belgi. E c'è Vanessa Wessels: è nata in Sudafrica ma lo ha lasciato venticinque anni fa, e dal 1989 è cittadina italiana; vive a Loro Ciuffenna, in provincia di Arezzo. Vanessa ha 40 anni, è una bella donna alta 1 metro e 85, bionda, gli occhi verdi. Ha una figlia di 10 anni e un bambino di 8. È programmatrice informatica e inoltre disegna mobili. È una sportiva, ciclista e maratoneta. Per parlarmi è costretta a farsi togliere il tubo dell'ossigeno, e durante la nostra conversazione deve assisterla un'amica che manualmente le preme la pancia per stimolare la respirazione. Questa amica venuta dall'Italia, Carla Perli, tira su lo schienale del suo lettino d'ospedale e la solleva di peso per metterla in posizione seduta.

È uno sforzo duro, ma Vanessa vuole parlare perché altri come lei possano avere speranza. «Nell'estate del 2003 ebbi i primi sintomi di indebolimento: una fatica intensa, non riuscivo più a puntare i piedi o a saltare alla corda. La diagnosi arrivò nel settembre 2003: sclerosi laterale amiotrofica, la malattia di Gehrig. Le cause, a quel che ne so, sono ancora un mistero per la scienza. Da un anno ho perso tutte le funzioni degli arti. Da luglio ho bisogno anche del respiratore artificiale, e senza assistenza non riuscirei a mangiare. In Italia ho bussato a tante porte, tra cui il centro Carlo Besta di Milano, ma nessuno sapeva che cosa fare. Ho trovato medici volenterosi ma deprimenti. L'unico loro consiglio è stato di abituarmi a vivere così per qualche anno, cioè di prepararmi a morire. Io questo non l'ho mai accettato, non c'è verso che mi rassegni. Appena ho saputo del professor Huang, mi sono messa a telefonare in Cina per ottenere l'appuntamento. La lista d'attesa qui è lunghissima: all'inizio mi avevano fissato l'operazione per il 1° settembre 2005. A furia di insistere, eccomi qua.»

Vanessa Wessels è arrivata a Pechino il 5 dicembre 2004 ed è stata operata il 9. Ai lati della fronte ha le cicatrici di due taglietti, dove Huang le ha iniettato le cellule embrionali. Parlare le costa una fatica enorme, come ogni movimento. Ma la sua forza di volontà è notevole. Così come non si è mai voluta arrendere alla malattia, oggi raccoglie tutte le sue energie e racconta. Fa aspettare un medico che è arrivato per la seduta di fisioterapia. Le preme mandare la sua testimonianza ad altri malati italiani. «L'intervento è andato bene» dice «e già ci sono dei piccoli miglioramenti. Guardi: ora in questa posizione, da seduta, riesco a tenere la testa dritta, usando i muscoli del collo. Prima era impossibile, la testa mi ricadeva indietro come un corpo morto e rischiavo di soffocare. Adesso sento che tutta la schiena sta recuperando un po' di forza. L'operazione non è stata molto dolorosa: due buchi sulla fronte con il trapano, solo un po' peggio che andare dal dentista. All'origine il programma era di restare qui per sei settimane, ma vedo che alcuni pazienti rientrano a casa prima del previsto, anche perché ormai il professor Huang usa l'anestesia locale anziché quella totale, quindi i tempi di recupero si sono accorciati. Io spero di aiutare altri . Sono in tanti a soffrire come me, in Italia, e l'atteggiamento prevalente è l'attesa della morte, magari di una pillola che lenisca il dolore e acceleri la fine. Ma una condanna a morte è terribile, se c'è una speranza bisogna lottare.»

Alla fine della giornata incontro anche il professor Huang. La faccia tonda e gli occhi sorridenti, assomiglia vagamente a Mao Zedong da giovane. È così semplice e dimesso, nella sua tuta verde, che incrociandolo nel corridoio, per un attimo, lo scambio per un infermiere. Non ha l'aureola del luminare occidentale circondato dal codazzo di assistenti. Forse è una conseguenza della sua storia personale. Si è avvicinato alla medicina a 17 anni, dopo che suo padre era rimasto paralizzato da un ictus. Ma la Rivoluzione culturale (1966-76) aveva chiuso le università e, come molti studenti cinesi, Huang fu mandato a lavorare nei campi. La prima facoltà di medicina riaprì solo nel 1978, e Huang aveva 23 anni quando finalmente poté cominciare gli studi. Il suo talento gli valse una borsa di studio in America, alla New York University e alla Rutgers, dove per tre anni fece esperienza nel laboratorio del neurochirurgo Wise Young.

Lì Huang ha esplorato le potenzialità delle cellule nervose del sistema olfattivo, quelle che oggi sono la chiave della sua terapia. Il naso contiene dei neuroni che, quando sono stimolati dagli odori, inviano particolari segnali al cervello. Poiché è esposto all'ambiente esterno (l'aria che respiriamo), il tessuto olfattivo contiene cellule che hanno una notevole capacità di rigenerarsi. Se trapiantate in un altro tessuto che ha subìto delle lesioni (nel cervello o nella spina dorsale), le cellule olfattive possono farlo beneficiare di questa loro proprietà di rigenerare neuroni. Il professor Huang estrae cellule olfattive da embrioni, e ciò rende l'operazione illegale in molti paesi, a cominciare dagli Stati Uniti. I movimenti antiabortisti del mondo intero condannano queste pratiche. In Cina, dietro l'uso terapeutico degli embrioni c'è il dramma degli aborti di massa provocati dalla politica del figlio unico: ancora oggi molte coppie abortiscono quando l'ecografia rivela che il nascituro è di sesso femminile.

Ma questo dibattito è molto lontano dalle preoccupazioni quotidiane del professor Huang, alle prese con un pellegrinaggio della speranza che lo assedia dal mondo intero. Il volto arrossato, la fronte e il collo sudati per la fatica dopo tre ore in sala operatoria, parla dei suoi «miracoli» con molta prudenza, interrotto da un cellulare che squilla in continuazione. «Non ho certezze» dice «non ho una dimostrazione scientifica di quel che accade dopo queste operazioni. Presumo che il trapianto delle cellule olfattive dagli embrioni ai pazienti stimoli i loro tessuti nervosi a recuperare certe funzioni. Solo le cellule olfattive sembrano avere questo potere di aiutare a rigenerare il sistema nervoso centrale. All'inizio, io stesso stentavo a crederci. Ma dopo centinaia di operazioni l'evidenza empirica è questa: quasi tutti i pazienti mostrano qualche miglioramento.»

La comunità scientifica internazionale è divisa. Da una parte ci sono specialisti come Paul Cooper, direttore del reparto neurochirurgico al New York University Medical Center, che ha dichiarato: «Huang fa cose impressionanti. Non so darmi una spiegazione, ma ho visto i risultati. Non resuscita i morti, però dei pazienti che avevano le gambe paralizzate ora riescono a muoverle, altri che non potevano mettersi seduti ora ci riescono, chi non era più in grado di tenere un bicchiere in mano ora ce la fa. Di certo non è un ciarlatano».

All'estremo opposto c'è il parere di Geoffrey Raisman, del National Institute of Medical Research inglese: «L'opinione scientifica generale è che il lavoro del professor Huang non ha superato test scientifici adeguati». Di quali test si tratta? Secondo le regole occidentali è fondamentale effettuare delle «prove cieche», con finte operazioni su cavie umane senza ricorrere alle cellule embrionali per verificare se i miglioramenti possano derivare da un effetto placebo. Il test implica trapanare il cranio a dei malati senza curarli, e in questo caso è l'etica cinese a essere contraria. Huang risponde alle critiche con serenità: «Spero che un giorno la ricerca sia in grado di trovare la spiegazione. Intanto io devo occuparmi delle migliaia di pazienti in lista d'attesa. Molti di loro, e le loro famiglie, spesso hanno aspettative eccessive. Io cerco di convincerli che non ho una cura, non prometto la guarigione. Ho solo osservato nei miei pazienti, a pochi giorni dall'operazione, un'alta frequenza di recupero in alcuni movimenti. Non so quanto dureranno questi progressi. Ma intanto possono rappresentare un miglioramento nella qualità della loro vita». Per chi aveva perso ogni speranza, non è poco.

In un campo affine, ma ben distinto dal lavoro del professor Huang, e cioè nella ricerca medica sulle cellule staminali, una commissione di esperti del ministero dell'Industria inglese ha visitato la Cina alla fine del 2004 ed è giunta a questa conclusione: «La scienza delle cellule staminali è in pieno boom in Cina, ha raggiunto e sta superando le punte avanzate della ricerca europea e americana». Per la lotta contro il diabete, il morbo di Parkinson e l'Alzheimer, hanno scritto alla fine della loro missione gli scienziati inviati dal governo britannico, la speranza oggi viene dalla Cina. L'America di Bush, sulla spinta di forze religiose, moltiplica i divieti a questa ricerca, che fa uso di cellule staminali ricavate da embrioni umani. Altri paesi europei hanno posto limiti e vincoli. La Cina non ha simili problemi.

Già nel 2001 ha cominciato a investire massicciamente in questo nuovo filone della biogenetica: 60 miliardi di dollari di finanziamenti pubblici per i lavori sulle cellule staminali hanno mobilitato un esercito di 20.000 ricercatori cinesi, 3000 istituzioni fra università, laboratori e società private di biotech. I giganti dell'industria farmaceutica occidentale – Novartis, Roche, Pfizer – hanno aperto nuovi centri di ricerca a Shanghai, per essere lì dove forse si sta scrivendo una nuova pagina nella storia della medicina.

Parte settima

La galleria degli antenati

XX

Il ritorno di Mao

Lunga Marcia 6: così si chiama il missile che nel 2004 ha lanciato il primo astronauta cinese in orbita. Il «Giornale dei Giovani», una testata di moda fra i teenager di Pechino, ha pubblicato intere pagine di interviste ai reduci della Lunga Marcia. A settant'anni dall'epopea fondatrice della Cina comunista – la Lunga Marcia fu la disperata impresa dei 100.000 partigiani che Mao guidò dal 1934 al 1935 per le montagne verso lo Shaanxi, dove arrivarono solo 8000 sopravvissuti agli stenti e ai combattimenti –, il suo mito resiste e si intreccia con quello del «grande timoniere». «C'è un ritorno del maoismo tra i giovani» osserva l'intellettuale dissidente Zhang Lun. «Mao viene rivalutato dalla nostra New Left antiglobal, che lo chiama in causa per criticare gli eccessi del capitalismo cinese attuale. E viene mitizzato dai contadini frustrati per essere rimasti ai margini del boom economico.»

L'osservatore distratto vede fiumane di automobili sfrecciare sulla piazza Tienanmen affumicando di smog il faccione placido della gigantografia di Mao; il turista straniero cerca invano in altri luoghi di Pechino e della Cina i resti ormai introvabili del culto della personalità. L'apparenza suggerisce che Mao stia ormai sbiadendo nel panteon dei padri della patria, che la sua presa sui cinesi di oggi sia analoga a quella di Garibaldi o di Cavour in Italia: nomi di piazze e di strade, qualche data da imparare a scuola. Invece non è così. Certo, il culto della personalità non esiste più come ai tempi in cui «Lui» era vivo e lo alimentava spregiudicatamente. Ma a cominciare dai banchi di scuola, ciò che i bambini cinesi studiano di Mao modella la loro identità nazionale e definisce le regole del discorso politico ufficiale. I manuali scolastici mentono quasi su tutto, a cominciare dalla stessa epopea originaria (dipingono la Lunga Marcia come una deliberata offensiva dei comunisti diretti verso il Nord contro le truppe giapponesi d'occupazione, mentre in realtà fu una disastrosa ritirata sotto la pressione incalzante dell'esercito nazionalista del Kuomintang), e solo i più istruiti scoprono la verità una volta adulti. Il messaggio più chiaro che rimane impresso dagli anni di scuola è che senza la Lunga Marcia la Cina sarebbe ancora una colonia dell'impero nipponico: anche questa è una forzatura, visto che il Giappone fu sconfitto dagli americani, ma serve a fare di Mao il padre della resistenza allo straniero, una figura centrale nel vigoroso nazionalismo dei cinesi di oggi.

Dopo la sua morte nel 1976, la memoria ufficiale di Mao ha attraversato varie fasi. All'inizio, il suo successore Deng Xiaoping lo seppellisce con il celebre giudizio «70 per cento giusto, 30 per cento sbagliato». Con quella formula sbrigativa viene santificato il leader della Lunga Marcia, l'artefice dell'indipendenza e della nuova unità nazionale, nonché lo stratega politico della rivoluzione. Con il rimanente 30 per cento di giudizio negativo, Deng intende condannare invece il demiurgo irrazionale del Grande balzo in avanti (l'industrializzazione forzata del 1957-59) e, soprattutto, il regista delle purghe sanguinose della Rivoluzione culturale (1966-75).

Negli anni Ottanta l'interesse per Mao sembra estinguersi del tutto: al potere c'è proprio la generazione più traumatizzata dalla Rivoluzione culturale, che si lancia alla conquista dell'economia di mercato; è una generazione che rompe lo specchietto retrovisore, che non ha voglia di riaprire le ferite del passato; i suoi figli, all'università, studiano informatica o economia, non storia. La terza fase, dagli anni Novanta a oggi, vede fiorire una letteratura popolare di divulgazione storica fatta di memorie personali, biografie e autobiografie. Nelle edicole delle stazioni si vendono libri piccanti su Jiang Qing, l'ex attricetta di Shanghai vedova di Mao, o sullo stesso Mao dipinto come un uomo solo, manipolato dalle donne. Nel 1996 sfonda sul mercato la rivista «Lao Zhaopian» (Vecchie foto), con cui si inaugura un nuovo filone di rotocalchi popolari che svuotano gli album di famiglia, spesso archivi di tragedie private. In assenza di un vero dibattito storico sul maoismo, le memorie individuali diventano una sorta di psicanalisi collettiva. Affiorano sofferenze enormi, ma anche la sorprendente nostalgia di tanti cinquantenni che ricordano la Rivoluzione culturale (quando da studenti furono mandati a coltivare i campi) come un periodo di «dura miseria e fratellanza».

Che cosa pensa oggi di Mao l'intellighenzia più libera? Un giudizio lucido è quello del grande letterato Qian Liqun: «Dalla Lunga Marcia in poi, sono inestricabilmente legati a Mao i due grandi capitoli della Cina moderna: prima la conquista dell'indipendenza, poi l'esperimento di una forma cinese di socialismo. Anche i critici più severi devono riconoscere che la Lunga Marcia diede un contributo essenziale alla battaglia contro l'invasione imperialista, contro i residui feudali, per la costruzione di uno Stato moderno nella più grande nazione del pianeta. Ebbe una grande influenza su tutti i popoli del Terzo Mondo durante la decolonizzazione. Il fascino di Mao è legato poi all'utopia di eliminare le differenze tra città e campagna, tra lavoro manuale e intellettuale, tra nord e sud. Ma in certe rivalutazioni odierne di Mao vedo una triste ironia. I giovani, oggi, sono vittime di un'amnesia programmata: si cerca di tenerli disinformati sul massacro di Tienanmen dell'89, figuriamoci cosa sanno delle crudeltà della Rivoluzione culturale o delle tragiche conseguenze delle scelte politiche degli anni Cinquanta. È sconcertante che il mito di Mao conosca un revival fra certi contadini poveri: la fine della sua Rivoluzione culturale, nel 1976, fu salutata trionfalmente nelle campagne, perché finalmente i contadini tornavano in possesso di piccoli appezzamenti dopo decenni in cui avevano perso ogni diritto sulla terra. Alla fine l'ombra di Mao si staglia ancora sulla società cinese soprattutto attraverso il partito unico, i suoi modi di pensare, il linguaggio e i tic dei suoi successori. Anche se oggi proprio quello che lui temeva di più – il capitalismo, i valori borghesi – hanno conquistato la Cina e ci trasformano in una società utilitarista».

Senza dubbio la Cina di oggi è irriconoscibile rispetto a quella che Mao lasciò in eredità ai suoi successori. Il suo era un paese isolato dal mondo, blindato dalla dittatura, educato alla xenofobia, convinto di essere circondato dalle trame ostili del capitalismo mondiale. Una volta liberata da Mao e dalle sue politiche estremiste, l'economia cinese ha raddoppiato la propria ricchezza ogni cinque anni. Oggi i suoi cittadini sono liberi di creare imprese, comprare automobili, telefonare all'estero, viaggiare in tutto il mondo. La xenofobia ha lasciato il posto a una politica di apertura che fa della Cina la meta prediletta dei manager stranieri e delle multinazionali. In apparenza, l'unica cosa che il paese di allora ha in comune con quello di oggi è proprio Mao, nel senso che la Cina non si è mai veramente sbarazzata di lui: i suoi dirigenti non hanno compiuto una «demaoizzazione» paragonabile alla destalinizzazione che Nikita Krusciov operò nell'Unione Sovietica degli anni Sessanta. Eppure gli estremi per un grande processo postumo davanti alla nazione ci sarebbero tutti. Mentre Pechino continua a rinfacciare – giustamente – i silenzi dei manuali scolastici giapponesi sulle stragi compiute dall'esercito del Sol Levante durante l'occupazione della Cina, al tempo stesso stende un velo di ignoranza e di omertà sulle vittime di Mao durante il Grande balzo in avanti. Le stime più attendibili degli storici occidentali oscillano fra i 40 e i 50 milioni di morti.

La verità, probabilmente, non si saprà mai. Quanti morirono di fame per l'assurda decisione di industrializzare le campagne più sperdute? Mao voleva «un'acciaieria in ogni villaggio», e il suo fanatismo velleitario suona irreale cinquant'anni dopo, quando, grazie alla libertà di mercato, la Cina ha superato la produzione di acciaio di Stati Uniti e Giappone messi assieme. Allora, invece, le sue direttive portarono al collasso della produzione agricola e a terrificanti carestie. Quanti avversari politici, dissidenti o presunti «nemici di classe» furono uccisi dagli stenti nei gulag maoisti? Lo stesso mistero circonda il numero di vittime della Rivoluzione culturale. Dopo la morte di Mao, Deng Xiaoping diede via libera alla riabilitazione di tanti cinesi la cui vita era stata rovinata dalle campagne infamanti delle Guardie rosse. Quanti, però, non sono sopravvissuti per rivendicare il proprio riscatto, e quanti drammi personali vengono tuttora custoditi esclusivamente nella memoria dei familiari? Alla fine della sua esistenza, Mao aveva sulla coscienza molti più morti di quanti ne avesse fatti l'esercito d'occupazione giapponese. Questo, tuttavia, è ancora un tabù nella Cina di oggi.

Tra le rivendicazioni degli studenti che occuparono piazza Tienanmen nel 1989 c'era anche quella che il governo realizzasse un «museo» della Rivoluzione culturale, per rendere omaggio alle vittime e rivelare al paese gli orrori della dittatura. Naturalmente, la richiesta non fu accolta. Più di recente, in occasione dei 110 anni dalla nascita del «grande timoniere», nel dicembre 2003 un gruppo di dissidenti scrisse a Hu Jintao una lettera aperta intitolata *Appello per la rimozione della salma di Mao Zedong da Pechino*. I firmatari proponevano semplicemente di togliere l'avallo ufficiale alla sacralità del defunto leader – tuttora oggetto di pellegrinaggi nel mausoleo sulla piazza Tienanmen –, trasferendone le spoglie nel villaggio natale di Shaoshan. Quell'appello circolò per poco tempo su qualche sito web e fu subito oscurato dalla censura.

La ragione prevalente per cui in Cina non c'è stata una vera demaoizzazione ufficiale risiede nel fatto che la principale creazione di Mao, il Partito comunista, è tuttora al potere. Dire tutta la verità sul padre fondatore può far vacillare anche l'unità e la solidità di un principio maoista tuttora in vigore: quello secondo cui la Cina deve rimanere sotto l'autorità assoluta del partito unico. Per quanto i suoi successori si siano allontanati dalle idee di Mao nella politica economica, nella politica estera, nella politica culturale e in tanti altri campi, essi non sono affatto disposti a rinunciare al potere e ai privilegi che la dittatura riserva ai membri della nomenklatura. Inoltre, da Mao i governanti attuali ricavano la loro legittimità storica. Tanto più adesso che l'ideologia comunista è stata messa in soffitta, la classe dirigente deve rivendicare la propria discendenza ideale da Mao in quanto liberatore della patria e simbolo dell'unità nazionale, quindi dell'ordine e della stabilità. Mettere in soffitta Mao aprirebbe un delicato problema di definizione ideologica del regime attuale, che nessuno vuole affrontare. Anche perché un'operazione simile, se fatta con sincerità, porterebbe a rivelare la natura del governo di Pechino come regime autoritario di destra, sul modello di Singapore. In questo caso, del mito di Mao si approprierebbe probabilmente la «jacquerie» contadina e populista endemica nelle campagne. In un'epoca in cui la Cina si vanta di avere sfondato la quota di 1000 dollari annui di reddito medio pro capite – e in cui, al tempo stesso, i primi miliardari cinesi (in dollari) si affacciano nelle classifiche mondiali di «Fortune» e

«Forbes» –, 800 milioni di contadini sono invece costretti a vivere con 350 dollari a testa l'anno.

Le campagne sono il focolaio di proteste che brandiscono l'immagine di Mao contro una nomenklatura che ha lasciato crescere a dismisura le diseguaglianze sociali. Immaginiamo che la Cina approdi di colpo al pluralismo e vada a votare nelle attuali condizioni economiche: in questo scenario, probabilmente, nelle campagne e tra i diseredati rimasti ai margini del boom potrebbe prendere voti un nuovo Partito comunista, sul modello di quello postsovietico in Russia. Mao, in una reincarnazione mitologica ben distante dalla realtà, si prenderebbe una rivincita postuma. Il suo faccione riprodotto sui manifesti elettorali servirebbe probabilmente a raccogliere voti tra i più poveri, proprio quelli che lui condannò alla fame.

Oggi è fin troppo facile irridere l'ingenuità dei contadini poveri che si scoprono neomaoisti. Ma ancora trent'anni fa intere generazioni di occidentali si erano lasciate incantare dalle predicazioni di Mao e dal culto della sua persona. Mi capita di rivedere un ricordo della «nostra» infatuazione su uno schermo cinematografico di Pechino, con effetti sconcertanti, il 27 novembre 2004 in un'immensa sala gremita, anche da tantissimi giovani. Quella sera, all'Accademia del cinema, si proietta un didascalico documentario della durata di quattro ore e vecchio di trentadue anni, commentato in lingua straniera con sottotitoli: a prima vista, non proprio uno spettacolo da «tutto esaurito». Ma per i cinesi quel documentario è un mito. Fu realizzato in un periodo terribile della loro storia. Tutti ne conoscevano l'esistenza, nessuno lo aveva visto. Era stato messo all'indice e dichiarato un oltraggio alla Cina; il suo autore fu definito «un verme al servizio degli imperialisti» e additato come traditore perfino nelle scuole. Il film tabù è *Chung Kuo, Cina,* di Michelangelo Antonioni, che per la prima volta dalla sua creazione nel 1972 è stato riabilitato e proiettato davanti al pubblico cinese. Il regista italiano lo aveva filmato nel bel mezzo della Rivoluzione culturale su invito del governo di Pechino, che durante tutta la lavorazione condizionò i suoi movimenti e selezionò le cose da mostrargli. Salvo poi censurarlo duramente in un editoriale del «Renmin ribao» (Quotidiano del Popolo) del 30 gennaio 1974, intitolato *Intenzione spregevole e manovra abietta*. Antonioni divenne pedina inconsapevole di un regolamento di conti tra fazioni. Lo aveva invitato il premier moderato Zhou Enlai, l'artefice dello storico incontro tra Mao e Nixon, che stava avviando la normalizzazione diplomatica con il resto del mondo. Antonioni doveva servirgli per rivelare la Cina agli occidentali dopo anni di isolamento, mostrandone un volto bonario e rassicurante. Ma contro Zhou Enlai era in agguato la Banda dei Quattro, il gruppo estremista ispiratore della Rivoluzione culturale che includeva la moglie di Mao, e ci andò di mezzo Antonioni.

Eppure *Chung Kuo* non prestava il fianco alle accuse. Non a quelle accuse. Rivisto oggi, colpisce e imbarazza per la sua acritica simpatia verso il maoismo. La scelta dei soggetti è quasi sempre apologetica, un'elegante traduzione della propaganda ufficiale: il patriottismo delle operaie in fabbrica, le sedute di dottrina rivoluzionaria, i canti e le gare dei bambini a scuola, il duro ma gratificante lavoro dei contadini nei campi, la giovane partoriente che subisce un cesareo senza anestesia (sostituita dall'agopuntura) con un beato sorriso sulle labbra. I commenti trasudano ammirazione. Durante il cesareo: «Anche le tecniche mediche vogliono dimostrare che si possono vincere grandi ostacoli con mezzi semplici». Di fronte alla povertà di massa: «Ci si sente contagiati da virtù dimenticate come il pudore, la modestia, la decenza». Quando assisto alla proiezione, in sala scoppiano fragorose risate tra i ventenni. Cresciuti in un'epoca dissacrante, e influenzati dal mito dell'opera proibita, i giovani attribuiscono al documentario un'ironia che non c'è. Li diverte anche vedere in che razza di strano paese sono vissuti i loro genitori. Forse produce lo stesso effetto di spaesamento e ilarità che susciterebbe in Italia la proiezione di un documentario dell'Istituto Luce sulla vita dei nostri nonni e bisnonni durante il fascismo, se in Italia per cinquant'anni non fossero mai circolate immagini di quel periodo. La grande assente in *Chung Kuo* è però la tragedia della Rivoluzione culturale. Nulla nel film lascia intuire ciò che stava accadendo davvero in quegli anni: l'uso golpista dell'esercito da parte di Mao per far fuori i moderati, le purghe di massa, le persecuzioni ideologiche, i processi sommari, le autocritiche umilianti in pubblico, i lager dedicati alla «rieducazione», la chiusura delle università, gli studenti e i docenti mandati al confino nelle campagne (nel film si accenna pudicamente a esperienze di «lavoro nelle comuni agricole per un mese all'anno»), la paralisi della ricerca scientifica vittima delle battaglie contro la «cultura borghese».

Certo Antonioni non fu il solo a non vedere. Alberto Moravia, che lo aveva preceduto in Cina nel 1967 all'inizio della Rivoluzione culturale, esaltò *Chung Kuo*: «Le cose più belle del film sono le notazioni eleganti e autentiche sulla povertà sentita come fatto spirituale, prima ancora che economico e politico». Oltre a Moravia e ad Antonioni si possono citare elenchi sterminati di intellettuali e politici occidentali. Perfino uomini di destra come il ministro gaullista francese Alain Peyrefitte cedettero al fascino di quella Cina. Era l'epoca in cui la nostra contestazione del consumismo proiettava un'immagine idealizzata dei cinesi «poveri ma felici», una nuova versione del buon selvaggio di Jean-Jacques Rousseau. La sera in cui assisto alla prima proiezione cinese di *Chung Kuo*, mentre crescono la mia delusione e la mia irritazione di fronte a quelle immagini edulcorate, comincia a parlarmi nell'oscurità della sala la mia vicina di poltrona, una donna sulla cinquantina. Il 1972 fu un anno importante per lei: «Il mio ritorno a Pechino, dopo che mi avevano costretto a servire nell'esercito». Di fronte al mio stupore per la censura di trentadue anni prima contro un film così poco critico, mi corregge: «Io capisco che lo abbiano proibito. Mostrando come vivevamo, questo film ci rivelava più poveri e arretrati di quanto i nostri leader volevano far credere. Guardi quei contadini dello Hunan che fuggono dallo sguardo della cinepresa di Antonioni. Il commento del regista dice che fuggono perché non sono abituati a vedere stranieri, ma la ragione è un'altra: si vergognano, come tutti i poveri del mondo». Grazie a lei vedo *Chung Kuo* con altri occhi, quelli dei cinesi. Diventa meno innocuo. Nel centro di Shanghai appaiono nel 1972 casupole di una miseria africana, con tetti di paglia e mura di terra; lungo le strade senza automobili, ragazzini seminudi trainano a braccia enormi carretti. «Sembra la Corea del Nord» sospira la mia vicina. Il suo giudizio su un'intera classe dirigente: «La loro colpa peggiore fu di tenerci nella povertà». Lo dice con la rassegnazione della generazione perduta, che vede la Cina di oggi e pensa che tutto sarebbe potuto accadere trent'anni prima.

XXI
Deng, la ferocia del piccolo grande uomo

«La gente è felice, e abbiamo catturato l'attenzione del mondo.» Se Deng Xiaoping fosse vivo, forse sceglierebbe questa sua frase del 1992 per sintetizzare l'eredità che ha lasciato alla Cina. Il 22 agosto 2004 avrebbe compiuto 100 anni «il piccolo uomo» che attraversò le tragedie del Novecento e capì questo paese meglio di tutti. La Cina di oggi è figlia di Deng, della sua antica saggezza, delle sue audaci riforme, del suo cinismo. Ma Deng è un uomo del secolo passato, la sua straordinaria modernizzazione ha creato dei problemi nuovi e non ha preparato le risposte. Nella Pechino di oggi congestionata, frenetica e consumista, il Museo della rivoluzione comunista è chiuso per restauri mentre le banche e i cantieri edili sono aperti anche di domenica e i supermercati lavorano 24 ore su 24 tutti i giorni dell'anno. Il culto della personalità un tempo riservato ai politici è stato sostituito da quello delle rockstar, degli attori e dei calciatori (spariti i manifesti dedicati ai leader: vincono le pubblicità con Jackie Chan e Tiger Woods, Schumacher e Ronaldo), eppure nell'estate del 2004 le celebrazioni in memoria del leader scomparso sette anni prima sono state più che una mera formalità. *Il popolo conserva intatta la stima per Deng* ha titolato l'ufficiale «China Daily» in occasione del centenario. Una coscienza critica come Wang Hui dell'Università Tsinghua di Pechino, che partecipò al movimento di piazza Tienanmen e anima l'autorevole rivista culturale «Dushu», gli rende onore: «Il ciclo delle riforme che lui decise tra il 1978 e il 1989 ha scatenato trasformazioni così profonde che non è esagerato definirlo la nuova rivoluzione cinese». Un sondaggio on-line lanciato dall'agenzia Xinhua rivela che Deng è popolare anche nella «generazione Internet». I giovani danno un alto indice di gradimento alla sua massima «Non importa se il gatto è bianco o nero, purché acchiappi i topi», simbolo del pragmatismo con cui fu abbandonata l'ideologia socialista (cioè il gatto che non acchiappava topi, non produceva benessere). È giusto così: chi mai dovrebbe omaggiare Deng, se non l'emergente middle class – 15 per cento della popolazione secondo l'Accademia delle scienze sociali di Pechino –, i manager, i tecnici, i colletti bianchi che affollano le agenzie di viaggi per andare in vacanza in Europa e che comprano più telefonini degli americani?

Il creatore del nuovo capitalismo cinese, non a caso, era di origini borghesi. Deng nasce nel 1904 a Paifang, nella regione del Sichuan, in una casa con ben 22 camere (che dopo la rivoluzione comunista verrà assegnata in coabitazione a 14 famiglie), da un padre proprietario terriero che può pagargli gli studi universitari a Parigi. Una decisione cruciale per l'avvenire del giovane e del suo paese, visto che in Francia inizia la sua militanza comunista tra gli emigrati cinesi e viene adottato come «fratellino» da Zhou Enlai, futuro primo ministro ed eminenza grigia di Mao Zedong. Le origini spiegano alcuni tratti di Deng: il buonsenso della borghesia agricola, che lo spinge istintivamente ad apprezzare la libertà economica; e il suo essere, insieme a Zhou Enlai, immune dall'isolazionismo xenofobo di altri leader del suo paese.

Nella biografia di Deng c'è tutto il terribile Novecento cinese. Quando nasce, è già fallita nel sangue la ribellione antioccidentale dei Boxer; il gigante asiatico è umiliato sotto il tallone degli imperi coloniali britannico, francese, giapponese e russo. Deng ha 7 anni quando cade l'ultima dinastia imperiale dei Qing: inizia la breve stagione repubblicana tormentata dalla ribellione delle province, e il caos generato dai «signori della guerra» apre la strada all'invasione giapponese. La guerra civile tra comunisti e Kuomintang nel 1946, la rivoluzione maoista del '49, la collettivizzazione forzata e il Grande balzo in avanti del 1958, la Rivoluzione culturale dal 1966 fino ai primi anni Settanta, il disgelo diplomatico con l'America nel 1972. Deng è uno dei pochi leader a sopravvivere alle purghe, alle lotte di potere dagli esiti cruenti. Il segreto della sua longevità va cercato nel suo modello e protettore Zhou Enlai: come il suo maestro, alle cariche appariscenti Deng preferisce esercitare la propria influenza da dietro le quinte. Quando è necessario per sopravvivere politicamente, scompare dalla scena per lunghi periodi. Un episodio illuminante viene raccontato dalla scrittrice Jung Chang, originaria del Sichuan come lui. Quando nel giugno del '59 il ministro della Difesa Peng Dehuai osa dire quel che Deng pensa, e cioè che il Grande balzo in avanti è un disastro (decine di milioni di cinesi moriranno di fame), Mao lo isola e lo liquida senza pietà. Nel vertice del partito decisivo per far fuori Peng, manca proprio Deng: ufficialmente, si è rotto una gamba giocando a bocce. «Molto opportuno» commenta sarcastico Mao. Nonostante la sua astuzia, Deng paga un prezzo personale durante la Rivoluzione culturale. La furia radicale nella fase più estremista del maoismo si scatena contro suo figlio Pufang: scaraventato da una finestra dell'Università di Pechino dalle Guardie rosse, rimarrà paralizzato; gira tuttora su una sedia a rotelle.

L'«era di Deng» si apre grazie all'ultimo aiuto di Zhou Enlai. Il 3 maggio 1975, in una Pechino stremata dai sussulti finali della Rivoluzione culturale, mentre infuria la lotta al vertice tra moderati e radicali, il premier malato di cancro ha ancora la forza per imporre a Mao di passare le redini del partito a Deng. È l'inizio della fine per la Banda dei Quattro che ha guidato le Guardie rosse. I capi della Rivoluzione culturale, inclusa la vedova di Mao, vengono arrestati il 6 ottobre 1976, dopo la morte del «grande timoniere».

Nel 1978 Deng emargina Hua Guofeng, che Mao avrebbe voluto come suo successore. Il potere è tutto suo, e i primi segnali si colgono nei rapporti con gli Stati Uniti. Mao aveva accettato il dialogo con la «tigre di carta» imperialista solo per motivi simmetrici alla realpolitik di Nixon-Kissinger: indebolire una minacciosa Unione Sovietica. Per Deng, invece, il rapporto con gli Stati Uniti è quasi una storia d'amore. Non appena può, manda i figli a studiare nelle migliori università americane. «La corsa verso l'aeroporto internazionale di Pechino da parte della Prima Famiglia fu il segno della svolta» ha scritto Joe Studwell in *The China Dream*.

Fanno epoca i viaggi di Deng in America, soprattutto quello del 1979 in cui si veste da cowboy durante un rodeo in Texas, visita la Nasa a Houston, ammira gli impianti della Ford a Detroit. L'America lo ricambia, «Time» lo nomina per due volte uomo dell'anno, nel 1978 e nel 1985. Eppure Deng non esita a pagare un prezzo elevato nel 1989, l'isolamento internazionale provocato dalla repressione della protesta di piazza Tienanmen: Bill Clinton vince le elezioni nel 1992 promettendo di difendere i diritti umani calpestati a Pechino, dopo aver attaccato Bush senior per la sua mollezza nei confronti del «boia di Tienanmen». Deng ha tutta la responsabilità di quel massacro. Anche se ai primi di giugno 1989 non ha più poteri di governo, tuttavia si è tenuto la presidenza della commissione militare che gli consente di controllare le forze armate. Di fronte a una leadership spaccata Deng esautora il Politburo, con un golpe bianco lo purga di due membri «liberali», silura nientemeno che il segretario generale del partito Zhao Ziyang, impone la legge marziale e la repressione. Per quella pagina tragica oggi sono in pochi a serbargli rancore, in Cina e nel mondo. L'America è venuta a Canossa, piegata dalle ragioni del business: la potenza economica cinese è stata ammessa al Wto, General Motors, Microsoft e Ibm fanno a gara a chi investe di più a Pechino e Shanghai. I governanti europei quasi si vergognano di aver mantenuto per quindici anni una parvenza di embargo sulle forniture militari alla Cina, timida sanzione (sistematicamente aggirata nella realtà) per il massacro dell'89.

Nell'eredità di Deng quale viene celebrata anche in Occidente, l'autoritarismo passa in secondo piano; prevale invece la svolta verso l'economia di mercato, avviata due decenni fa, di cui tutti gli riconoscono la paternità. Ancora nel 1980, l'agricoltura privata ha solo il 14 per cento della terra coltivata: in tre anni, con lo smantellamento delle comuni, balza al 98 per cento. I risultati sono spettacolari. Rianimati dalla molla del profitto, i contadini cinesi fanno meraviglie: la produzione di grano, che stagnava da decenni, cresce del 20 per cento l'anno. Un miliardo di persone viene liberato dallo spettro della penuria. A Pechino, negli anni Settanta, si razionava perfino la distribuzione delle uova; nel 1983, grazie al nuovo corso, appare il pesce fresco in ogni mercatino rionale. Liberati da un socialismo che privilegiava l'industria pesante a scapito dei consumi, fra l'80 e l'85 i cinesi comprano 100 milioni di televisori e, tra l'85 e il '90, si mettono in casa 50 milioni di lavatrici e 40 di frigoriferi. Deng rappresenta la fine della guerra di classe, ed è come la fine di una guerra tout court, con tutte le sue privazioni e le sue paure. Superata Tienanmen, a 87 anni, Deng ha la forza per lanciare la seconda ondata della rivoluzione di mercato. Nel 1992 parte per il famoso viaggio nel Sud, a Shanghai lancia lo slogan «Arricchirsi è glorioso». La sperimentazione capitalistica già avviata a Shenzhen e in pochi porti franchi viene estesa a tutto il paese. Shanghai avvia la costruzione di Pudong: l'isola paludosa viene trasformata nella Manhattan dell'Asia. Il Verbo capitalistico di Deng risveglia gli antichi spiriti animali dei mercanti cantonesi e dei finanzieri shanghainesi, ma arriva anche più lontano. Lo captano i 60 milioni di cinesi ricchi della diaspora, da Hong Kong a Taiwan, da Singapore alle Chinatown di San Francisco e New York, pronti a investire nella madrepatria. Lo captano le multinazionali, e comincia il terremoto della delocalizzazione che sta sconvolgendo l'economia planetaria.

Quella Gola Profonda della nomenklatura di Pechino che si nasconde dietro lo pseudonimo di Zong Hairen (l'autore di *Disidai*) sostiene che «ormai il denghismo è diventato l'unica ideologia, le differenze di opinione all'interno della leadership sono limitate, tutti concordano sul capitalismo, il mercato, l'apertura agli investimenti occidentali, il rifiuto delle elezioni democratiche e del multipartitismo». I leader attuali sono creature sue, a cominciare dal presidente Hu Jintao. Fu Deng, nel '92, a volere al potere una nuova generazione di tecnocrati. Hu è un ingegnere idroelettrico, il premier Wen Jiabao un geologo.

Deng ha creato le contraddizioni esplosive della Cina moderna, ma prima di morire (il 19 febbraio 1997) non ha saputo indicare una via d'uscita. Wang Hui, che dopo Tienanmen visse gli anni Novanta in un esilio interno sui monti Qinling della Cina centrale prima di tornare all'università, ne fa una sintesi efficace: «Molti si illusero che la crescita del mercato fosse il preludio della democrazia. Non capirono su quali basi nasceva il mercato. Nella Cina di oggi, chi controlla il potere politico e chi controlla il capitale sono la stessa cosa. I membri dell'élite politica e le loro famiglie dirigono le grandi imprese». Certo, i membri della nomenklatura e la cerchia dei loro familiari sono i primi ad arricchirsi, pionieri dell'accumulazione primitiva del capitale. Ma il neocapitalismo cinese è meno oligarchico del neocapitalismo russo, e questo spiega il diverso grado di consenso sociale nei confronti dell'economia di mercato. In Cina la proliferazione dell'imprenditorialità è un fenomeno di massa. L'opulenza dei *nouveaux riches* si diffonde ben oltre i clan dei capi comunisti e degli ex dirigenti delle imprese di Stato. Perciò sono in molti a Pechino e a Shanghai, a Guangzhou e a Chongqing ad aver accettato finora il patto faustiano di Deng: «Taci e ti farò ricco». Il benessere in cambio della stabilità di regime. Ma forse non è lontano il giorno in cui la «generazione Internet», la giovane middle class delle grandi metropoli, vorrà aggiungere all'opulenza dei consumi quell'altro lusso dei ricchi che è la democrazia.

Questa Cina vitale e irresistibile è anche feroce e spietata. Per la prima volta da venticinque anni, nel 2004 l'esercito dei poveri (sotto i 75 dollari di reddito annuo) è cresciuto di 800.000 persone nelle statistiche ufficiali. In assenza di pluralismo, di un'opposizione e di una libera stampa, le tensioni sociali non hanno valvole di sfogo: è la grande sfida della leadership attuale, a cui Deng non seppe dare una risposta. Figlio del Novecento, Deng non si preoccupava troppo di chi rimaneva indietro, tanti ne aveva visti cadere sotto altri regimi. Lui ha compiuto la sua missione quando ha proiettato in orbita questo gigante, verso la conquista del mondo. Nella sua vita segnata dalle tragedie, nel suo sguardo malizioso e scaltro, c'è l'energia che ha traghettato il popolo più grande della Terra da una storia secolare di frustrazioni all'immenso orgoglio della nuova Cina.

XXII

Jiang l'Amerikano

È uno dei «boia di Tienanmen», corresponsabile del massacro di centinaia di studenti avvenuto nel giugno 1989 a Pechino. Ma è anche un uomo di mondo, cosmopolita e innamorato dell'America. Non perde occasione per sfoggiare la sua conoscenza della lingua – per anni, a pranzo e a cena, ha costretto i suoi familiari a parlare solo in inglese –, cita a memoria Mark Twain, ha cantato *Love Me Tender* di Elvis Presley durante un pranzo con George Bush e ha trascinato in un giro di valzer un'esterrefatta Condoleezza Rice. Questo è Jiang Zemin, che solo nell'ottobre 2004, all'età di 78 anni, si è rassegnato a cedere l'ultimo incarico di potere, cioè la guida delle forze armate che gli consentiva di condizionare il presidente Hu Jintao.

Jiang Zemin, alla pari del suo padrino politico Deng Xiaoping, passerà alla storia come un personaggio dalle contraddizioni estreme. Se per dodici anni è stato il massimo leader della Cina – cioè segretario generale del partito e presidente della Repubblica – in uno dei periodi più fortunati per questa nazione, lo deve al peccato originale di un golpe istituzionale. Di fronte al movimento studentesco dell'89, Deng esautorò gli organi del partito e del Parlamento, fece imprigionare il leader riformista Zhao Ziyang, promosse Jiang alla guida del partito e gli diede carta bianca per soffocare nel sangue le aspirazioni democratiche. Lo stesso Jiang, però, è il leader dei favolosi anni Novanta in cui la Cina è diventata campione mondiale della crescita economica e delle esportazioni, superando il Pil di Francia, Inghilterra e Italia e diffondendo un benessere di massa e una modernizzazione senza precedenti per un paese di queste dimensioni. Ai suoi successori Jiang ha consegnato una Cina afflitta da diseguaglianze crescenti, da gravi problemi ambientali, da una libertà di espressione ancora limitata e dalle sistematiche offese ai diritti umani delle minoranze. Ma è anche la Cina che, quanto a numero di scienziati e ricercatori, ha superato l'Europa e si colloca subito dietro gli Stati Uniti. È una nazione entrata nel terzo millennio convinta che tutto le è possibile, carica di un orgoglio e di un ottimismo che non hanno eguali nel resto del mondo. A Washington, da tempo, si considera questa Cina come l'altra superpotenza globale del terzo millennio, l'unica potenziale rivale degli Stati Uniti, e questo è il massimo riconoscimento a cui potesse aspirare Jiang Zemin l'Amerikano.

Tecnocrate formatosi in Unione Sovietica, ex direttore di una fabbrica di automobili, legato ai clan politico-economici di Shanghai – città di cui è anche stato sindaco all'inizio del boom capitalistico –, Jiang non ha avuto né il carisma né lo spessore strategico di Deng Xiaoping. Ne è stato però un emulo intelligente ed efficace. Con le sue riforme ha dato un altro colpo d'acceleratore all'economia di mercato. Sotto la sua leadership si è diffusa la proprietà privata a tutti i livelli, dalle abitazioni individuali alle grandi imprese. Ha aperto alle multinazionali straniere le porte della Cina con una velocità sorprendente, tanto che oggi questo paese è più aperto e internazionalizzato del Giappone. Ha guidato Pechino verso l'ammissione nel Wto, sanzione istituzionale per l'ingresso di 1,3 miliardi di persone nella sfida dell'economia globale. Ha spalancato le frontiere anche all'uscita, liberalizzando i viaggi all'estero, tanto che oggi nel mondo ci sono più turisti cinesi che giapponesi (21 milioni ogni anno). Quella di viaggiare in altri paesi è una libertà fondamentale che noi diamo per scontata, ma che alla maggioranza dei cinesi era stata negata per decenni. In campo economico, Jiang è stato talmente «occidentale» che in un dibattito interno alla leadership nel corso del 2004 ha accusato velatamente il suo successore Hu di non essere abbastanza liberista: per frenare il surriscaldamento della crescita il governo ha ordinato alle banche di razionare il credito alle imprese e alle famiglie; un errore secondo Jiang, che avrebbe preferito il ricorso a strumenti di mercato come l'aumento dei tassi d'interesse.

In politica il bilancio è ben più controverso. Per la prima volta nella storia, Jiang ha consentito l'iscrizione al Partito comunista agli imprenditori privati... come suo figlio, businessman al vertice di varie aziende tra cui il colosso elettronico Grace Semiconductors. La New Left cinese, rappresentata da intellettuali come Wang Hui, sostiene che quella decisione abbia sancito la nuova natura del Partito comunista, «ormai più vicino agli interessi dei capitalisti che dei lavoratori». L'evoluzione era in atto da tempo, ma nella liturgia del partito unico la novità introdotta da Jiang è stata importante. Il suo padrino politico Deng Xiaoping, nel lanciare la Cina verso l'economia di mercato, aveva creato lo slogan «Arricchirsi è glorioso» ma non ne aveva tratto conseguenze così esplicite riguardo alla natura e alla missione politica del partito. Jiang ha spostato l'equilibrio molto più in avanti. Non si è limitato a prendere atto del peso dei nuovi capitalisti all'interno della classe dirigente cinese. Ha fatto qualcosa di più audace, inserendo nell'ideologia ufficiale il concetto chiave delle «tre rappresentanze»: il Partito comunista deve rappresentare operai e contadini ma anche la forza economica della middle class urbana formata da imprenditori capitalisti, manager, professionisti. Grazie a Jiang l'influenza di questi nuovi ricchi non si esercita più surrettiziamente, di nascosto. Ha acquisito legittimità alla luce del sole.

Nelle relazioni internazionali Jiang è stato considerato un falco, custode dell'intransigenza sulla questione di Taiwan. In realtà, ha saputo ricucire i rapporti con l'Occidente dopo l'isolamento dell'89. E ha gestito con moderazione esemplare due crisi che minacciavano di diventare gravi: il bombardamento Nato dell'ambasciata cinese a Belgrado nel 1999, e l'aereo-spia americano intercettato sui cieli cinesi nell'aprile 2001.

Sul suo bilancio politico, ciò che pesa di più è proprio l'eredità di Tienanmen. Nella scelta di schiacciare le manifestazioni popolari – contro il parere di un'ala liberal del partito, che voleva invece avviare la Cina verso un'evoluzione simile a quella dell'Europa dell'Est – si cela la visione comune a Deng e Jiang, secondo cui la democrazia occidentale non è adatta alla Cina.

Per giustificare tale affermazione, i leader comunisti adottano un'interpretazione del confucianesimo che giustifica la presunta vocazione paternalistica della società cinese. Via via che la parola comunismo perde significato in un paese ormai più capitalista del nostro – in fatto di pensioni e sanità, la Cina assomiglia più all'America che all'Italia o alla Germania –, il modello ideale di Jiang diventa l'autoritarismo di destra di Singapore. Secondo il sinologo americano Bruce Gilley, la Cina di oggi assomiglia più alla Spagna di fine franchismo che non a un paese socialista. In realtà i cinesi non sono allergici alla democrazia. Lo hanno dimostrato in passato: nel 1911 con Sun Yat-sen, nel 1949 durante la breve fase moderata e pluralista del maoismo. Lo dimostrano oggi a Hong Kong e Taiwan... o nelle elezioni americane, a cui partecipano gli abitanti delle varie Chinatown di New York, San Francisco e Los Angeles.

Il modo in cui si sono svolte le dimissioni di Jiang nell'ottobre 2004 segna un progresso per il sistema politico cinese. Il passaggio delle consegne dalla sua generazione a quella dei tecnocrati sessantenni Hu e Wen è il primo ricambio ordinato, senza spargimenti di sangue, arresti o campagne di «purificazione» ideologica. Dai tempi di Mao fino a Tienanmen, le battaglie di successione si svolgevano in maniera cruenta e destabilizzante per l'intera società, con «sciagure» che facevano sparire un pretendente al trono (come il misterioso disastro aereo in cui morì Lin Piao nel 1971) o guerre civili, come la Rivoluzione culturale dal 1966 al 1976. È un merito postumo di Deng Xiaoping, che designò sia Jiang sia Hu, quello di avere organizzato per due generazioni un metodo più civile.

Dei costumi antichi si è avuta un'eco smorzata in due incidenti minori che hanno accompagnato l'uscita di scena di Jiang. Il primo è avvenuto nei mesi precedenti il Plenum dell'ottobre 2004, in cui Jiang ha dato l'addio alla presidenza della commissione militare. Da molti segnali risultava evidente che l'anziano leader puntava i piedi e tentava di conservare il più a lungo possibile una supervisione sulle forze armate. Più Jiang restava influente, sia pure nell'ombra, più Hu Jintao continuava ad apparire all'esterno come un leader dimezzato. Come per incanto, nell'estate del 2004 è scoppiato su alcuni giornali un piccolo scandalo, di scarsa importanza per un osservatore inesperto, intorno a un'attricetta cinese che aveva chiesto un cachet esorbitante per una tournée in alcune città di provincia. La nomenklatura allargata di Pechino e Shanghai, però, ha immediatamente riconosciuto nella diva una nota relazione sentimentale di Jiang. Dalla libertà con cui i giornali accusavano quella star un tempo intoccabile, gli occhi esperti dell'élite cinese hanno capito che il pensionamento del vecchio leader veniva incentivato energicamente da Hu.

L'altro incidente ha coinvolto il «New York Times», che ha anticipato di un paio di settimane la notizia del ritiro di Jiang. Lo scoop è stato punito con l'arresto di un giornalista cinese, collaboratore dell'ufficio del «New York Times» a Pechino. Forse un colpo di coda dello stesso Jiang, inviperito, che se l'è presa con una vittima indifesa non potendo rivalersi sui compagni di partito che lo spingevano a un forzato riposo? O non invece un segnale minaccioso di Hu alla stampa – cinese e straniera – per dissuaderla dal mettere il naso nelle vicende interne al partito? In ogni caso, queste manifestazioni di arroganza dei dittatori impallidiscono di fronte al ricordo di un Liu Shiaoqi – delfino sconfitto di Mao –, morto per le sofferenze inflittegli dalle Guardie rosse durante la Rivoluzione culturale. La successione da Jiang a Hu al confronto è stata banale, una tranquilla routine burocratica. Alla vigilia del Plenum in cui Jiang si è dimesso dalla commissione militare, il presidente Hu ha ribadito che il pluralismo democratico in stile occidentale sarebbe «un vicolo cieco» per la Cina. Per i più ottimisti tra gli occidentali, quella professione di continuità con il predecessore è un atto dovuto. Occorreva agevolare le dimissioni dell'anziano leader e non insospettirlo con strappi politici improvvisi. Il seguito della storia ha raffreddato i facili entusiasmi sulla nuova generazione al potere.

XXIII

Il segreto di Hu Jintao

La vergogna di un pranzo riparatore mai avvenuto, quasi trent'anni fa, avvolge nel mistero la personalità di Hu Jintao, segretario del Partito comunista cinese dal novembre 2002 (nonché presidente della Repubblica dal marzo 2003). La sua biografia è segnata da una di quelle ferite personali che tanti leader comunisti – non solo in Cina – nascondono tra le pieghe del proprio passato. Alcuni reagiscono avviando un processo politico contro i loro predecessori, o mettendo in discussione il sistema stesso, come fecero in Urss Nikita Krusciov e Michail Gorbaciov. Altri, invece, reagiscono come ha fatto Hu.

Nel 1964 Hu Jintao aveva 22 anni, e stava studiando ingegneria elettrica alla prestigiosa Università Qinghua di Pechino quando divenne membro del partito. Due anni dopo, la Rivoluzione culturale orchestrata da Mao esplodeva nelle sue manifestazioni virulente. Fra le innumerevoli vittime minori, stritolate dalla campagna contro i «borghesi», vi fu un certo Hu Jingzhi nella cittadina di Taizhou, in provincia di Jiansu. Colpevole solo di possedere un piccolo negozio di tè, fu espropriato della sua modesta impresa e costretto a diventare un impiegato dello Stato. Per aver osato criticare qualche estremista locale, Hu Jingzhi fu poi accusato di peculato, trascinato in piazza per subire uno dei famigerati processi pubblici delle Guardie rosse e infine incarcerato. Venne liberato solo dopo la fine della Rivoluzione culturale, nel 1978. Morì subito per gli stenti patiti in prigione. Aveva solo 50 anni. Hu Jingzhi era il padre dell'attuale presidente della Cina.

Hu Jintao aveva iniziato a fare carriera nei primi gradini della gerarchia comunista quando la notizia della morte del padre lo raggiunse nella regione del Qinghai (il Far West della Cina, in senso letterale), dove era stato mandato a dirigere il partito locale. Si precipitò a Taizhou per ottenere dai suoi compagni la riabilitazione ufficiale del padre. Una volta morto il genitore, il giovane burocrate di partito si preoccupò subito di farsi un curriculum politico ineccepibile «ripulendo» la propria immagine dall'infamia di un padre condannato. Hu Jintao raccolse numerose prove a discarico del defunto: testimonianze di vicini e compagni di lavoro sul suo buon carattere e sul suo patriottismo. Alcuni amici gli suggerirono di invitare i maggiorenti del partito locale nel miglior ristorante di Taizhou, per discutere il caso del padre davanti a una tavola imbandita e tra abbondanti libagioni alcoliche. Hu Jintao pagò il banchetto in anticipo: 50 yuan, l'equivalente di 200 euro attuali, una vera fortuna per i suoi modesti mezzi di funzionario provinciale di allora.

Il giorno fissato per il banchetto, alle due del pomeriggio Hu era ancora solo, nel ristorante vuoto. Alle tre si presentò un messo che portava i saluti e le scuse dei dirigenti del partito di Taizhou. Mandavano a dire di essere impegnati in una riunione che sarebbe durata tutto il giorno. Hu a quel punto invitò qualche parente, e divise il pasto ormai pronto insieme ai camerieri e ai cuochi del ristorante. Un altro, forse, da una simile umiliazione avrebbe tratto la volontà di riformare il partito e il sistema politico cinese, per impedire il ripetersi di tante crudeltà e sofferenze umane (Deng Xiaoping, a modo suo, dalla tragedia del figlio paralizzato a causa delle violenze delle Guardie rosse fu incoraggiato nella sua opera di «normalizzazione» del costume politico). E al suo esordio alla guida del paese Hu, in effetti, alimentò brevemente l'illusione di essere un Gorbaciov cinese.

Nel 2003, quando scoppiò l'epidemia di Sars nella regione meridionale del Guangdong, la reazione iniziale delle autorità locali fu quella di nascondere e censurare le notizie; dopo qualche mese, però, da Pechino arrivò il contrordine, Hu Jintao e il premier Wen Jiabao licenziarono il ministro della Sanità e inaugurarono una politica di trasparenza per aiutare i cittadini a prevenire il contagio. Poteva essere l'inizio di una fase politica nuova.

Invece è rimasto un episodio abbastanza isolato. Dopo la Sars, l'unico altro tema su cui Pechino ha lasciato un po' di briglia sciolta ai mass media è stata l'informazione sulle catastrofi nelle miniere: le notizie sulle sciagure vengono date in maniera più tempestiva e completa di una volta. A condizione, però, di non evocare le colpe delle autorità centrali. Dalla memoria del padre, Hu non ha ricavato un furore riformatore. Anzi, si direbbe che la sua reazione sia stata opposta. Tutta la sua carriera sembra dominata dalla preoccupazione di pararsi il fianco dalle critiche dei compagni di partito, di costruirsi un'immagine di leader ortodosso e al di sopra di ogni sospetto. Sembra quasi che Hu cerchi di farsi perdonare ancora oggi le «colpe» del padre. O forse, invece, è prigioniero del complesso d'inferiorità dei sessantenni: la quarta ondata dei leader comunisti cinesi a cui appartiene Hu e che è arrivata al potere con lui è la prima generazione ad avere iniziato la propria militanza di partito in tempo di pace, dopo la rivoluzione del 1949. Nelle biografie di Hu, di Wen e dei loro coetanei, manca quell'eroico battesimo del fuoco da cui traevano una legittimità particolare Mao Zedong e Zhou Enlai, Deng Xiaoping e lo stesso Jiang Zemin.

A coloro che dopo la Sars si erano fatti delle illusioni premature sul tasso di riformismo di Hu, i cinesi ricordano un altro episodio indicativo della formazione politica dell'attuale leader. Alla fine dei turbolenti anni Ottanta, Hu fu il capo del partito in Tibet. Come «viceré» del Tibet, ebbe fama di essere soprattutto un assenteista che soggiornava poco nella regione sotto la sua giurisdizione. Ufficialmente per motivi di salute, perché soffriva l'altitudine di Lhasa. Il vero motivo sembra essere un altro: Hu investiva molto più tempo ed energie a frequentare i suoi protettori altolocati nei corridoi del potere di Pechino, per accelerare la propria carriera politica. Un episodio, però, fu rivelatore. Nel gennaio 1989 morì il Panchen Lama, da molti considerato la seconda autorità spirituale del buddismo tibetano dopo il Dalai Lama. Quella morte scatenò due mesi di disordini in Tibet. Hu, che aveva appena assunto il comando della regione e la frequentava poco, non era certo preparato a capire gli umori della popolazione. La sua reazione fu durissima: legge marziale e repressione poliziesca. Un pugno di ferro nel quale, a posteriori, molti videro la prova generale dei tragici avvenimenti di Pechino: pochi mesi dopo il Tibet, la legge marziale fu imposta alla capitale da Deng e Jiang, e l'esercito fu chiamato a reprimere la protesta studentesca. Il giovane luogotenente in carica in Tibet, evidentemente, aveva annusato per tempo l'aria che tirava tra i suoi capi.

Nonostante il precedente tibetano, molti si sono ostinati a vedere una svolta nel passaggio delle consegne da Jiang Zemin a Hu Jintao. La rinfrescante novità di vedere a Pechino un leader così giovane rispetto a gerontocrati come Mao e Deng ha ispirato un ottimismo generale. Il fatto che Hu dal 1992 fosse stato il membro del Politburo incaricato di gestire la scuola di partito – dove aveva introdotto nuovi corsi sull'economia di mercato e sul «buongoverno» – ha contribuito a circondarlo di questo alone di pregiudizi favorevoli. Via via che si avvicinava l'uscita di scena del «duro» Jiang Zemin, i democratici di Hong Kong erano incoraggiati dalla prospettiva di riuscire finalmente a strappare a Pechino delle elezioni libere al 100 per cento. Anche i leader di Taiwan speravano che l'avvicendamento generazionale portasse a una posizione più flessibile. E, naturalmente, intellettuali e giornalisti critici si auguravano di poter estendere il precedente della Sars ad altri campi dell'informazione e del dibattito pubblico.

Ma è stato proprio il Plenum del partito nell'ottobre 2004 – quello in cui Jiang Zemin ha abbandonato anche l'ultimo incarico di supervisione delle forze armate – a gelare molte aspettative. Assumendo i pieni poteri, Hu ha lanciato messaggi di ortodossia assoluta: «La democrazia occidentale non è fatta per la Cina». E ancora: «I fatti hanno provato che il socialismo con caratteristiche cinesi è la strada corretta per condurre il paese verso la prosperità e assicurare il benessere ai cittadini». Poiché nessuno ormai prende alla lettera il termine «socialismo» – è evidente che i leader cinesi non rimettono affatto in discussione la loro adesione all'economia capitalista –, quella parola è implicitamente sinonimo di «dittatura del partito unico». Su quel fronte Hu non sembra disposto a cedere di un millimetro. Durante il suo mandato la repressione del dissenso, la censura, gli arresti e le persecuzioni di giornalisti scomodi hanno avuto perfino una recrudescenza rispetto agli ultimi anni di Jiang Zemin. Nel solo periodo fra ottobre e dicembre 2004, per esempio, il governo di Pechino ha fatto chiudere dalla polizia 12.575 Internet-café. Ufficialmente, per «garantire alla gioventù un ambiente morale più sicuro». Dietro la campagna contro i siti pornografici si cela però la sistematica persecuzione di quelle aree di dissenso e di libertà d'espressione che sono i siti politici, le chatroom e i weblog. Anche l'atteggiamento di chiusura verso Hong Kong e Taiwan – i due esperimenti di «democrazia alla cinese», l'uno parziale, l'altro più completo – sembra fatto apposta per spegnere ogni illusione. Le elezioni libere chieste dai cittadini di Hong Kong vengono rinviate a un futuro lontano. In quanto a Taiwan, la disponibilità di Pechino verso relazioni economiche più strette è totale: i leader cinesi vi vedono una premessa dell'unificazione. Ma le concessioni economiche, i voli diretti con Taipei e il progetto (sbalorditivo) di costruire un tunnel fra la Cina continentale e l'isola non si accompagnano a garanzie sul rispetto delle libertà e del pluralismo politico in uno scenario postunificazione. La legge antisecessione varata nel marzo 2005 autorizza esplicitamente l'invasione armata di Taiwan nel caso che l'isola dichiari la propria indipendenza.

Alcuni osservatori occidentali vogliono credere a tutti i costi in uno Hu Jintao «criptoriformista». Perdonano la sua rigidità su Hong Kong e Taiwan spiegandola così: Hu deve ancora consolidare la sua base di potere dentro il partito, dove i falchi della vecchia guardia conservano la loro influenza. Non può permettersi di prestare il fianco alle accuse dei nazionalisti. L'appartenenza di Taiwan alla Cina è un dogma per tutti i cittadini. Il leader che dovesse «perdere» Taiwan perderà se stesso, condannandosi all'ignominia. Questi argomenti sottovalutano quanto il nazionalismo sia alimentato dai medesimi leader del partito, Hu per primo, che per cementare l'unità e il consenso vi fanno ricorso come a un surrogato dell'ideologia comunista ormai in disuso.

Lo studioso Zhong Nanyuan, collaboratore del comitato centrale del Partito comunista, ha definito Hu, Wen e la loro generazione come «dei tecnocrati addestrati nelle scienze esatte, privi di preparazione nelle scienze sociali, poco interessati al confronto delle idee politiche, pronti a adottare qualsiasi sistema di valori, nuovi o vecchi che siano, purché serva a consolidare il potere del partito e a rendere il suo governo più efficiente». Una novità nel linguaggio di Hu e Wen, rispetto a quello di Jiang, è la denuncia delle crescenti diseguaglianze sociali – fra ricchi e poveri, città e campagne, zone costiere orientali e Far West sottosviluppato. Vi si può vedere un omaggio alla corrente di sinistra ancora forte dentro il partito, quella che a suo tempo si oppose all'ingresso nel Wto e che contesta la globalizzazione con argomenti speculari a certe sinistre occidentali, denunciando nella globalizzazione il processo di americanizzazione e il trionfo dello sfruttamento capitalistico. Le prediche di Pechino sui pericoli delle diseguaglianze sociali non hanno ispirato cambiamenti sostanziali nella politica economica. L'ideologia della «generazione Hu» al potere è un curioso mix di socialdemocrazia, nazionalismo e neoautoritarismo, insieme con la riscoperta del confucianesimo e di tutte le tradizioni cinesi, compresa la religione (soprattutto buddista), come strumenti di coesione, puntelli all'ordine costituito e al rispetto delle autorità.

L'altro tema prediletto da Hu Jintao nei suoi discorsi pubblici è la lotta alla corruzione. «La sopravvivenza del partito» è giunto a dire il segretario generale «è legata a uno sforzo di buongoverno, cioè alla lotta contro la corruzione all'interno dei suoi ranghi.» Ma senza elezioni libere, senza possibilità di alternanza, in un sistema di autoreferenzialità del partito unico, la lotta alla corruzione è uno slogan velleitario. Per un contadino povero espropriato della terra dal capopartito del suo villaggio, l'unico modo per protestare contro l'abuso nell'anno di grazia 2005 è il ricorso al sistema imperiale delle «petizioni» a Pechino, le cui origini risalgono molto addietro nei millenni.

Secondo il sociologo Yu Jianrong dell'Accademia delle scienze sociali, il numero dei disperati che affluiscono nella capitale augurandosi di ottenere udienza dalle autorità cresce del 50 per cento ogni anno. E solo lo 0,01 per cento di quelli che hanno fatto ricorso dice che il sistema funziona.

XXIV
Zhao, un morto ingombrante

Per quindici anni era rimasto agli arresti domiciliari, murato vivo in casa sua, inesistente per il Partito comunista di cui era stato il massimo leader. Ogni traccia di lui è scomparsa dai libri di storia, dalle ricostruzioni ufficiali dei «disordini» del 1989, come viene chiamato il massacro degli studenti.

Zhao Ziyang si è spento il 17 gennaio 2005 a Pechino, all'età di 85 anni. Nelle ore in cui la notizia della sua morte si spargeva – quasi clandestinamente – nella capitale, molti paralleli storici si sono affacciati alla memoria. In Cina i funerali degli uomini di Stato sono diventati spesso l'occasione per proteste di massa. Alla morte del premier moderato Zhou Enlai, nel 1976, le proteste presero di mira la Banda dei Quattro e segnarono l'inizio della fine della Rivoluzione culturale. Il 5 aprile 1989, fu l'annuncio del decesso di un altro leader riformista – l'ex segretario del partito Hu Yaobang – a infiammare le manifestazioni per la democrazia. «La stella della speranza è caduta» si leggeva nell'89 su uno striscione appeso alle finestre dell'Università Beida di Pechino. E lo scrittore dissidente Bing Xin, in quei giorni, rese un celebre omaggio funebre a Hu Yaobang che suonava come un insulto per l'uomo forte del partito, Deng Xiaoping: «Colui che non doveva morire è morto, mentre chi doveva morire è ri0masto vivo». Quindici anni dopo, Hu Jintao e Wen Jiabao non hanno voluto correre rischi simili. Non appena la salute di Zhao Ziyang è peggiorata, le autorità di Pechino hanno riesumato le leggi speciali che proibiscono assembramenti in piazza

Tienanmen. Una precauzione inutile. Perché nel gennaio 2005, a differenza dal '76 e dall'89, nessun corteo di protesta ha cercato di «espugnare» Tienammen.

È su quella piazza che Zhao fu visto per l'ultima volta in pubblico. Era il 19 maggio 1989, e il segretario del partito fece un gesto fatale. Andò a mescolarsi agli studenti che occupavano Tienanmen per discutere con loro. Era accompagnato dal suo braccio destro Wen Jiabao, che oggi è primo ministro e farebbe volentieri scomparire ogni traccia del proprio coinvolgimento in quell'episodio (per salvarsi fece, «autocritica» di fronte ai suoi capi). L'immagine di Zhao in lacrime – ripreso dalle telecamere mentre si disperava di non riuscire a convincere gli studenti a tornarsene dentro il campus universitario – fu il segnale esterno della tragedia che si stava consumando ai vertici. In quelle ore il destino del segretario del partito era segnato.

«Al posto sbagliato, nel momento sbagliato, fece la cosa giusta.» Così Zhao Ziyang è ricordato dal suo più fedele collaboratore e amico, Wu Guoguang, l'ex giornalista che per anni scrisse i suoi discorsi quando Zhao era il segretario generale del Partito comunista cinese. «Era quasi mezzanotte, il 19 maggio 1989. I leader cinesi stavano mettendo a punto i piani per proclamare la legge marziale e schiacciare le proteste democratiche che nelle 48 ore precedenti avevano radunato più di 1 milione di manifestanti. Zhao, come segretario generale del partito, avrebbe dovuto essere là, dentro al grande salone dell'Assemblea del Popolo, insieme agli altri leader mentre chiamavano l'esercito. Invece, piegato dalla stanchezza, con le lacrime agli occhi, si fece largo tra la folla degli studenti e nell'oscurità cercò di convincerli a porre fine all'occupazione della piazza prima che fosse troppo tardi. Era già troppo tardi: per i manifestanti e – come Zhao doveva già sapere quella notte – anche per lui. Il suo atto di coscienza (Zhao non poteva tollerare che le colonne blindate dell'Esercito di liberazione popolare attaccassero il popolo cinese) era l'equivalente politico del voler fermare i carri armati col proprio corpo.»

Quella notte Deng Xiaoping decise un golpe istituzionale. Zhao fu deposto senza convocare gli organi del partito, dà un uomo, Deng, che formalmente controllava solo l'esercito. Ma in quelle ore l'esercito era l'unico potere virtualmente in piedi, in una Cina smarrita nello scontro tra il movimento democratico e la nomenklatura comunista. Al vertice del partito fu nominato Jiang Zemin, allora segretario di Shanghai, e Zhao fu recluso agli arresti domiciliari per sempre. Ne è uscito solo quindici anni e sette mesi dopo, per venire ricoverato in ospedale in seguito alla polmonite che lo avrebbe stroncato. Chissà, si è chiesto Wu Guoguang, se alla fine della sua vita Zhao ripeteva ancora la sua citazione favorita di Karl Marx: «Se non vado all'inferno io, chi ci andrà?».

All'inferno, Zhao ci era già stato più volte. La scelta coraggiosa del 19 maggio 1989, quella ribellione alla violenza di Stato che rimane per sempre la sigla della sua vita, non era frutto del caso. Era la decisione di un uomo che aveva condiviso le sofferenze del popolo cinese. Nato nel 1919 in una ricca famiglia di proprietari terrieri nella provincia centrale dello Henan, Zhao era diventato comunista nel 1932 e aveva partecipato alla resistenza clandestina contro l'occupazione giapponese dal 1937 fino alla fine della seconda guerra mondiale. Il trionfo della rivoluzione maoista gli riservava dure prove: il padre fu ucciso dai suoi compagni di partito, durante i violenti scontri per la riforma agraria alla fine degli anni Quaranta. Moderato e pragmatico, nei primi anni Sessanta Zhao si schierò a favore delle riforme di Liu Shaoqi, il «Krusciov cinese». Per questo quando scoppiò la Rivoluzione culturale, nel 1966, Zhao perse il posto di capo del partito nel Guangdong, fu messo alla berlina e fatto sfilare per le vie di Guangzhou per venire umiliato pubblicamente, e nel 1971 fu relegato a lavorare nella Mongolia interiore. Solo nel 1973 intervenne Zhou Enlai, il moderato primo ministro di Mao, a richiamarlo dal confino per affidargli la guida del partito nella provincia del Sichuan.

Morto Mao nel 1976, una volta liquidata la Banda dei Quattro che aveva ispirato le peggiori violenze della Rivoluzione culturale, i moderati si erano impadroniti delle leve del potere con Deng Xiaoping. La Cina uscì definitivamente dall'isolamento internazionale, accentuando quelle aperture che Zhou Enlai aveva iniziato con il disgelo tra Mao e il presidente americano Richard Nixon. E soprattutto Deng avviò il paese sulla strada dell'economia di mercato, lanciando il celebre slogan «Arricchirsi è glorioso». Il cambiamento poteva rimanere circoscritto alla sola sfera dell'economia e della realpolitik diplomatica? Zhao era convinto di no. E con lui l'ala più moderna del partito. «Quando nel 1986 mi invitò a lasciare il mio mestiere di giornalista al "Quotidiano del Popolo" per diventare uno dei suoi consiglieri per le riforme politiche» ha ricordato Wu Guoguang «mi aspettavo di lavorare con un burocrate di partito, un cinico esperto nell'arte di conservare il potere. Invece mi trovai di fronte a un paradosso: un leader deciso a smantellare il sistema che lo manteneva al potere.»

Il gesto eroico e vano della notte del 19 maggio 1989 era la conseguenza coerente di tre anni di lotte in cui Zhao, segretario del partito, si era battuto per imporre una vera riforma democratica: primo passo verso il pluralismo nelle elezioni di tutti i leader, dai villaggi al comitato centrale del partito. Zhao era partecipe di un dibattito che investiva tutti i paesi socialisti, lo stesso che iniziò con Solidarnosc in Polonia e si concluse con la «rivoluzione di velluto» a Praga, con la caduta del Muro di Berlino e la dissoluzione dell'Unione Sovietica. Di fronte all'imponente movimento democratico che unì studenti ed élites urbane cinesi nel 1989, un'ala del partito era disposta a seguire Zhao. Vinsero gli altri, con il contributo decisivo di Deng, pronto a sperimentare tutto del capitalismo ma non a importare i diritti umani delle liberaldemocrazie.

La nomenklatura comunista non perdonò a Zhao un disegno che, se portato a termine, avrebbe significato per essa la perdita del monopolio del potere. Quella nomenklatura ha avuto paura di lui fino alla fine. Dopo quindici anni di arresti domiciliari e a 85 anni suonati, Zhao era ancora un simbolo inquietante. Se ne è avuta la misura dal «trattamento» che gli hanno riservato i mezzi d'informazione. La sera del 17 gennaio 2005, al Tg delle sette la rete nazionale Cctv è riuscita a parlare perfino di una partita del Milan, ma ha ignorato la morte dell'ex segretario generale del Partito comunista. Nell'era di Internet l'oblio della Tv di Stato non ha potuto impedire che la notizia circolasse, e proprio su Internet si è avuta la prova della popolarità di Zhao. Il forum on-line sul sito del «Quotidiano del Popolo», pur controllato dalla censura, dopo poche ore era invaso di messaggi di simpatia. Uno diceva: «I fatti non possono essere cambiati anche se non diciamo la verità», un altro «I fiumi non hanno più lacrime, le montagne sospirano, una persona perbene ci ha lasciati». Il giornalista An Ti, sul suo blog, ha scritto: «Sei arrivato troppo presto. Nella crisi, non tradisti i tuoi princìpi. Ti ricorderanno per generazioni. Te ne sei andato e la nazione affonda nell'oscurità». Molti hanno ripreso dai siti stranieri la frase della figlia di Zhao, Wang Yannan: «Finalmente è libero».

Molti di quei messaggi di simpatia sono apparsi solo per poche ore, poi la censura li ha cancellati da Internet. Era proprio necessario? A posteriori sembra di no. Il lutto non è stato la miccia di un nuovo movimento. Ma in quei giorni il timore del nuovo gruppo dirigente riunito attorno al presidente Hu Jintao è stato che la morte di Zhao facesse riemergere una fronda all'interno del partito. Secondo alcuni attivisti democratici di Hong Kong, una decina di dirigenti comunisti hanno scritto a Hu per chiedere la riabilitazione del defunto. Il figlio Liang Fang ha rivelato che negli ultimi giorni della sua vita diversi leader del partito erano venuti a rendergli omaggio in ospedale, incluso il vicepresidente Zeng Qinghong. La fazione che nel 1989 voleva coniugare all'economia di mercato riforme politiche di tipo democratico è stata sconfitta e zittita assieme a Zhao, ma non è scomparsa del tutto.

Di certo nella Cina di oggi i segnali di tensioni sociali si moltiplicano, ma sono completamente diversi dal 1989. Non c'è un movimento nazionale, non ci sono leader riconosciuti del dissenso. I due ceti sociali che lottarono per la democrazia nel 1989 – gli studenti universitari e l'élite professionale urbana, compresi molti neoimprenditori capitalisti – oggi sembrano economicamente appagati e politicamente passivi. Le proteste divampano alla periferia geografica ed economica del sistema: nelle campagne, nelle province povere. Nell'89, sullo sfondo della rivoluzione democratica dell'Europa dell'Est, anche Pechino sognava la democrazia. Oggi Pechino, Shanghai e Canton accumulano ricchezze mentre nel Sichuan scoppiano scontri perché la ricchezza non arriva o, se arriva, viene sequestrata da una nomenklatura rapace che espropria i contadini della terra per rivenderla agli speculatori. Alla sua base di consenso, la nuova borghesia urbana, Hu garantisce l'ordine necessario per le esportazioni, gli investimenti esteri, la crescita economica. Con o senza i divieti di manifestazione, non è più in piazza Tienanmen che va in scena il disagio della Cina.

Sabato 29 gennaio 2005, a Pechino è una bella e gelida giornata d'inverno. Quella mattina, sotto un cielo azzurro e un vento pungente, una folla di 2000 persone – sorvegliata da almeno altrettanti poliziotti – scorta il feretro fino a Babaoshan, il cimitero della nomenklatura comunista. La polizia ha proibito ai giornalisti e a tutti gli stranieri di accompagnare il corteo funebre. Tutto ciò che sappiamo di quel funerale ci viene raccontato dai testimoni cinesi: l'arroganza dei poliziotti nel decidere chi può partecipare al lutto e chi no; l'allontanamento di ogni intellettuale in odore di dissenso; il dolore di chi ha fatto un lungo viaggio ed è rimasto escluso; gli sguardi smarriti e umiliati dei familiari.

Il giorno stesso, a dodici giorni di ritardo dal decesso, l'agenzia di stampa governativa Xinhua pubblica finalmente un breve profilo del «compagno Zhao Ziyang, morto all'età di 85 anni, sepolto al cimitero rivoluzionario Babaoshan di Pechino». La biografia ufficiale ricorda che «il compagno Zhao aderì alla gioventù comunista nel marzo 1932 e cominciò la sua carriera rivoluzionaria nel 1937. Durante gli anni delle guerre rivoluzionarie e il periodo di costruzione del socialismo, ebbe incarichi dirigenziali nel Partito comunista cinese a livello comunale e provinciale. Nei primi anni delle riforme e della politica di apertura ebbe importanti posizioni al vertice del comitato centrale e dello Stato, contribuendo alla causa del partito e del popolo. Nella turbolenza politica che ebbe luogo nella primavera-estate del 1989, il compagno Zhao commise dei gravi errori». Punto e fine. Non vi è menzione del fatto che, con le sue riforme di mercato, Zhao fu uno degli artefici del boom economico della Cina di oggi. Né del fatto che i suoi «errori» gli valsero oltre quindici anni agli arresti domiciliari: una sanzione decisa dai suoi compagni di partito senza un regolare processo.

Tra il giugno 1989 e il gennaio 2005 la differenza di clima non è solo meteorologica, ma anche politica. Nelle ore dei funerali di Zhao, a Pechino l'ordine regna sovrano e il dispositivo di sicurezza appare spropositato: l'unico caos si registra nel traffico automobilistico e nei grandi magazzini presi d'assalto alla vigilia del Capodanno cinese. È opinione diffusa che il ceto medio dei colletti bianchi e delle professioni intellettuali si è lasciato comprare: in cambio del crescente benessere materiale, ha rinunciato a battersi per le libertà politiche e la democrazia. Con la morte di Zhao – ne sono convinti anche molti occidentali innamorati dell'attuale stabilità cinese – esce di scena un personaggio che in caso di vittoria si sarebbe trasformato in un Gorbaciov. È scomparso cioè un leader che con le sue idee rischiava di precipitare la nazione più popolosa del pianeta verso la disintegrazione, con conseguenze incalcolabili e probabilmente sciagurate per i cinesi e per il resto del mondo.

La sera dei funerali di Zhao ceno con il mio amico Zhang (di cui non scrivo il nome per intero), un esponente della generazione «venduta». Quarant'anni, giornalista della Tv di Stato, assiduo lettore del quotidiano d'élite «Tempi Globali» (una pubblicazione che informa accuratamente su quel che accade in tutto il mondo fuorché in Cina), Zhang veste con eleganza, ha una bella auto monovolume di marca giapponese e con la moglie si è appena comprato un appartamento nuovo in un quartiere residenziale di Pechino. A proposito di Zhao, mi risponde con lo stesso argomento che ho già sentito in bocca agli esponenti del governo: «Nel giugno 1989 hanno avuto ragione Deng Xiaoping e gli altri dirigenti del partito: lo dimostrano quindici anni di stabilità, che hanno consentito alla Cina di diventare quello che è oggi. Senza la stabilità non avremmo avuto questo sviluppo, questo benessere. Saremmo ripiombati in uno dei periodi di disordini e violenze che la Cina ha conosciuto tante volte nella sua storia». Il mio amico Zhang ha viaggiato fuori dal suo paese. Come molti suoi coetanei, è decisamente esterofilo: basta vedere come si veste, cosa mangia e che macchina guida. È un perfetto «chuppie», nuovo termine coniato dall'inglese «chinese-yuppie». Solo di fronte alla democrazia, la sua voglia di prodotti importati sembra vacillare. «Il pluralismo dei partiti, le elezioni con candidati diversi, la libertà di stampa vanno bene per paesi che hanno alti livelli di sviluppo e di istruzione. La Cina non è adatta, o almeno non oggi.» Sono argomenti che fanno presa a tal punto da essere diventati l'incarnazione del buonsenso comune di molti cinesi nonché di molti occidentali, appagati da questa autopsia finale del movimento di Tienanmen. Ma la moglie di Zhang lo interrompe e si rivolge a me: «Quindici anni fa non parlava così. Era anche lui in piazza Tienanmen a manifestare. Mio marito era diverso, allora». Zhang sembra scusarsi: «La mia generazione ha fatto questa scelta, oggi. Forse non ci meritiamo la democrazia perché non abbiamo il coraggio di batterci per conquistarla».

Wenran Jiang è rientrato in patria dal Canada solo per rendere omaggio al leader scomparso. La mattina del 29 gennaio ha fatto due ore di fila davanti alla casa di Zhao Ziyang, sperando di superare i controlli della polizia. «Mentre aspettavo» racconta in un'e-mail «ho visto affluire ogni sorta di persone: giovani cittadini eleganti, contadini con vecchie giacche di Mao consunte, dirigenti di partito ormai vecchi e fragili, donne e uomini molto anziani. Tutti davano nome e carta d'identità ai poliziotti, per poter entrare e piangere davanti alla salma.»

In un'altra e-mail il professor Liu da Shanghai, anche lui un quarantenne come Zhang, mi comunica la sua amarezza: «Questi capi credono che lo sviluppo economico sia la medicina per tutti i problemi. Ma com'è difficile, per loro, seppellire un vecchio uomo. Qualsiasi cinese di buonsenso capirà tante cose, osservando quanti giorni sono stati necessari per seppellire il vecchio. Come essere umano mi sento impotente e pieno di vergogna. Una voce della nostra nazione è stata zittita malamente, e chi vuole piangerlo si espone a brutte conseguenze».

Pensavo che i quarantenni fossero gli ultimi a poterlo ricordare, perché con i loro occhi avevano visto il segretario generale del partito scendere in piazza e mescolarsi tra gli studenti, prima che su lui calasse la condanna all'esilio interno e all'oblio. Ma devo ricredermi quando interrogo la mia maestra di cinese ventiseienne, la signorina Wang, per capire se una ragazza così giovane abbia almeno una vaga idea di chi era stato Zhao Ziyang. Non esita un istante: «Era una persona perbene. Nel 1989 stava dalla parte giusta, con i giovani. L'ho letto su Internet».

La Cina di oggi è migliorata rispetto all'89, e non solo per via dei grattacieli, delle automobili e di tutta la ricchezza in mostra nelle grandi città. Insieme al benessere materiale, molti godono di libertà che allora non esistevano. La libertà di viaggiare all'estero, per esempio. O di andare a fare le vacanze in Tibet, in pellegrinaggio fra i monasteri buddisti. La libertà di avere un telefonino con cui chiamare anche i parenti che vivono a Hong Kong o a Taiwan, a San Francisco o a New York. La libertà di scrivere e-mail. Sono libertà personali, più che politiche. Non esiste ancora una stampa svincolata dalla censura, un'opposizione, né tantomeno il diritto di licenziare i propri governanti. I ventenni, trentenni e quarantenni nel 2005 non sono generazioni così eroiche da voler sfidare la forza dello Stato e rischiare la vita per conquistarsi i diritti politici. (Quante generazioni eroiche ci sono nel resto del mondo? La maggior parte di noi occidentali si è «conquistata» la libertà nascendo dove già esisteva). Eppure, se la democrazia dovesse essere dietro l'angolo, questi cinesi sembrano pronti ad afferrarla. È questa l'unica spiegazione possibile per l'angoscia suscitata ai vertici dalla morte di un ottantacinquenne; per il tentativo di nasconderla; per quell'esagerato dispositivo di polizia attorno al funerale di Zhao. A Pechino regna l'ordine, ma con le loro misure di sicurezza esagerate i leader tradiscono il sospetto che la loro stabilità non sia eterna. Dal 1989 a oggi, i vertici del partito hanno rifiutato di alzare il velo perfino sul bilancio esatto delle vittime della repressione militare a piazza Tienanmen. Quella pagina di storia rimane come un grande buco nero nella loro legittimità.

Parte ottava

Ambizioni imperiali

XXV
Una partita di calcio

Lo Stadio dei Lavoratori, di anno in anno, vede crescere la popolarità del calcio tra i cinesi: è un tifo da neofiti, ingenuo, festoso e bonario. Nulla lasciava presagire lo spettacolo cupo che Pechino offre un sabato sera, il 6 agosto 2004. Seimila poliziotti in tenuta antisommossa. Tifoserie separate dalle forze dell'ordine in stato di allerta. Gli appelli alla calma lanciati dal governo attraverso i giornali e la televisione. Quella sera non si gioca una semplice partita di calcio. La finalissima della Coppa Asia, per la prima volta, oppone Cina e Giappone. Sul campo si affrontano le due grandi potenze asiatiche rivali, i due opposti nazionalismi che non hanno mai veramente curato le ferite dell'occupazione nipponica, le tragedie della seconda guerra mondiale e l'eredità della guerra fredda. Il loro passato non vuole morire: negli ultimi anni, ha visto riaprirsi le cicatrici per ragioni nuove.

La rabbia antigiapponese dei tifosi di casa nell'estate del 2004 sembra aver colto di sorpresa anche il governo di Pechino. Dall'inizio del torneo ospitato dalla Cina (l'equivalente dei nostri Europei di calcio), il Giappone non ha potuto giocare una sola partita in condizioni normali. Non importa quale squadra avesse di fronte: il pubblico tifava sempre per «l'altra». E che tifo. Il pubblico cinese ha sempre fischiato l'inno nazionale nipponico all'inizio delle partite, ha fischiato ogni volta che un giapponese toccava la palla, ha fischiato tutti i loro gol. Dopo il match in cui la squadra del Sol Levante ha eliminato la Thailandia, il suo pullman è stato costretto a una fuga precipitosa (dimenticando due giocatori negli spogliatoi) per salvarsi dall'assalto della folla. Gli striscioni dei tifosi non lasciavano dubbi sulle ragioni di questa accoglienza. «Chiedete perdono ai popoli dell'Asia», «Guardate nella vostra storia»: questi slogan sono stati immortalati dalle telecamere in mondovisione. È come se gli stadi francesi accogliessero regolarmente la nazionale tedesca con striscioni su Auschwitz.

Al clima incandescente ha contribuito anche la logistica: prima di arrivare in finale a Pechino, la squadra nipponica è stata sorteggiata per il girone eliminatorio nella città di Chongqing. Oggi è una megalopoli di quasi 30 milioni di abitanti, cuore industriale della Cina centroccidentale sul fiume Yangtze, ma mezzo secolo fa Chongqing fu anche una delle città più martoriate dall'offensiva militare nipponica durante il conflitto mondiale. Capitale provvisoria in cui si era rifugiato il governo cinese durante la guerra, fu rasa al suolo con bombardamenti a tappeto che fecero migliaia di morti. Dall'inizio del torneo, il quotidiano della gioventù comunista – oggi uno degli organi di stampa più audaci e spregiudicati – ha ricevuto molte e-mail a giustificazione delle intemperanze dei tifosi di Chongqing. «I giapponesi hanno quel che si meritano» era un commento ricorrente dei lettori. Dopo l'escalation della tensione nelle prime partite, l'esito delle eliminatorie ha portato in finale a Pechino proprio Cina e Giappone, la peggiore accoppiata possibile.

Il governo di Tokyo ha sopportato in silenzio per qualche settimana, poi non ha più potuto ignorare le immagini umilianti che ogni sera arrivavano sui teleschermi dalla Cina. Il caso diplomatico è scoppiato in seguito a una protesta formale del ministro degli Esteri, Yoriko Kawaguchi, che ha definito «deplorevole» il comportamento dei cinesi, minacciando conseguenze deleterie per le relazioni tra i due paesi. In vista del match conclusivo è giunto da Tokyo anche un messaggio del premier Junichiro Koizumi, che ha ammonito i cinesi ad «accogliere amichevolmente» i giocatori del suo paese. I giapponesi, però, hanno fatto un autogol politico. Alla vigilia della finalissima si è scoperto che la Federcalcio di Tokyo ha distribuito ai propri tifosi in trasferta dépliants informativi che raffigurano Taiwan come uno Stato indipendente: il massimo affronto che si possa fare alla Cina popolare. Si è così aperto un altro casus belli che ha alimentato nuovi manifesti e striscioni polemici sulle curve dello stadio.

Il governo di Pechino ha avuto reazioni oscillanti. Ha rimbeccato prontamente Koizumi sulla gaffe di Taiwan, ma di fronte alla furia dei suoi tifosi il ministero dello Sport ha lanciato un appello «al rispetto degli avversari sul campo di gioco». Il portavoce degli Esteri Kong Quan se l'è presa con «certi mass media giapponesi che esagerano i comportamenti di alcuni tifosi e ne fanno un caso politico». Lo Stadio dei Lavoratori è stato però messo sotto assedio di polizia per evitare il peggio. L'ultima sera, con un tocco surreale, le autorità chiamano in loro soccorso anche i rispettivi allenatori, ambedue stranieri, che si prestano con l'aria di chi ha un'idea molto vaga di cosa stia accadendo: il brasiliano Zico, allenatore del Giappone, e l'olandese Arie Haan, c.t. della Cina, compaiono insieme in Tv come due marziani che invitano alla calma senza sapere dove si trovano.

In passato, la leadership comunista del paese esercitava un controllo di ferro sulla popolazione. Manifestazioni di nazionalismo come queste venivano ispirate e pilotate dietro le quinte. Oggi l'autorità del partito unico rimane indiscussa, ma la società cinese è sempre più diversificata, è esploso il numero di mass media privati e Internet offre nuovi canali di espressione spontanea. Come la moda, la musica, il sesso, anche lo sport è uno dei territori che sfuggono lentamente al controllo centrale. Il nazionalismo cinese è un enigma. A tratti appare popolare e spontaneo. A seconda dei momenti e dell'intensità, può favorire o disturbare la leadership. Non si esprime sempre dietro imbeccata dall'alto. Lo si vide nel 1999 durante l'intervento della Nato contro Milošević, quando l'aviazione americana bombardò «per sbaglio» l'ambasciata cinese di Belgrado: a Pechino le manifestazioni antiamericane si spinsero ben ai di là dei desideri dei leader, che stavano preparando l'ingresso della Cina nel Wto e volevano chiudere in fretta l'incidente con Washington.

Il «Giornale della gioventù comunista», in un editoriale di Cao Lin, quel 6 agosto prima della partita «rovente» tradisce la profonda ambivalenza dei dirigenti. L'appello alla calma si alterna alle accuse contro il Giappone: «Mentre noi osserviamo il

Giappone, il mondo osserva noi. Dopo quel che abbiamo visto nelle scorse settimane non possiamo fare a meno di essere preoccupati per quel che accadrà nella finale. È evidente che si è andati ben oltre una competizione sportiva. Questa vicenda è influenzata dalle complesse emozioni storiche del popolo cinese, da un radicato sentimento antigiapponese».

Lo stupro di Nanchino del 1937 è una pagina di storia pressoché ignorata dai manuali scolastici giapponesi. Anche la Corea del Sud ha più volte denunciato il revisionismo storico che domina l'insegnamento pubblico a Tokyo, dove gli orrori dell'imperialismo nipponico sono taciuti o benevolmente giustificati in nome di una missione civilizzatrice. Il Giappone – sia la sua classe dirigente sia la sua società civile – non ha fatto nei confronti del passato un'operazione-verità come quella compiuta dalla Germania. Il modello ideale della riconciliazione francotedesca, in Asia, è stato impraticabile a lungo per la geopolitica della guerra fredda: da una parte il Giappone, «portaerei degli Stati Uniti», dall'altra la Cina comunista, che sosteneva la Corea del Nord e il Vietnam. Neanche la fine della guerra fredda ha sciolto diffidenze e rancori. Lo strepitoso decollo della Cina, dopo averlo «oscurato» per anni, oggi aiuta il Giappone a uscire dalla sua lunga depressione; ma Tokyo prevede che la dirigenza comunista non si accontenterà della «pacifica ascesa» tecnologica e mercantile, e vorrà trasformare i suoi muscoli economici in influenza politico-militare sull'Asia intera. L'avvento al governo di Koizumi ha fomentato i peggiori sospetti nei suoi vicini. Ogni anno il premier si reca in pellegrinaggio al tempio di Yasukuni, dove rende omaggio ai caduti, inclusi alcuni noti criminali di guerra. Koizumi traghetta il Giappone verso una revisione della sua Costituzione pacifista; l'impegno in Iraq a fianco degli americani ne è un segnale. «Certi tifosi ci hanno scritto» racconta Cao Lin «che i giapponesi non riconoscono la loro storia e non si pentono delle sofferenze inflitte agli altri popoli. Vogliono ricordare ai giapponesi che il popolo cinese continua ad aspettare le loro scuse.»

Quella sera il Giappone ha vinto la Coppa Asia battendo la Cina 3 a 1.

XXVI

Lo stupro di Nanchino

La sua Oldsmobile bianca è stata ritrovata su una stradina isolata nei pressi di Los Gatos, vicino alla Highway 17 che costeggia la Silicon Valley californiana. Sul cadavere c'era una sola ferita di arma da fuoco, e lo sceriffo Terrance Helm ha parlato di «evidenti indizi di suicidio». A 36 anni si è tolta la vita, nella patria adottiva scelta dai suoi genitori, la storica sino-americana Iris Chang, *enfant prodige* divenuta celebre nel 1997 con il suo best seller mondiale *Lo stupro di Nanchino*. Un'opera che ha squarciato sessant'anni di silenzi, bugie e omertà, rivelando uno dei più atroci crimini contro l'umanità: il massacro di 260.000 civili cinesi, in una sola città, commesso dall'esercito nipponico nel 1937. Un libro al centro di furiose controversie e tuttora rifiutato dai giapponesi. La fine di Iris Chang diventa il simbolo della maledizione che perseguita le più grandi nazioni asiatiche, in cui la memoria storica viene rimossa e le vittime non possono neppure ottenere il risarcimento morale della verità.

I ricordi familiari le avevano ispirato una sfida che era diventata la missione della sua vita: fare luce sui crimini di guerra giapponesi. I suoi nonni erano scampati per miracolo a Nanchino, e nei loro racconti sulla furia degli invasori lei aveva trovato i primi indizi di una vicenda quasi invisibile in molti libri di storia. «Il più rivoltante episodio di barbarie in un secolo già pieno di orrori» lo ha definito George Will. «Un evento quasi completamente dimenticato prima che Iris Chang lo mettesse al centro del suo libro.» Per l'Asia quella tragedia segna il vero inizio della seconda guerra mondiale, due anni prima che Hitler invada la Polonia. In una Cina in piena disgregazione, contesa dalle potenze coloniali, al Nord le forze imperiali giapponesi si erano già annesse, dal 1931, la Manciuria. Il 7 luglio 1937, usando come pretesto un incidente con le truppe locali sul ponte di Marco Polo, vicino a Pechino, i giapponesi si lanciano verso il Sud per invadere l'intera Cina. Dopo avere espugnato Shanghai, l'armata dell'imperatore Hirohito risale il corso del fiume Yangtze e, il 13 dicembre 1937, entra nell'antica città di Nanchino, che il Kuomintang di Chiang Kai-shek ha ripristinato come capitale nazionale. Lì la brutalità delle forze di occupazione si scatena. È una strage senza precedenti. In sole otto settimane i giapponesi incendiano e distruggono gran parte della città, uccidono 260.000 civili e stuprano oltre 20.000 donne, su una popolazione di 1 milione di abitanti. In proporzione, è un massacro che supera il bilancio di Dresda o di Hiroshima nella seconda guerra mondiale. Il saggio di Iris Chang è costruito in tre parti, con tre angolature rigorosamente diverse: il punto di vista dei militari giapponesi; i resoconti dei cinesi sopravvissuti; infine, le testimonianze degli occidentali che vivevano nella zona internazionale della città (i quartieri assegnati alle potenze coloniali, sul modello di Shanghai). La prima parte aggiunge materiale agli studi di psicologia del genocidio e della pulizia etnica. Come nel caso dell'Olocausto nazista, ciò che colpisce è la «normalità» dei carnefici, oltre alla cultura della superiorità razziale che riduce le vittime a non umani. Emergono però anche contrasti al vertice dell'esercito nipponico. Almeno un generale tenta di opporsi alla distruzione di Nanchino, proponendo una politica di alleanze e di consenso con la popolazione locale in vista di un'occupazione a lungo termine. Alla fine, il Giappone opta per la soluzione più «economica». La rapidità della sua avanzata pone grossi problemi di gestione del territorio conquistato, la città è nel caos, l'occupante non è pronto a sfamare tutta la popolazione: lo sterminio ha una sua terribile ed efficiente razionalità. Chang ha indagato anche sul ricorso massiccio allo stupro, sul rito sistematico della violenza sessuale esercitata sulle donne come parte integrante della cultura di guerra. Gli eccessi a Nanchino sono tali che perfino le autorità militari nipponiche hanno qualche ripensamento. Per «regolare» dall'alto in qualche modo gli stupri, nel corso della seconda guerra mondiale i vertici giapponesi adotteranno la soluzione delle *comfort women*, le prigioniere relegate nei bordelli per soldati.

Coronato da un successo mondiale, *Lo stupro di Nanchino* ha suscitato controversie mai sopite. Le prove raccolte da Chang sono state confutate dai politici e dagli storici giapponesi, con qualche appoggio nell'ambiente accademico americano. L'autrice è stata accusata di avere esagerato le dimensioni della strage senza portare prove sufficienti. In effetti non mancano lacune e contraddizioni nelle testimonianze dei cinesi, anche perché all'inizio il passaporto americano non ha semplificato a Chang il lavoro nel paese d'origine della sua famiglia. Inoltre, visto che per accelerare l'eliminazione dei cadaveri i soldati ne buttarono migliaia nel fiume Yangtze, è di fatto impossibile un conteggio esatto basato sui resti umani. Di fronte alle critiche è decisiva la terza parte del saggio, quella fondata sulle fonti occidentali. John Rabe, uomo d'affari tedesco nonché nazista militante, salvò dalla morte centinaia di migliaia di cinesi nella zona internazionale (curiosamente, nella seconda guerra mondiale i giapponesi avrebbero a loro volta dato prova di clemenza verso gli ebrei tedeschi rifugiati nel celebre «ghetto di Shanghai»: a ciascuno le sue vittime). Chang ha ritrovato una documentazione importante negli archivi della Yale Divinity School, collegio di missionari americani a Nanchino. Infine, negli archivi del dipartimento di Stato Usa, un telegramma intercettato nel 1938 da Tokyo e firmato dal ministro degli Esteri Koki Hirota afferma testualmente: «Resoconti verbali di testimoni oculari attendibili e lettere di individui la cui credibilità non è sospetta offrono le prove che il nostro esercito si è comportato in modi che ricordano Attila e gli unni». Non sempre le autorità americane hanno contribuito a fare luce. Negli anni Cinquanta, sotto l'influenza dell'anticomunismo maccartista, quando la priorità era ricostruire il Giappone e farne un solido alleato nella guerra fredda contro l'Urss e la Cina maoista, la storiografia americana ebbe la sua parte nel minimizzare i crimini di guerra dell'esercito di Hirohito.

Le polemiche su *Lo stupro di Nanchino* e l'ostinato rifiuto del Giappone di riconoscere i fatti e mostrare un sincero pentimento dimostrano quanto pesi in Asia la resistenza a fare i conti con il passato. Il primo imputato è il revisionismo giapponese, che di recente conosce un revival inquietante attraverso la riscrittura dei manuali scolastici a giustificazione dell'imperialismo degli anni Trenta (in nome della difesa di un'identità asiatica minacciata dalle potenze coloniali d'Occidente). Ma anche il memoriale che le autorità cinesi hanno costruito a Nanchino riserva molte delusioni al visitatore, per la povertà del materiale esibito. La stessa Cina ha oscillato tra periodi di *appeasement*, quando la priorità era attrarre investimenti giapponesi, e fasi in cui il rancore antinipponico della popolazione è stato incoraggiato dai leader comunisti in chiave nazionalista. La vittima è sempre la verità storica. Del resto, i governanti cinesi che rimproverano al Giappone di non avere mai chiesto veramente perdono sono gli stessi che, a loro volta, alimentano i sospetti dei paesi vicini quando esaltano la storia del loro imperialismo antico in Corea o con le censure sulla tragica invasione del Vietnam nel 1979.

Il problema della memoria ha perseguitato Iris Chang. Nell'introduzione al suo libro compare una citazione da George Santayana: «Chi non ricorda il proprio passato è condannato a ripeterlo».

XXVII

Quando iniziò la rincorsa

Almeno una volta, la Cia aveva visto giusto segnalando due anni prima alla Casa Bianca i preparativi dell'atomica. Il presidente americano era stato sul punto di autorizzare un *pre-emptive strike* ante litteram, un bombardamento preventivo per distruggere le installazioni nucleari. Ma rinunciò. La minaccia divenne realtà: il 16 ottobre 1964, alle ore 15 di Pechino, esplodeva vicino a Baotou, nella Mongolia interiore, la prima atomica cinese. L'ingresso del gigante comunista nel club delle potenze nucleari cambiava l'equilibrio del terrore nella guerra fredda; ma l'Occidente, all'inizio, non capì fino a che punto quell'esplosione accentuasse la rottura tra Pechino e Mosca. Era soprattutto l'inizio di una rinascita scientifica della Cina, tuttora in atto con la «lunga marcia» verso lo spazio e il boom dell'industria tecnologica.

La sorpresa vi fu anche in campo comunista, perché segnava la rottura con anni di dottrina maoista. Era stato infatti il leader cinese Mao Zedong a coniare la celebre frase: «La bomba atomica è una tigre di carta», seguita dall'affermazione che «sono i popoli, non le armi, a decidere l'esito delle guerre». Quel 16 ottobre 1964, il comunicato diramato dal governo di Pechino alle agenzie di stampa di tutto il mondo sanciva un rovesciamento di strategia: «Il test atomico è una grande conquista del popolo cinese nella sua lotta per la difesa nazionale contro le minacce nucleari dell'imperialismo americano». Più avanti, il comunicato aggiungeva però una frecciata all'indirizzo dell'Unione Sovietica: «Il trattato sulla sospensione degli esperimenti atomici firmato a Mosca nel luglio 1963 fra Stati Uniti, Inghilterra e Urss è un inganno teso ai popoli del mondo, è il tentativo di consolidare il monopolio di tre potenze nucleari e di legare le mani a tutte le nazioni amanti della pace».

Il progetto dell'atomica cinese, in realtà, era in gestazione da molto tempo, malgrado il disdegno di Mao verso «la tigre di carta». Era nato all'inizio degli anni Cinquanta, in un'epoca in cui l'intesa con l'Urss di Stalin sembrava perfetta e i due paesi formavano un fronte compatto contro l'Occidente. Nel 1951 Pechino aveva firmato un accordo segreto con Mosca: i cinesi si impegnavano a fornire uranio in cambio dell'assistenza sovietica nella ricerca nucleare. Nel 1953, alla fine della guerra di Corea, i trasferimenti di tecnologia russa si erano intensificati, con la promessa che l'Urss avrebbe addirittura regalato al grande alleato asiatico un «prototipo» di bomba-A. Di fatto, l'aiuto sovietico fu decisivo per costruire il primo impianto per l'arricchimento dell'uranio. Il divorzio arrivò il 20 giugno 1959, quando Mosca annunciò la sospensione di ogni assistenza alla ricerca nucleare cinese. Fu una sorpresa solo per chi non aveva seguito l'accumularsi delle tensioni fra i due alleati. Già nel 1956, Mao aveva accolto con diffidenza le rivelazioni di Nikita Krusciov sui crimini di Stalin e l'avvio del processo di «destalinizzazione». Cominciavano a maturare i sospetti di «revisionismo» verso la nuova leadership di Mosca. Era l'avvio di un'evoluzione che avrebbe portato la Cina a sfidare l'egemonia ideologica del comunismo sovietico, a presentarsi in alternativa come la potenza-guida per tutti i paesi del Terzo Mondo. Era l'inizio di una nuova rappresentazione delle tensioni internazionali nei termini di uno scontro fra Nord e Sud più che fra Est e Ovest.

I dirigenti sovietici disprezzavano le velleità maoiste. «Senza il nostro aiuto la Cina impiegherà vent'anni a costruirsi l'atomica»: questa la previsione di Mosca. Il raffreddamento tra i due alleati coincideva con un momento tragico della storia cinese. Proprio nel 1958-59 Mao lanciava il suo paese nell'esperimento più sciagurato di sfida al modello sovietico di industrializzazione pesante: la politica dirigista del Grande balzo in avanti distoglieva uomini e risorse dall'agricoltura, costringendo a costruire mini altiforni siderurgici in tutte le campagne. Il costo reale di quell'errore rappresenta tuttora uno dei tabù del comunismo cinese. Le stime occidentali variano dai 30 ai 50 milioni di morti, più per le ripetute carestie che per le repressioni ed esecuzioni di oppositori (che pure ci furono). La miseria di massa e la partenza dei tecnici russi non impedirono alla Cina di costruirsi l'atomica proprio in quegli anni, bruciando le tappe e smentendo lo scetticismo di Mosca. Un merito particolare lo ebbero due scienziati di livello mondiale, i «due Qian». Qian Sanqiang era l'Oppenheimer cinese: grande fisico, aveva studiato a Parigi per undici anni con i coniugi Joliot-Curie; rientrò in Cina nel 1948, alla vigilia della rivoluzione comunista, fu preso sotto la protezione del primo ministro Zhou Enlai e divenne il padre dell'atomica nel suo paese. L'altro personaggio chiave nell'emancipazione scientifica di Pechino fu Qian Xuesen, il Wernher von Braun cinese per il suo ruolo nella ricerca sui missili di lunga gittata. Formatosi negli Stati Uniti, era rientrato in patria nel 1955 per fuggire dal clima di caccia alle streghe anticomunista che negli anni del maccartismo prendeva di mira anche i cinesi residenti negli Usa, sospettati di essere agenti di Mao.

In America il test nucleare cinese del 16 ottobre 1964 provocò un ritorno di clima da guerra fredda dopo gli anni della distensione tra Kennedy e Krusciov. Riemerse la psicosi da «accerchiamento comunista». Tanto più che pochi, a Washington, sembravano comprendere la vera portata della rottura sino-sovietica: si sarebbe dovuto aspettare il duo Nixon-Kissinger della fine degli anni Sessanta perché la diplomazia Usa sfruttasse a proprio vantaggio quel divorzio. Per gli americani, la Cina era la potenza nemica che con il suo massiccio intervento militare nel 1950 li aveva portati sull'orlo di una quasi sconfitta nella guerra di Corea, costringendoli a un armistizio sulla base della divisione tra due Coree. Non appena la Cia fornì alla Casa Bianca le prove (fotografie scattate da aerei-spia) dei preparativi nucleari della Cina, l'ipotesi di un *pre-emptive strike* fu esaminata a fondo, sotto l'amministrazione Kennedy e, soprattutto, dal suo successore democratico Lyndon Johnson. Alla fine, l'ipotesi di bombardare le installazioni nucleari cinesi fu scartata. Ma la sensazione diffusa tra l'opinione pubblica americana, secondo cui i rapporti di forze mondiali stavano alterandosi a favore del blocco comunista, giocò un ruolo nell'escalation dell'impegno militare stabilito da Johnson in Vietnam.

Le cose erano ben diverse, viste dalla Cina. Per i dirigenti di Pechino la fine della guerra di Corea aveva avuto un altro significato: con il ritiro di una parte delle truppe americane dalla penisola coreana, per non sguarnirsi su quel fronte Washington aveva rafforzato il suo dispositivo nucleare verso l'Asia, e i cinesi si sentivano minacciati. L'escalation dell'insicurezza era simmetrica.

Il test di quarant'anni fa segnò l'inizio di una sinergia tra la ricerca militare e le ricadute per le tecnologie civili. Il programma nucleare e missilistico cinese riuscì a sopravvivere perfino alla Rivoluzione culturale, l'altra ondata di estremismo che ebbe conseguenze micidiali sul sistema universitario. Il 24 aprile 1970, nel mezzo delle convulsioni violente del movimento delle Guardie rosse, Pechino riusciva a mettere in orbita il suo primo satellite, che avrebbe fatto il giro della Terra trasmettendo l'inno «l'Oriente è rosso». Seguirono i programmi per la miniaturizzazione delle testate, il lancio di una *force de frappe* marittima e di armi nucleari tattiche, dovute in parte a scopi difensivi ma pensate anche nell'ipotetico scenario di un'invasione di Taiwan. Sul fronte civile, la Cina ha saputo sfruttare le ricadute economiche del suo programma missilistico ed è diventata ormai da tempo uno dei grandi protagonisti sul mercato dei lanci di satelliti commerciali. La Cina del boom economico del terzo millennio, con le sue università di punta che sfornano ingegneri di livello mondiale e sfidano l'America nella corsa ai brevetti tecnologici, emula apertamente gli Stati Uniti anche nella partnership tra ricerca militare e business capitalistico. Un traguardo che sembra avverare i sogni più temerari di Mao, anche se attraverso strade che il «grande timoniere» non avrebbe mai immaginato.

XXVIII

Dove l'America si ritira

Il 21 agosto 2004, quando la portaerei nucleare americana *Stennis* ha fatto il suo ingresso nel porto giapponese di Sasebo, in provincia di Nagasaki, è stata circondata da venti pescherecci noleggiati dai manifestanti pacifisti. «Ho sofferto tutta la mia vita per le radiazioni atomiche della bomba-A lanciata su Nagasaki» ha dichiarato il settantanovenne Hideo Morimune alle Tv che filmavano l'accerchiamento navale pacifista «e non sopporto di vedere qui una portaerei nucleare.» Il governatore di Okinawa, Keiichi Inamine, ha rinnovato i suoi appelli contro la presenza militare Usa nell'isola, fonte di tensioni continue con la popolazione locale.

La novità è che per la prima volta quegli appelli e le speranze dei pacifisti giapponesi sono stati ascoltati. Il presidente George Bush, alle prese con il marasma iracheno, nell'estate del 2004 ha annunciato che entro pochi anni riporterà a casa 70.000 dei 200.000 soldati schierati nel resto del mondo. Una parte di questi tagli alle truppe toccano le basi americane in Estremo Oriente. Adesso che Washington ridimensiona la propria presenza in Asia, i suoi alleati tradizionali come il Giappone e la Corea del Sud devono però fare i conti con la conseguenza strategica di questo ritiro: lo spazio che l'America lascia libero viene riempito dalla Cina.

Sostenuta da una forza economica senza precedenti, proiettata militarmente sui mari dalla necessità di garantire le proprie vie d'accesso alle materie prime, legittimata dallo stesso Bush come mediatrice con la pericolosa Corea del Nord, la Cina sta trasformando gli equilibri asiatici consolidati in cinquant'anni. «Il piano di ritiro delle truppe Usa crea preoccupazioni infinite» ammette l'esperto strategico sudcoreano Ahn Byung-joon dell'Accademia delle scienze di Seul. «Ora il Giappone teme di restare da solo in prima linea. Anche in Corea del Sud il carattere unilaterale dell'annuncio e i tempi rapidi del ritiro suscitano allarme.»

L'emergere della Cina come superpotenza è la chiave per capire le reazioni asiatiche al piano Bush. In Europa il ritiro di truppe Usa sarà perfino superiore – la Germania, da sola, vedrà partire 30.000 soldati contro i 12.500 che lasceranno la Corea –, ma i tedeschi non sembrano avere ragioni di temere la rinascita a breve termine di una Russia troppo potente e militarmente invadente. E Bush padre, nel 1990, decise tagli analoghi nelle basi asiatiche (subito dopo la fine della guerra fredda, i soldati americani scesero da 135.000 a 100.000) senza provocare lo stesso effetto del figlio: quattordici anni prima, Pechino era infatti una capitale isolata dalle conseguenze del massacro di Tienanmen e ben lungi dal diventare il centro di un boom economico di portata mondiale.

C'è chi accoglie la mossa di Washington come la fine di un incubo, e non solo tra i pacifisti giapponesi. «Gli ultimi sondaggi effettuati in Corea del Sud» osserva lo storico Yu Shiyu «rivelano che la maggior parte della popolazione non considera più la Corea del Nord come la principale minaccia alla sicurezza. Il pericolo numero uno per la maggioranza dei sudcoreani viene ormai dagli Stati Uniti. Temono che l'America lanci una guerra preventiva contro gli arsenali nucleari del Nord, e di finire immolati nello scontro.» Chi da anni manifesta contro gli Usa a Seul sarà sollevato nel veder sloggiare entro il 2006 i GI dalla caserma di Yonsan, che occupa pregiati terreni nel pieno centro della capitale (come se il Central Park di New York fosse di proprietà di una caserma, per di più straniera).

«Qui tutti sono convinti che la partenza dei soldati Usa sia legata anche al crescente antiamericanismo dei sudcoreani» conferma Ahn Byung-joon. Bush ha deciso quel che nessun presidente americano aveva finora osato: dalla fine della guerra di

Corea nel 1953, le forze Usa schierate su questo fronte erano considerate intoccabili. A differenza dei militari americani di stanza in Europa, quelli in Corea non venivano mai spostati altrove per timore di sguarnire un paese a rischio e di scatenare l'invasione dal nemico comunista del Nord.

A sua volta, Seul è stata a lungo un alleato indefettibile. Ha perfino pagato un alto tributo di sangue nella guerra del Vietnam, dove hanno combattuto più di 300.000 soldati e ne sono morti 5000. In parte quella fedeltà è rimasta. La Corea ha finito per cedere alle pressioni della Casa Bianca e ha mandato 3500 soldati in Iraq, il terzo contingente per dimensioni dopo l'americano e l'inglese. Ma l'annuncio del ritiro delle truppe, dato da Bush nel corso di un comizio elettorale davanti ai veterani di Cincinnati senza neppure preavvisare il governo coreano, rivela che quel rapporto si è incrinato. Con Tokyo gli americani sono stati un po' più cortesi: non hanno annunciato in modo unilaterale le cifre del loro ritiro, anche se certamente i 16.000 marines di Okinawa non rimarranno tutti sull'isola.

Di questo nuovo scenario strategico è figlia anche la politica di riarmo intapresa da Tokyo. Apprendista-supplente di una superpotenza americana in ritirata, il Giappone si è già preso, in politica estera, libertà un tempo impensabili. A nessuno è sfuggita l'importanza del nuovo piano quinquennale per la difesa varato dal governo di Tokyo nel dicembre 2004, un netto cambiamento di rotta rispetto alla tradizione pacifista del paese inaugurata alla fine della seconda guerra mondiale. Per la prima volta in un documento ufficiale, il Giappone indica esplicitamente una «minaccia cinese» contro cui attrezzare la difesa nazionale. E ne trae le conseguenze: con questo piano quinquennale dà il via alla costruzione di un sistema di difesa antimissile (in cooperazione con gli Stati Uniti), crea una forza di rapido intervento e potenzia la propria capacità aerea a lungo raggio. È l'ultima tappa di una trasformazione che il premier Junichiro Koizumi ha impresso alla politica e alle strategie di sicurezza del Giappone.

Dopo che per mezzo secolo il Giappone aveva evitato di mandare truppe all'estero, l'intervento in Iraq in appoggio all'amministrazione Bush rappresenta un altro «strappo» all'interpretazione letterale di una Costituzione che prevede il ricorso alle forze armate a mero scopo difensivo. Lo stesso Koizumi, peraltro, persegue da tempo il disegno di una revisione costituzionale che elimini alcuni vincoli e restrizioni al rafforzamento militare del suo paese. Questi cambiamenti strategici, approvati dagli Stati Uniti, vengono motivati con l'emergere di una potenza economico-militare cinese sempre più influente, e infine con l'incognita della Corea del Nord. Al contempo, la nuova dottrina strategica giapponese coincide con una rinascita dello spirito nazionalistico.

Il nuovo piano quinquennale istituisce una forza di rapido intervento formata da 15.000 uomini, con divisioni di paracadutisti e reparti di elicotteri pronti per essere dispiegati rapidamente su teatri lontani. Viene modificato l'embargo sulla vendita di armi all'estero, in modo da aprire la strada a una stretta collaborazione tecnologica con l'apparato bellico americano: i giapponesi potranno fornire tecnologie avanzate al Pentagono, con l'obiettivo di costruire insieme agli americani il nuovo dispositivo antimissilistico, che guarda alla Cina e alla Corea del Nord come ai due possibili fronti caldi del futuro. È previsto l'acquisto di aerei-cisterna per il rifornimento in volo, che diano all'aviazione militare nipponica una capacità di intervento a lungo raggio: a breve termine, ciò dovrebbe servire nel caso in cui dovessero rendersi necessarie azioni contro gli arsenali nucleari della Corea del Nord.

Ma è la minaccia cinese che spicca come la vera novità, resa esplicita nel documento strategico di Tokyo: «La Cina» vi si legge «ha un grande impatto sulla sicurezza di questa regione. La Cina sta accelerando il potenziamento delle sue attività nucleari e missilistiche, modernizza la sua flotta e la sua aviazione, espande il raggio d'intervento delle sue risorse navali. Dobbiamo vigilare su queste mosse». Più volte, nel 2004, sottomarini nucleari cinesi sono penetrati nelle acque territoriali del Giappone, creando una notevole tensione tra i due paesi. William Breer, del Center for Strategic and International Studies di Washington, è convinto che il Giappone stia «aprendo gli occhi di fronte all'ascesa della potenza cinese, che avrà effetti sugli equilibri militari dell'intera l'Asia. D'altra parte, questo paese non si sente più condizionato dalla propria storia. È deciso a adeguare il proprio dispositivo militare alle nuove minacce potenziali». Le reazioni in Cina sono dure. Il ministero degli Esteri di Pechino ha definito il nuovo piano strategico giapponese «completamente irresponsabile e privo di fondamenti». Il portavoce del governo cinese, Zhang Qiyue, ha detto che «per ragioni storiche gli indirizzi strategici delle forze armate giapponesi sono una questione estremamente sensibile». Il direttore degli studi giapponesi all'Accademia delle scienze sociali di Pechino, Gao Hong, parla di una «corsa al riarmo». Lu Guozhong, un altro esperto cinese presso l'Istituto di studi internazionali di Pechino, dice ad alta voce quello che molti suoi connazionali pensano, e cioè che «il Giappone è in cerca di alibi per rimilitarizzarsi».

Nel ridimensionamento militare degli Stati Uniti e nel clima di incertezza mostrata da alcuni alleati storici (dalla Corea del Sud a Taiwan) sulla «tenuta» dell'America in Asia si è inserita, come un cuneo, la Cina. Nel 2004 Pechino ha compiuto due sorpassi storici: ha scalzato l'America dal ruolo di principale partner commerciale sia del Giappone sia della Corea del Sud. La stampa di Seul ha rivelato che cresce il numero di disoccupati sudcoreani attirati a emigrare in cerca di fortuna nella terra del boom. Le proiezioni sulla crescita cinese indicano che nel 2020 Pechino avrà superato il Giappone, conquistando il secondo posto mondiale dietro l'America. Questa ascesa altera i rapporti politici, e tutti i paesi del continente lo sentono. Soon Bum-ahn, esperto coreano della Rand Corporation, teorizza apertamente «il ritorno del sinocentrismo in Asia».

La stessa amministrazione Bush ha regalato alla Cina un ruolo diplomatico insperato, delegandole di fatto la regia dei negoziati con la Corea del Nord. Nel 2002 Bush additava il dittatore Kim Jong-il come uno dei leader dell'Asse del male. Ma l'esito della spedizione irachena fa sì che l'America non possa permettersi di aprire un altro fronte di guerra: il ridimensionamento delle sue truppe nel resto del mondo lo conferma. Il moribondo regime comunista di Pyongyang è diventato quindi una spina nel fianco che Bush spera gli venga tolta dai leader cinesi, protettori politici della Corea del Nord da mezzo secolo. Tokyo e

Seul non possono che prenderne atto: l'America non è più quella di una volta.

Su un altro teatro potenzialmente esplosivo, quello di Taiwan, abbondano i segnali che i rapporti di forze sono cambiati. Due paesi dell'area molto diversi tra loro ma allineati entrambi a Washington come l'Australia e Singapore hanno messo apertamente in dubbio la propria disponibilità ad aiutare Taiwan nel caso di un'invasione cinese. Specialmente per l'Australia, alleato di ferro degli Stati Uniti, il passo è significativo: tradisce la presa di coscienza del fatto che, in caso di conflitto, difendere l'isola diventa sempre più arduo. L'indagine dell'US-China Economic and Security Commission consegnata nel 2004 al Congresso di Washington indica che l'equilibrio militare nello stretto di Taiwan è cambiato «in modo drammatico» a favore della Cina.

«La Cina è destinata a diventare una superpotenza militare con una proiezione planetaria, per le stesse ragioni per cui lo diventarono la Gran Bretagna nel XIX e gli Stati Uniti nel XX secolo: per assicurarsi, cioè, l'accesso alle vie di approvvigionamento delle materie prime, di cui sta diventando la prima consumatrice del mondo.» È la tesi che David Hale, esperto di geoeconomia e presidente di China Online, espone in uno studio pubblicato dalla rivista neoconservatrice americana «The National Interest» e che ha avuto ampio risalto in Asia. Per il cemento, l'alluminio e il rame, la Cina è già oggi il primo importatore mondiale e si piazza davanti agli Stati Uniti. Per il petrolio ha scavalcato il Giappone. Sotto la pressione dell'urbanizzazione, che trascina verso le metropoli costiere decine di milioni di immigrati rurali ogni anno, la Cina è già il più importante acquirente di derrate agricole. I suoi fornitori di materie prime sono sparsi in tutte le direzioni: nel Golfo Persico, in Africa, in America Latina.

La Cina ha dovuto mandare 4000 soldati nel lontano Sudan per proteggere i suoi investimenti in un oleodotto. Come già avvenne con l'Inghilterra nell'Ottocento e con gli Stati Uniti nel Novecento, la trasformazione della Cina in una superpotenza industriale crea nuove forme di dipendenza e nuovi legami con il resto del mondo: il bisogno, quindi, di garantire stabilità e sicurezza in aree politiche distanti. «Per proteggere i suoi interessi vitali Pechino deve dotarsi di una grande flotta militare capace di proiettarsi lontano, una forza che non aveva da cinquecento anni» osserva Hale. Ma quegli interessi vitali corrono lungo le stesse rotte, dal Golfo Persico al Mar della Cina, da cui dipendono anche il Giappone e tutto il Sudest asiatico.

XXIX
Revisionismo storico e nostalgie imperiali

«Indovinate chi ha circumnavigato il globo ottantasette anni prima di Colombo e centoquattordici anni prima di Magellano?» chiede il sito on-line dell'agenzia di stampa di Stato Xinhuanet. La sua risposta: «L'ammiraglio cinese Zheng He esplorò l'Occidente in sette viaggi dal 1405 al 1433, percorrendo 50.000 chilometri e visitando 37 nazioni». Alla fine dell'estate 2004 si è appena spenta l'eco dei festeggiamenti per i trionfi olimpici dei suoi atleti ad Atene (la Cina è arrivata seconda dopo gli Stati Uniti), quando il governo di Pechino lancia sui mass media ufficiali la celebrazione dell'anti-Colombo. È il tentativo ambizioso di riscrivere una Storia ufficiale troppo eurocentrica e, al tempo stesso, di legittimare la nuova vocazione di superpotenza planetaria dimostrata dalla Cina.

A scatenare la grande offensiva contro i primati del navigatore genovese scende in campo il ministro dell'Informazione, Xu Zuyuan: «Il governo cinese attribuisce grande importanza alle commemorazioni del seicentesimo anniversario dei viaggi di Zheng He in Occidente». Xu guida un comitato governativo di quindici ministri, dagli Esteri alle Finanze, mobilitati per riparare le ingiustizie degli storici occidentali. Si accavallano conferenze e mostre, inserti speciali sui giornali e concorsi a premi per commemorarne le gesta. La televisione pubblica inizia un kolossal a puntate dedicato alle imprese del leggendario ammiraglio. In barba alla laicità dello Stato, gli archeologi annunciano con emozione il ritrovamento nella città meridionale di Xiamen di un antico tempio di epoca Qing dedicato al culto di Zheng He, elevato al rango di un semidio. Una statuetta ci tramanda l'immagine di un bell'uomo dai tratti raffinati, corpulento come si addice all'eunuco, vestito di una tunica bianca ornata di complessi ricami dorati e con una carta geografica arrotolata sempre in mano.

L'importanza di questo personaggio, in effetti, è nota da tempo anche in Occidente. Su mandato dell'imperatore Cheng Zu, una flotta di dimensioni ineguagliate al mondo salpò nel luglio 1405 dal porto di Suzhou, la «Venezia cinese», vicino a Shanghai. La sua missione dichiarata era quella di allacciare legami con paesi lontani ed espandere il commercio di prodotti cinesi. La comandava l'eunuco imperiale Zheng He, noto anche con il suo nome d'infanzia di Sanbao (che significa letteralmente «tre tesori»). Ai suoi ordini c'erano 208 navi con 27.800 uomini a bordo. Le navi più grandi erano lunghe 146 metri e larghe 60: ciascuna poteva trasportare un migliaio di passeggeri, oltre a disporre dei mezzi tecnici più avanzati dell'epoca. Nessun paese europeo poteva competere con la Cina di allora per la qualità di quei nove alberi, delle carte nautiche e delle bussole di bordo. Oltre agli equipaggi e ai soldati, la flotta di Zheng He trasportava un esercito di scienziati e interpreti, di medici e meteorologi. La spedizione del 1405 servì a esplorare il mare del Sud della Cina fino alle isole di Giava (Indonesia) e dello Sri Lanka. Per Zheng He fu solo una prima prova. Nei ventotto anni successivi l'Armada cinese salpò per ben otto volte, diretta a Occidente: dallo Yemen all'Iran, dalla Somalia alla Mecca, l'impero cinese allargò a dismisura le sue conoscenze e la sua influenza.

Un controverso best seller angloamericano dello storico navale nonché ex ufficiale della British Navy Gavin Menzies, *1421: The Year China Discovered the World*, sostiene che Zheng He non navigò solo verso Ovest, e che i suoi exploit furono ancora più clamorosi di quanto si sapesse. Menzies afferma di aver raccolto le prove che dimostrano che l'eunuco-ammiraglio raggiunse con la sua flotta l'America settant'anni prima che Colombo sbarcasse ai Caraibi. Un pezzo forte di questo «teorema», secondo Menzies, è il ritrovamento da parte dei portoghesi nel 1424 di una mappa geografica dell'America disegnata dai cinesi. Dopo l'uscita del libro di Menzies altri ricercatori si sono esposti per suffragare la stessa tesi, per esempio sulla base del ritrovamento di antichi vasi cinesi sulle coste del Brasile in epoca precolombiana. Le teorie di Menzies sono talmente contestate che il governo di Pechino mantiene una prudente distanza, pur simpatizzando con l'esperto navale anglosassone. «L'idea che i cinesi abbiano scoperto l'America prima di Colombo» dichiara il ministro Xu «è tuttora al vaglio delle indagini accademiche e al momento non sono state raggiunte conclusioni concordi».

La questione di chi abbia veramente scoperto l'America può rimanere in sospeso. Quel che conta, oggi, è la decisione del governo di Pechino di investire generosamente per le celebrazioni in onore di Zheng He «nello spirito del patriottismo, dell'amicizia tra i popoli e della navigazione scientifica» come dice il ministro dell'Informazione. «I suoi viaggi in Occidente dimostrano che a quei tempi la Cina aveva la tecnologia più avanzata, e servono a ricordarci la saggezza e il coraggio del popolo cinese in tutte le epoche.» Gli storici occidentali non contestano il fatto che la Cina del XIV secolo fosse una lunghezza più avanti, sia nello sviluppo economico sia nelle conoscenze scientifiche. La riscoperta orgogliosa delle imprese di Zheng He è anche lo specchio di ciò che la Cina pensa di se stessa oggi: dalla conquista dello spazio ai record olimpici, dalla modernizzazione economica all'invasione dei mercati esteri, ogni traguardo è alla sua portata. Se negli anni Cinquanta Pechino ambiva ad assumere la guida dei paesi del Terzo Mondo nella coalizione dei «non allineati», oggi gareggia in serie A: l'obiettivo più vicino è superare il Pil della Germania e del Giappone, per puntare all'aggancio con gli Stati Uniti.

La nuova storiografia ufficiale insiste sul carattere pacifico delle imprese di Zheng He. «Quei viaggi» dice Xu «furono all'insegna della collaborazione tra il popolo cinese e i suoi vicini. Le commemorazioni serviranno a esaltare questi valori: le relazioni pacifiche tra la Cina e i suoi vicini, specialmente le altre nazioni del Sudest asiatico.» Ancora oggi – assicurano le relazioni ufficiali presentate ai convegni in onore di Zheng He – i vasi Ming ritrovati in Somalia e in Tanzania sono considerati dai popoli locali dei pegni d'amicizia, e in Thailandia e in Malaysia hanno perfino ribattezzato con il nome di Sanbao città, porti e pagode. «Lui non occupò mai un paese straniero, non vi costruì fortezze né derubò tesori» sottolinea il ministro dell'Informazione, con un'allusione implicita al diverso comportamento mostrato dai conquistadores europei.

È il linguaggio felpato e diplomatico di una Cina che vuole rassicurare i vicini, ma che sta recuperando nei fatti il rango di una superpotenza come ai tempi della dinastia Ming. Nell'Asia di oggi non ci sono dubbi sulla crescente influenza della Cina. Come ai tempi del grande ammiraglio vissuto sei secoli fa, la Cina è pronta a rinascere come potenza navale, cancellando secoli di umiliazioni e di subalternità nei confronti degli «imperi marittimi», in primo luogo quello britannico, poi il giapponese e infine l'americano. Il ministro che orchestra le feste del sesto centenario aggiunge alla memoria del famoso ammiraglio questo augurio sibillino: «Che le celebrazioni attraversino lo stretto di Taiwan e migliorino l'intesa del popolo cinese in vista del fine ultimo, la riunificazione nazionale».

Dall'orgia di retorica si stacca la voce sobria dello storico Xin Yuan'ou dell'Università Jiaotong di Shanghai. La vera motivazione del primo viaggio di Zheng He, spiega Xin, è che la dinastia Ming stava per soccombere sotto l'assedio terrestre delle armate di Tamerlano, l'imperatore turco-mongolo che aveva conquistato gran parte dell'Asia. L'ammiraglio fu mandato per i mari alla disperata ricerca di alleati che soccorressero l'impero cinese ormai agli sgoccioli. La sorte fu benevola con i Ming: Tamerlano morì improvvisamente nel 1405, proprio quando aveva messo a punto i dettagli finali dell'invasione della Cina. Liberato per miracolo dalla missione più urgente di salvare il suo imperatore, solo a quel punto Zheng He usò l'Armada navale per esplorare il mondo senza scopi di potere né di lucro.

XXX

Geopolitica di uno tsunami

Lo tsunami che ha colpito Sumatra e si è abbattuto sull'Asia meridionale il 26 dicembre 2004 non è il cataclisma più grave a memoria d'uomo per numero di vittime (il bilancio è superato da terremoti e inondazioni in Cina e in Bangladesh negli anni Settanta e Ottanta), ma ha messo in moto la più grande operazione di soccorsi umanitari della storia nonché il più ampio sforzo internazionale per la ricostruzione delle aree colpite. Si è trasformato in una sfida strategica per modificare o consolidare le gerarchie di potere in un'area geopolitica importante. È una parte del pianeta in cui si concentrano risorse petrolifere e naturali, nuove economie emergenti, movimenti islamici e indipendentisti che ricorrono al terrorismo e alla guerriglia. È un'area in cui la tradizionale influenza americana deve affrontare la minaccia di una potenza cinese in ascesa.

Il vertice internazionale di Giacarta che si è riunito il 6 gennaio 2005 allo scopo di coordinare gli aiuti e la ricostruzione ha fornito una rappresentazione emblematica della posta in gioco: la gara di generosità tra nazioni che vi ha avuto luogo aveva espressamente di mira sia le diverse opinioni pubbliche nazionali sia i governi cui erano destinati gli aiuti. Un fenomeno che il commissario europeo Louis Michel ha paragonato con sarcasmo a un «concorso di bellezza» e per cui Jan Egeland, capo degli aiuti di emergenza dell'Onu, ha coniato la definizione di «carità competitiva». Meglio tardi che mai. A catastrofe appena avvenuta, i governi avevano reagito in un primo momento con estrema lentezza; lo stesso Egeland aveva dato dello «spilorcio» a Bush di fronte all'offerta iniziale di Washington: 15 milioni di dollari, vale a dire lo 0,0001 per cento del Pil americano o, il che è lo stesso, il prezzo di tre appartamenti nell'Upper East Manhattan. A Giacarta i numeri sono aumentati notevolmente: 3,7 miliardi di dollari di aiuti governativi immediati da ripartire fra i 13 paesi colpiti. In testa alla classifica della generosità statale si è piazzato il governo australiano con 765 milioni di dollari; seconda la Germania, con 660 milioni (un prezzo modesto per arruolare alleati nella campagna per un seggio al consiglio di Sicurezza...); terzo il Giappone con 600 milioni e quarta l'amministrazione Bush con 350 (queste cifre non includono la beneficenza privata raccolta e gestita dalle Ong).

Gli aiuti costituiscono una merce di scambio nella scacchiera dell'influenza geopolitica: un fenomeno reso evidente dalla passerella di potenti accorsi il 6 gennaio a Giacarta. In rappresentanza degli Stati Uniti Bush ha inviato l'allora segretario di Stato uscente Colin Powell, impegnato nella sua ultima missione internazionale (la seconda amministrazione Bush non si era ancora insediata e quindi non era nemmeno avvenuto il passaggio delle consegne a Condoleezza Rice), e il fratello Jeb Bush, governatore della Florida. Dalla Cina e dal Giappone si sono spostati i due premier in persona, Wen Jiabao e Yunichiro Koizumi.

Dopo l'incertezza dei primi giorni, Bush ha colto l'opportunità che gli veniva offerta dalla catastrofe naturale. L'America si è decisa a sfruttare l'aiuto umanitario per recuperare influenza in una zona che vede sempre più affievolirsi la sua egemonia politico-economica a favore della Cina. Giappone e Australia hanno prestato man forte a Bush con uno sforzo finanziario di gran lunga superiore a quello di Washington. La loro generosità va interpretata come un chiaro appoggio agli Stati Uniti. Questa fedeltà dimostrata dai governi giapponese e australiano li rende di fatto sempre più spesso i vicari in Asia di un'America costretta a ridurre le dimensioni del proprio impegno militare.

In questo scacchiere un ruolo centrale è giocato dall'Indonesia. Oltre a essere un importante produttore di petrolio, il paese che ha pagato il più alto tributo di morti nella catastrofe è anche un influente membro dell'Opec i cui giacimenti sono contesi da multinazionali americane e cinesi. L'Indonesia ha sempre occupato una posizione strategica nelle rotte dell'Estremo Oriente. Cosa ancora più importante, è la più grande nazione musulmana del mondo. Per gli Stati Uniti l'Indonesia rappresenta – insieme alla Thailandia, altra vittima dello tsunami – il «fronte orientale» nella lotta al fondamentalismo islamico.

Più della generosità, ciò che l'America ha realmente esibito con tanta efficacia di fronte ai paesi asiatici è l'onnipresenza globale del suo dispositivo militare. Sia pure con qualche cruciale giorno di ritardo, la US Navy, gli elicotteri americani e i marines sono stati rispettivamente i primi, i secondi e i terzi ad arrivare sui luoghi del disastro, nella più totale assenza di qualsiasi altra task force internazionale. Nonostante i costi della guerra in Iraq e gli smobilizzi di truppe dall'Asia, gli americani sono tuttora gli unici ad avere forze armate rapidamente utilizzabili in tutto il globo. Sono gli unici a possedere l'infrastruttura logistica (basi militari e navali, aerei da trasporto a lungo raggio, flotte con portaerei e portaelicotteri) e l'infrastruttura politica (reti di alleanze) necessarie a raggiungere, con bombe o con soccorsi, ogni angolo della terra. Le immagini dei marines americani che per primi hanno raggiunto i bambini dello Sri Lanka costituiscono la più brillante operazione di relazioni pubbliche – e insieme di deterrenza – messa a segno negli ultimi anni dall'America in quest'area del mondo. Per qualche giorno le immagini di un'America salvifica e amica hanno «oscurato», sugli schermi televisivi di tutto il pianeta, quelle ben poco edificanti trasmesse dall'Iraq.

L'Asia rappresenta dunque il teatro su cui si «allarga» il nuovo rivale strategico dell'America. Perfino il critico «New York Times», il 4 gennaio 2005, ha dato spazio a una compiaciuta analisi di Jim Yardley per contare i punti che il maremoto ha fatto guadagnare agli Stati Uniti: «La nuova e crescente influenza della Cina in Asia, che secondo alcuni esperti è stata conquistata a spese nostre, sta mostrando i suoi limiti. L'aspirante superpotenza gioca un ruolo attivo ma secondario nella risposta alle devastazioni dello tsunami. La Cina è rimasta a guardare mentre le nostre navi militari raggiungevano velocemente quella zona e gli elicotteri americani cominciavano a rifornire di cibo e medicine le aree più disastrate».

Solo due mesi prima gli americani si erano trovati in una situazione opposta: al vertice Asean dei paesi del Sudest asiatico, nel novembre 2004, gli Stati Uniti si erano visti eclissati mentre tutti «flirtavano» con la potenza economica cinese. Allora, a causa dell'interminabile e gravoso impegno in Iraq, Rumsfeld era costretto ad annunciare riduzioni di truppe in Corea e smantellamenti di basi in Giappone; Pechino, invece, investiva nel potenziamento della sua flotta militare.

Con lo tsunami, però, la Cina ha scoperto oneri e onori che riguardano il suo nuovo status, lanciandosi anch'essa, per la prima volta nella sua storia, in una vasta operazione umanitaria all'estero (anche se i suoi mezzi non possono eguagliare quelli degli americani). Il premier Wen Jiabao si è presentato a Giacarta con un profilo «soft power»: ha annunciato la cancellazione dei crediti nei confronti dello Sri Lanka, ha portato 60 milioni di dollari di aiuti e ha dispiegato squadre di medici in molte zone colpite. Ha inoltre offerto all'Indonesia di contribuire nella ricostruzione mettendo a disposizione le notevoli risorse cinesi nel campo dell'edilizia e delle grandi opere pubbliche. In Thailandia esperti cinesi hanno effettuato i test del Dna per il riconoscimento delle vittime. L'Esercito di liberazione popolare – noto nei paesi vicini specialmente per i conflitti degli anni Sessanta con India e Russia, per l'invasione del Vietnam del 1979 o per il massacro degli studenti di Tienanmen nel 1989 – ha approfittato dello tsunami per cercare di rifarsi una verginità, mostrando alle televisioni di tutto il mondo la propria mobilitazione nell'invio di soccorsi e di generi di prima necessità. Il governo di Pechino ha avuto però molta cura di tenere l'esercito confinato nelle retrovie logistiche dello sforzo umanitario: cosa che evidenzia un limite dell'influenza cinese in Asia. Dato che molti paesi che non vedrebbero di buon occhio l'arrivo di truppe cinesi sul proprio territorio, sia pure per una missione umanitaria, Pechino non ha voluto rischiare mettendoli alla prova. E del resto l'India, nel dopo-tsunami, si è affrettata a mobilitare la flotta militare per esibire la propria presenza nelle acque del «suo» oceano. La generosità umanitaria dimostrata dal governo

Koizumi nei confronti delle vittime della tragedia asiatica non è che l'altra faccia dei piani di riarmo che il Giappone sta perseguendo per bilanciare l'ascesa della potenza militare cinese.

Resistenze di tipo simmetrico si sono peraltro avvertite anche in quell'embrione di opinione pubblica cinese che ormai si esprime con un certo grado di spontaneità nelle lettere ai giornali o nei forum di Internet. Un tipico messaggio comparso su Internet negli stessi giorni del summit di Giacarta protestava: «Certo che bisogna aiutare le vittime dei disastri, ma dovremmo cominciare dai poveri di casa nostra». Qualcuno ha fatto notare che i 60 milioni di dollari di aiuti promessi da Wen corrispondono al reddito annuo di 60.000 contadini cinesi. Qualcuno ha contestato i soccorsi all'Indonesia ricordando che, non più tardi del 1998, in quel paese si erano verificate violente sommosse popolari che avevano preso di mira la minoranza etnica cinese.

Lo tsunami è servito ai leader di Pechino per misurare gli attuali limiti della Cina in quanto superpotenza. Se è vero che sono riusciti a nascondere scrupolosamente ai loro concittadini le immagini dei soccorsi portati dai marines americani (Tv e giornali cinesi hanno ricevuto direttive per oscurare completamente il ruolo degli Stati Uniti nel dopo-tsunami), è altrettanto innegabile che i dirigenti del Partito comunista guardano la Cnn.

Lo tsunami ha permesso al tempo stesso di misurare il grado dell'evoluzione cinese, nonché le potenzialità future della sua influenza in Asia. Anche a prescindere dalla sciagura del maremoto, nel settore dei rapporti internazionali la Cina ha registrato un cambiamento significativo nel 2005: per la prima volta nella sua storia, è diventata un paese donatore, e non più beneficiario, degli aiuti allo sviluppo. Di fronte alle immagini di sofferenza, il nuovo ceto medio cinese ha avuto la stessa reazione degli americani e degli italiani: ha donato via Internet, attraverso i giornali e le Tv, ricorrendo a strumenti di beneficenza privata un tempo estranei all'ideologia comunista.

Una coppia di cittadini cinesi che ha voluto mantenere l'anonimato ha donato alla Croce rossa 5 milioni di yuan (l'equivalente di mezzo milione di euro) da destinare alle vittime dello tsunami. La notizia ha fatto scalpore. È la punta dell'iceberg di un fenomeno nuovo per un regime ufficialmente comunista: la filantropia privata. In passato l'ideologia stabiliva che dovesse essere lo Stato a occuparsi dei bisognosi (si supponeva, peraltro, che i poveri non dovessero neppure esistere) e che, in caso di calamità naturali, fosse chiamata a rispondere l'intera collettività. Oggi, insieme all'economia di mercato e alle diseguaglianze sociali, hanno preso piede forme di beneficenza individuale. L'emozione popolare suscitata dallo tsunami in Cina ha ingigantito quel fenomeno. La calamità che ha devastato il Sudest asiatico ha dato il via alla prima operazione di aiuti su vasta scala organizzata dal governo in favore di paesi non ideologicamente alleati (ben diversa, quindi, rispetto a casi come la Corea del Nord). Mai prima d'ora lo slancio umanitario era riuscito a contagiare la popolazione in maniera così massiccia, spingendola a effettuare donazioni a organizzazioni caritatevoli non governative. La sola Croce rossa ha ricevuto più di 10 milioni di euro di versamenti individuali: un fatto senza precedenti. Dal canto suo, la coppia che ha donato mezzo milione di euro simboleggia l'emergere di una classe di nuovi ricchi che anche nel campo della beneficenza comincia a guardare ai modelli dei suoi omologhi americani. Questi i nuovi attori del futuro «soft power» cinese in Asia: un potere che si esercita attraverso l'influenza data dalla ricchezza e dalla potenza tecnologica sprigionate dal boom economico.

XXXI
Il capitalismo spiegato ai vassalli

A 35 anni Zeng Changbiao è una potenza del neocapitalismo cinese: ha costruito un impero che spazia dai grandi magazzini all'elettronica, dall'industria alimentare all'edilizia. L'unica impresa che oggi ha ancora il potere di eccitarlo è l'apertura di un nuovo centro commerciale tutt'altro che banale. «Si chiama Numero Uno, e offre tutto quello che intere generazioni sognavano di poter comprare. Sarà il più grande e il più bel shopping center di tutto il paese.» Per ora sarà anche l'unico. Il santuario che Zeng ha profanato, infatti, è la Corea del Nord, l'ultima nazione pietrificata in un comunismo di guerra. Per 6 milioni di dollari Zeng ha preso in leasing decennale dal governo di Pyongyang un palazzo di cinque piani sulla centralissima piazza Kim Sung-il. Un esercito di muratori, falegnami, tappezzieri ed elettricisti cinesi lo ha trasformato in uno sfavillante paradiso dei consumatori. Poi, dalla frontiera occidentale, sono arrivati i tir carichi di «made in China». In un paese in cui di notte le città sono avvolte dal buio spettrale per mancanza di corrente, in cui sono solo i soldati a non vivere sempre sull'orlo della carestia, in cui la gente veste ancora con un abbigliamento da Bulgaria anni Cinquanta, Zeng reclamizza «dentifricio e Tv a colori, scarpe e lavatrici»: il paradiso. Lo seguono, ciascuno con la propria boutique nel centro commerciale, 300 commercianti della sua città natale, Wenzhou, attirati da due promesse: un costo del lavoro che perfino i cinesi hanno ormai scordato (le 3000 commesse del grande magazzino Numero Uno guadagneranno 10 euro al mese) e il fiuto di Zeng. Lui, che perlustra la Corea del Nord dal 1997, ha le prove che «non potendo comprare assolutamente niente, questa povera gente ha i materassi pieni di soldi». Soldi inutili, almeno fino allo sbarco dei businessmen rossi. Zeng Changbiao ha effettuato il più imponente investimento estero finora autorizzato dal dittatore Kim Jong-il a Pyongyang, ma alle sue spalle si profila una miriade di capitalisti cinesi pronti a invadere il paese. Economia di mercato e consumismo penetrano silenziosamente in Corea del Nord, avvolte nella fiammeggiante bandiera della Repubblica popolare cinese, il protettore storico a cui è impossibile dire di no. Il Panda Electronics Group di Nanchino ha stretto un'alleanza con un'impresa nordcoreana per cominciare a fabbricare computer nell'ultimo paese del mondo in cui finora il governo è riuscito a impedire che arrivasse Internet (in realtà Kim Jong-il, che è un patito di tecnologia, possiede un indirizzo di posta elettronica, che però funziona solo a circuito chiuso, all'interno di una rete gestita dall'esercito). Queste colossali operazioni oscurano un immenso pulviscolo di piccoli imprenditori cinesi che, affamati di nuove frontiere da conquistare, nelle città nordcoreane aprono di tutto, dai negozi ai ristoranti. Spuntano le *maquiladoras* in versione asiatica (così vengono chiamate, al confine messicano, le fabbriche che le multinazionali Usa creano per sfruttare i bassi costi della manodopera oltrefrontiera e riesportare in casa propria). Appena superata la frontiera cinese, i primi chilometri di territorio nordcoreano si popolano di piccoli stabilimenti industriali creati con capitali cinesi e manodopera locale, come le fabbriche americane a Tijuana nel dopo-Nafta. La Cina del boom economico, ormai, delocalizza, e lo fa a colpo sicuro, colonizzando il misero vassallo che è indietro di trent'anni sui suoi tempi.

Da diverso tempo, ormai, i leader di Pechino premono affinché il piccolo vicino orientale adotti le riforme economiche. Della Corea del Nord, in Occidente si parla solo come di una minaccia nucleare, ma i cinesi non la vedono allo stesso modo. Per acquistare crediti a Washington e legittimarsi quale garante degli equilibri asiatici, la diplomazia cinese si presta a giocare il ruolo del mediatore nel braccio di ferro sugli arsenali di Kim Jong-il. In realtà, buona parte della leadership cinese – soprattutto i militari – pensa che l'atomica nordcoreana possa risultare utile, se non altro come diversivo per gli americani, e il dialogo con Pyongyang procede con una lentezza studiata. La vera minaccia è la bancarotta della Corea del Nord: una Repubblica democratica tedesca con un tenore di vita africano, che qualcuno dovrebbe mantenere. Già oggi Pyongyang assorbe, da sola, un terzo di tutta l'assistenza internazionale fornita dalla Cina tra aiuti alimentari, sementi e concimi, energia. Senza la bombola d'ossigeno fornitale Pechino, il regime di Kim Jong-il sarebbe già al centro di una gigantesca crisi umanitaria (o di una guerra). Uno scenario inaccettabile per i leader del Partito comunista cinese, che dal canto loro hanno già 800 milioni di contadini da traghettare verso la modernizzazione e lo sviluppo. Né piace a Pechino lo scenario alternativo, quello della riunificazione tra le due Coree, che potrebbe spostarle entrambe sotto la sfera d'influenza americana. Alla fine, le tenaci pressioni del protettore politico sembrano aver smosso il dogmatismo di Kim Jong-il. Nel luglio 2002, la Repubblica democratica popolare di Corea ha adottato le prime leggi che danno autonomia alle imprese e liberalizzano prezzi e salari. Nel 2003 è stato nominato un primo ministro, Pak Pong Ju, considerato da tutti un ammiratore di Deng Xiaoping, quindi sotto l'influenza politica di Pechino. Imitando i primi passi con cui Deng «testò» l'economia di mercato un quarto di secolo prima, Pyongyang ha creato delle zone economiche speciali, una sorta di porti franchi per attirare gli investimenti stranieri. Ne hanno potuto approfittare perfino gli odiati capitalisti di Seul, che hanno aperto un complesso turistico privato a cinque stelle destinato a una clientela di lusso sudcoreana, l'Hotel del Monte Kumang, sul mar del Giappone (trapelano le prime testimonianze di uno shock tra due diverse civiltà nel contatto fra i turisti straricchi e i camerieri che, pur parlando la loro stessa lingua, vengono da un mondo di stenti). Un'intera cittadina promossa a zona speciale, Sinuiju, è stata affidata al management dell'enigmatica signora Julie Sa, ricca imprenditrice di origini sino-coreane specializzata nel ramo dei fast food che, fino a pochi anni fa, era sindaco repubblicano di una cittadina di Orange County in California ed è riuscita, non si sa bene come, a entrare nelle simpatie di Kim Jong-il. Si tratta tuttavia di esperimenti isolati ai margini geografici della Corea del Nord, allo scopo di evitare il contagio ideologico. Solo gli imprenditori della Cina popolare non vengono sottoposti a limitazioni. Per loro Pechino ha ottenuto una libertà di investimento totale, e ora invade il centro della capitale con le abbaglianti vetrine del shopping center Numero Uno. «Vestiti o elettrodomestici, i bisogni qui sono immensi» dichiara Zeng Chiangbiao, il capofila dell'infiltrazione consumista. Che sia proprio lui a espugnare piazza Kim Il Sung costituisce un premio alla tenacia. Reso disabile dalle conseguenze di una poliomelite infantile, Zeng si è risollevato dalla malattia grazie a un carattere fuori dal comune. Rullo compressore del capitalismo cinese, si è fatto le ossa a 20 anni dirigendo il grande magazzino di uno zio a Pechino, e rilevando in seguito il grande magazzino di un altro zio nella provincia settentrionale del Liaoning: un punto di osservazione ideale per le sue prime puntate verso la Corea del Nord. Zeng discende da una di quelle dinastie di mercanti della Cina meridionale che per millenni fecero di Wenzhou una città opulenta. I loro «spiriti animali» resuscitarono come per incanto non appena Deng cominciò ad allentare le briglie del dirigismo di Stato nel 1978. Zeng e i suoi compari di Wenzhou sono i più adatti a convertire al capitalismo l'ultimo dinosauro rosso di Pyongyang. «Vent'anni fa ci siamo addestrati a sfruttare tutte le opportunità che si creano non appena un'economia pianificata si apre al mercato.» È un film che hanno già visto, e il finale lo sponsorizzano loro.

Parte nona

La vita al tempo della modernità

XXXII
Il pianeta dei figli unici

Ci sono due fratellini di pochi mesi che indossano l'antico costume imperiale, con l'immancabile treccia da mandarino. Altri, in barba alla tradizione, hanno preferito sfoggiare un cappello da cowboy. Alcuni sono arrivati sul passeggino-tandem spinto dalla mamma, i due più anziani (70 anni) appoggiandosi al bastone. Sono le cinquecento coppie che il 1° ottobre 2004 hanno animato a Pechino, nel parco vicino alla Città Proibita, il primo Festival nazionale dei gemelli. L'evento ha mobilitato tutta la Cina, e il telegiornale di Stato, in vena di facezie, gli ha dedicato questo titolo di apertura: *Pechino ci vede doppio*. In un paese con 100 milioni di figli unici, i gemelli sono i privilegiati di madre natura: crescono in compagnia di un fratello o di una sorella, senza che i loro genitori debbano pagare multe o tasse salate per aver infranto la legge sul controllo delle nascite. «Noi non siamo mai sole» ha dichiarato esultante alla Tv Wang Yanren, la prima di tre gemelle quindicenni.

Il Festival è stato orchestrato, con grande risonanza, in coincidenza della settimana di vacanze che si apre ogni anno il 1° ottobre, anniversario della Rivoluzione maoista. Come spesso accade anche con gli eventi più leggeri, la sceneggiatura lascia trapelare anche in questo caso un disegno politico. «Contrordine compagni e, soprattutto, compagne.» Negli ultimi venticinque anni la Cina ha disinnescato la sua bomba demografica con la più efficace politica di limitazione della natalità mai applicata al mondo. La legge del figlio unico ha frenato brutalmente l'aumento della popolazione, che ormai cresce solo dello 0,7 per cento annuo. Ancora una generazione fa la Cina aveva un numero di abitanti che equivaleva a una volta e mezzo quelli dell'India: fra dieci anni l'India l'avrà raggiunta a quota 1,4 miliardi. Il successo cinese non è stato indolore. Quando fu varato, alla fine degli anni Settanta, il controllo delle nascite – in modo particolare nelle campagne – veniva messo in atto dal Partito comunista con metodi autoritari (inclusi gli aborti forzati) denunciati dai difensori dei diritti umani.

Seguirono strumenti più soft, come i disincentivi fiscali e assistenziali (dopo il primo figlio le tasse aumentano e la scuola rincara). Non mancarono le eccezioni: nelle aree più depresse, nel caso di alcune minoranze etniche o, ancora, per arginare gli infanticidi di bambine nelle campagne, le autorità chiusero un occhio sul secondo figlio. Anche il processo di emancipazione femminile, il maggior livello di istruzione e l'accesso al lavoro da parte delle donne hanno avuto un ruolo decisivo nel crollo della prolificità. Oggi, nelle metropoli «americanizzate» di Pechino, Shanghai e Guangzhou i giovani preferiscono godersi il benessere, le mogli pensano alla carriera, dilaga il trend sociale delle coppie che decidono di rimanere a quota zero figli, senza bisogno di pianificazioni dall'alto, ma per scelta spontanea. Di colpo, il governo di Pechino si trova a dover fronteggiare – su una scala che non ha pari nel mondo – tutti i problemi derivanti dalla denatalità: invecchiamento accelerato, emergenza-pensioni, crisi della sanità.

Shanghai, la City della finanza e la capitale del boom industriale, è già alle prese con i sintomi di una penuria di giovani sul mercato del lavoro. Dimostrandosi ancora una volta all'avanguardia nei cambiamenti politici, Shanghai ha rotto il tabù per prima: le autorità cittadine hanno offerto incentivi fiscali alle coppie che fanno due figli. A livello nazionale il presidente Hu Jintao ha nominato una task force di 250 demografi ed economisti incaricati di riesaminare la politica delle nascite. Alcuni esperti consigliano di adottare ufficialmente la «politica dei due figli», a lungo termine indispensabile per stabilizzare la popolazione e garantire un equilibrio tra vecchi e giovani.

Per un paese che nella nostra memoria è ancora associato alla sovrappopolazione, i problemi si sono in realtà drammaticamente invertiti. Secondo le proiezioni delle Nazioni Unite, tra vent'anni l'età media dei cinesi avrà superato quella degli americani.

Nel 2025 gli ultrasessantenni in Cina saranno più di 300 milioni, e nel frattempo le generazioni più giovani si assottigliano. L'emergenza è accentuata dal fatto che la Cina non dispone di un sistema previdenziale pubblico degno di questo nome. Solo di recente il governo ha pubblicato un Libro Bianco sulle pensioni volto ad analizzare la questione del futuro degli anziani. La maggioranza della popolazione – dai contadini agli immigrati nelle città, dai dipendenti delle piccole imprese ai lavoratori autonomi – deve affrontare la vecchiaia senza una rete di protezione sociale. Finora solo i dipendenti delle grandi aziende e dello Stato hanno goduto di una sorta di previdenza collettiva. Per tutti gli altri, il tenore di vita nella terza età dipende dai risparmi accumulati e dall'assistenza dei figli. Nella tradizione confuciana, l'unico Welfare è la famiglia. Un sistema che poteva funzionare nella Cina imperiale, quando gli anziani erano circondati da un esercito di figli, di nuore, di nipoti e pronipoti. Una ricetta ormai impraticabile nella Cina del «figlio unico», che in teoria dovrebbe sostentare, da solo, genitori e nonni sempre più longevi. L'emergenza-anziani è tanto più grave perché la Cina, a differenza degli Stati Uniti e del Giappone, ha avuto meno tempo a disposizione per prepararsi alla nuova fase demografica.

Secondo la battuta dell'economista Hu Angang dell'Università Qinghua di Pechino, «a differenza degli occidentali e dei giapponesi, noi rischiamo di diventare vecchi prima di essere diventati ricchi». Nel 2040 la popolazione di cinesi anziani avrà superato quella americana. E anche se in quella data il Pil della Cina avrà sorpassato quello degli Stati Uniti, non andrà allo stesso modo per il reddito pro capite degli abitanti, e quindi il tenore di vita medio resterà inferiore a quello occidentale. Questo accentua l'emergenza invecchiamento, perché le ricchezze da destinare alla creazione di un Welfare moderno non risultano abbondanti rispetto alla dimensione demografica.

Oltre ai problemi previdenziali ed economici, il controllo delle nascite ha innescato inoltre un ribaltamento nei valori e nei comportamenti. La Cina dei «100 milioni di figli unici» è diventata una società più individualista, più egoista, che ha gradualmente sostituito l'idolatria dei bambini al rispetto degli anziani. La «scarsità» ha reso i bambini preziosi, quindi viziati e coccolati come nelle peggiori società consumiste. Un fenomeno sociale del tutto sconosciuto nella storia della società cinese dominata dall'autorità degli anziani e per il quale è stato coniato il nome di *Xiao Huangdi*, «piccoli imperatori». In un'intervista al «Beijing Star Daily», il celebre letterato Yang Xiaosheng ha descritto i figli unici che sono frutto di questa cultura come «egocentrici, arrivisti spietati, incapaci di accettare critiche». Generazioni di genitori e nonni che furono costretti a interrompere gli studi negli anni terribili della Rivoluzione culturale oggi danno fondo a tutti i loro risparmi per pagare rette scolastiche dai 6000 ai 20.000 dollari l'anno (sei o venti volte il reddito pro capite del cinese medio): tanto costano a Pechino o a Shanghai le scuole private di lusso che proiettano i «piccoli imperatori» verso le università d'élite e il successo professionale.

Per motivi economici e per porre fine a questa penuria dei teenager, i leader di Pechino sono costretti a rivedere quel controllo delle nascite che è stato uno dei pochi veri successi del comunismo. Ma non è detto che la società cinese di oggi obbedisca così docilmente al cambio di rotta come avvenne un quarto di secolo fa. Quando arriverà in tutte le case il pressante invito a mettere in cantiere il secondo figlio, forse sarà troppo tardi.

Oltre all'invecchiamento della popolazione, l'altra emergenza demografica che la Cina deve fronteggiare è lo squilibrio tra maschi e femmine. Il problema, in realtà, non è del tutto nuovo. Nell'Ottocento era stata coniata l'immagine suggestiva dei «rami secchi». Furono loro i protagonisti di alcuni tra i moti sociali più violenti che abbiano mai scosso la Cina: dalla ribellione dello Huaipei, durante le carestie del 1850, fino alla guerra dei Boxer. «Rami secchi» erano i giovani uomini condannati a rimanere senza moglie e senza figli a causa della cronica carenza di donne nella società cinese. Questa la perversa conseguenza di un sistema di gerarchie e di valori familiari che privilegiava i maschi e fomentava l'infanticidio delle bambine. Anche la Cina di oggi conta troppi giovani maschi senza moglie, al punto che i suoi dirigenti iniziano ad allarmarsi per i conflitti che potrebbero derivarne. Invertendo anche in questo caso la politica di disincentivi alla natalità, il governo di Pechino ha deciso di offrire vantaggi economici alle famiglie che generano figlie femmine. Il nuovo piano varato nel 2004 prende il nome di «Aiuto alle ragazze». I genitori di una figlia femmina avranno diritto al rimborso statale delle rette scolastiche, a polizze assicurative gratuite fino alla maggiore età della figlia, a sconti sull'affitto della casa, oltre che ad agevolazioni nella ricerca di un posto di lavoro: incentivi generosi per un paese in cui il Welfare è completamente privatizzato e i servizi un tempo pubblici e gratuiti, come l'istruzione, pesano ormai sui bilanci delle famiglie. Questo conferma che la penuria di donne – o l'eccesso di maschi – è fonte di preoccupazione per le autorità di Pechino. Il programma «Aiuto alle ragazze» annunciato da Zhang Weiqing, a capo della Commissione nazionale per la pianificazione demografica, è nato allo scopo di «creare un ambiente favorevole alle donne, correggere lo squilibrio nelle nascite e promuovere l'eguaglianza tra i due sessi».

Lo squilibrio maschi-femmine rientra fra le conseguenze collaterali della campagna contro le famiglie numerose. Se dagli anni Settanta in poi la maggioranza dei cinesi si è dovuta piegare alle direttive sul figlio unico, non ha però abbandonato antichi valori come la credenza nella «superiorità del maschio»: si tratta di pregiudizi ancestrali, retaggio di una società contadina in cui le femmine erano considerate meno produttive, anche perché, dopo il matrimonio, erano obbligate a servire la famiglia del marito assistendo e curando i suoceri. Essendo costrette ad avere un solo figlio, per molte coppie cinesi è diventato ancora più importante il fatto di avere un erede maschio. Negli anni Ottanta l'infanticidio delle neonate ha conosciuto un revival allarmante, spingendo le autorità a un primo aggiustamento di rotta: se il primo nato è femmina, l'autorizzazione ad avere un secondogenito, nelle campagne, viene concessa automaticamente. Neanche questo, però, è bastato: con il boom economico e l'aumento di reddito si sono diffusi in tutta la Cina nuovi strumenti come l'ecografia. La possibilità di conoscere con certezza il sesso del nascituro ha determinato un ricorso su larga scala all'aborto per evitare di avere figlie. Di fronte a questa nuova tendenza, Pechino ha messo al bando le ecografie, ma con risultati modesti: con una bustarella al medico e una al sindaco del villaggio non è poi così difficile aggirare il divieto e riuscire a ottenere l'ecografia prenatale.

Risultato: il divario tra i due sessi rimane vistoso. In base all'ultimo sondaggio demografico, la Cina ha un rapporto numerico di 120 maschi per 100 femmine. In alcune regioni meridionali come il Guangdong e l'isola di Hainan, il rapporto sale a 130 ragazzi contro 100 ragazze. Il gap si sta allargando a dismisura, se si tiene conto che all'inizio della campagna del figlio unico il rapporto era quasi normale: nel 1980 si contavano ancora 108 ragazzi per 100 ragazze (il rapporto fisiologico alla nascita, nella maggior parte dei paesi del mondo, è di 105 per 100).

Di questo passo, alla fine del prossimo decennio la Cina avrà un numero di maschi adulti condannati al celibato compreso tra i 30 e i 40 milioni. In assenza di misure correttive estreme e improbabili – come l'immigrazione di massa di giovani donne da nazioni asiatiche vicine, peraltro spesso alle prese con lo stesso problema –, una simile sovrabbondanza di uomini scatenerà patologie e tensioni sociali.

Due sociologi americani, Andrea den Boer e Valerie Hudson, hanno realizzato un importante studio intitolato *The security implications of Asia's surplus male population*, che sicuramente non deve essere passato inosservato nei palazzi del potere a Pechino. I due autori hanno raccolto in un'ampia documentazione i precedenti storici che dimostrano come le società caratterizzate da un eccesso numerico di giovani maschi abbiano regolarmente prodotto un maggior numero di violenza, di guerre, di rivoluzioni, di terrorismo, di guerre civili e conflitti sociali di ogni genere. In America quello studio viene citato con inquietudine da chi, preoccupato dalle questioni strategiche, teorizza in futuro una Cina inevitabilmente aggressiva e militarista. Il rischio che devono aver avvertito a Pechino è invece un altro rischio, quello della instabilità interna. Dietro il piano «Aiuto alle ragazze» si intuisce il timore di allevare una generazione di ragazzi pronti a esplodere. Basta tornare a guardare le riprese televisive del giugno 1989 per ricordare che a scendere in piazza contro il regime e a sfidare i suoi carri armati non era stata certo una popolazione di donne anziane. L'ultima fiammata di protesta, come tante altre in precedenza, ebbe come protagonisti assoluti gli studenti universitari. Per la maggioranza maschi.

XXXIII

La lingua delle donne

Vicino al villaggio cinese di Shanjianxu, nella regione meridionale dello Hunan, il tempio della Montagna Fiorita è dedicato a due sorelle morte più di mille anni fa. Da secoli le contadine venerano i loro spiriti recando al tempio rotoli di carta di riso in cui confessano i propri segreti e formulano i propri desideri, non di rado quello di suicidarsi. Nessun uomo è mai riuscito a leggere quelle preghiere, perché nessun uomo può capire la lingua in cui sono scritte. Non sono formulate in cinese, ma in Nushu, forse l'unica lingua al mondo inventata dalle donne per comunicare esclusivamente fra loro. Una leggenda vuole che il Nushu abbia duemilacinquecento anni e discenda dalle scritte che gli oracoli incidevano sugli ossi; un altro mito racconta di una ragazza che, data in sposa all'imperatore e presto prigioniera della corte imperiale, inventò una scrittura segreta per comunicare con le sue amiche.

Dichiarata fuorilegge dal Partito comunista negli anni Cinquanta, la «lingua delle donne» è stata riscoperta e studiata dalle linguiste cinesi Zhao Liming e Gong Zhebing, nonché dalle specialiste giapponesi Toshiyuki Obata e Orie Endo. La rarità linguistica è anche una finestra sulla condizione femminile in Asia. Come spiega la professoressa Zhao, «la ragione principale della nascita di questa lingua può essere data dal fatto che le donne vivevano nell'analfabetismo forzato: non potevano andare a scuola e nessuno insegnava loro lo *hanzi*, la scrittura cinese». L'altra ragione va attribuita alla pratica dei matrimoni combinati, per cui le nozze assumevano i tratti di un tragico rito di passaggio nella vita delle donne: strappate alle madri, alle sorelle e alle amicizie d'infanzia, finivano sotto l'autorità della famiglia del marito, spesso ridotte in stato di semischiavitù e sottoposte alle vessazioni delle suocere. Ma le donne della provincia di Jiang Jong, nello Hunan, trovarono una consolazione. Ignorando l'alfabeto degli uomini, inventarono una scrittura originale per tramandarsi le canzoni della nostalgia, per confidare alle amiche i loro pensieri più intimi, le loro sofferenze. Furono aiutate, in questo, da una specialissima forma di solidarietà femminile: nella regione esisteva l'antico costume dello *jiebai zimei*, il «giuramento di sorellanza» che fin dall'adolescenza creava legami più forti perfino del sangue (alcuni studiosi occidentali hanno avanzato l'ipotesi che lo *jiebai zimei* potesse nascondere affetti lesbici; Zhao Liming lo esclude categoricamente, ma la sua è una reazione scontata: nella Cina di oggi l'omosessualità è ancora un tabù).

«Quando una giovane donna veniva data in sposa» racconta Orie Endo «la madre, le sorelle e le amiche giurate componevano dei canti per esprimere il dolore della separazione imminente. Ma una volta che partiva per il villaggio del marito, la ragazza non aveva più modo di sentire le loro voci. È così che nacque una forma di scrittura per mantenere vivo il legame tra le donne; non poteva essere certamente il cinese, poiché lo *hanzi* veniva insegnato solo agli uomini. Alla giovane sposa le parenti e le amiche regalavano un *san chao shu*, il libro del cuore su cui scrivevano i loro auguri di felicità; molte pagine venivano lasciate bianche affinché la sposa potesse scrivervi, negli anni seguenti, i propri pensieri e le proprie sofferenze.» Fu così che venne creato, nella notte dei tempi, l'alfabeto Nushu: 1500 caratteri traducono in sillabe i suoni del dialetto locale. Sono caratteri scorrevoli e aggraziati, più semplici rispetto agli ideogrammi mandarini, che all'origine rappresentano invece dei concetti. Pur nella loro semplicità, per secoli sono rimasti incomprensibili e impenetrabili agli occhi degli uomini. Composizioni scritte in questo alfabeto sono state ritrovate sui ricami ornamentali di ventagli e vestiti tipici della zona. Un'altra caratteristica peculiare della scrittura Nushu è che si esprime quasi esclusivamente in versi, e ciò è dovuto alla sua originaria forma orale, ai canti che le donne ripetevano durante le lunghe giornate passate insieme a filare, a cucire vestiti, a confezionare scarpe.

A quei versi scritti per le amiche lontane sono consegnate le testimonianze di una condizione femminile senza speranza. «Le mie cognate mi disprezzano / Da mangiare ho solo un po' di crusca / Con dell'acqua per farne una minestra / Mi costringono a fare tutto il lavoro domestico / Ma il mio stomaco è vuoto.» «Mio marito scommette al gioco / Mi dimentica per andare alle bische / Ne ho abbastanza di soffrire / Quando mi picchia e non posso fuggire / Ho cercato di impiccarmi / Ma gli zii mi hanno riportato in vita.»

Nei diari femminili in Nushu decifrati dalle linguiste ricorrono di frequente un senso di autocommiserazione e un forte disprezzo per la propria persona. Chi scrive, spesso si riferisce a sé ricorrendo alla terza persona: «Questa donna dal destino spregevole, essere inutile, nata dalla parte sbagliata». Nascere donna è la condanna per un karma negativo vissuto in un'esistenza precedente.

Al tempio delle due sorelle sulla Montagna Fiorita vicino a Shanjiangxu, nel forte odore di incenso che brucia, una contadina ha scritto questo canto su un rotolo di carta di riso:

Sorelle defunte, ascoltate questa mia preghiera
Questa povera ragazza vi scrive nella Lingua delle Donne
Anime sorelle abbiate pietà di me.
Vorrei seguirvi dove siete
Se solo mi accettate
Voglio seguirvi fino alle sorgenti gialle dell'aldilà
Di questo mondo non mi attira più niente
Vi scongiuro, trasformatemi in uomo
Non voglio più avere il nome di donna.

Il Nushu cominciò a essere scoperto e studiato negli anni Cinquanta, ma venne quasi immediatamente vietato dal Partito comunista, forse perché la sua sopravvivenza smentiva le versioni ufficiali sull'avvenuta emancipazione della donna cinese. Una delle ultime autrici a servirsi della «lingua delle donne», He Yanxin, è nata nel 1940: la sua autobiografia – dieci pagine fitte di 2828 caratteri Nushu vergati sul quaderno di scuola del figlio – descrive le sofferenze di un matrimonio imposto d'autorità dalla famiglia, una consuetudine almeno in teoria soppressa nella Cina socialista di Mao Zedong. Tuttora i demografi misurano il peso dei pregiudizi sessisti e l'arretratezza della condizione femminile in Cina attraverso il triste fenomeno statistico delle «bambine scomparse»: stando alle normali tendenze procreative del genere umano, tra il 1980 e il 2000 in Cina sarebbero dovute nascere 13 milioni di bambine in più rispetto a quelle che sono nate. Il pregiudizio contro le bambine si attenua nelle grandi città come Pechino e Shanghai, ma è ancora estremamente radicato in villaggi come Shanjianxu, nonostante la politica di controllo della natalità sia stata mitigata proprio a favore dei contadini.

Oggi la «lingua delle donne» non è più fuorilegge. A Shanjianxu e nei villaggi vicini, per esempio a Pumei, si sta anzi cercando di trasformare il Nushu in un'attrazione turistica e si è iniziato a insegnarlo nelle scuole. Nonostante ciò, Orie Endo teme che la sua estinzione sia vicina. Fatta eccezione per le studiose venute da lontano, nello Hunan le donne davvero in grado di leggerlo e scriverlo, oltre che di parlarlo, sono rimaste solo due: He Yanxin e He Jinhua, di 65 anni. L'unica lingua femminile del mondo sembra quindi destinata a essere relegata in un museo.

XXXIV
Le cinesi e il sesso

Riuscire a trovare l'ufficio del professor Ma Xiaonian nei meandri del Policlinico universitario Yuquan Tsinghua di Pechino è un'impresa. Dalla cardiologia alla maternità, tutti gli altri reparti sono chiaramente indicati da una schiera di frecce e cartelli. Il professor Ma, invece, è un semiclandestino nel miglior ospedale della capitale: solo dopo molte insistenze il visitatore riesce a farsi indirizzare in fondo a un corridoio del terzo piano, alla porta che reca, molto piccola, la scritta «Sessuologia». Anche se di recente è stato ospite di un popolare show televisivo, sul suo mestiere pesano ancora tabù antichi, rafforzati da decenni di puritanesimo comunista. «Non ho abbastanza soldi» lamenta il professore. «Il governo non stanzia fondi per la ricerca nel mio campo. In questo paese si confondono ancora sessuologia e pornografia. Per aver pubblicato un manuale di consigli alle coppie sui modi di fare l'amore, due anni fa sono stato interrogato dalla polizia e ho dovuto firmare un'autocritica.»

Eppure Ma Xiaonian è un'autorità internazionale nel suo campo. È stato nominato perfino nell'*American Board of Sexology*. All'età di 59 anni, il professor Ma è riuscito finalmente a coronare da pochi mesi il suo sogno impossibile: è diventato il «Kinsey cinese». Superando la mancanza di mezzi, le resistenze culturali e le diffidenze politiche, ha realizzato il primo studio moderno sulle donne cinesi e il sesso: un rapporto che esplora con metodo scientifico un terreno esplosivo e osa affrontare questioni a lungo proibite, come l'autoerotismo, il petting, la frequenza degli orgasmi e il grado di soddisfazione femminile.

Realizzato fra l'agosto e il settembre 2004 su un campione di 400.000 donne, approvato dall'ordine dei medici e sponsorizzato dal sito web Sina.com, il questionario di 35 domande rivoluziona la rappresentazione consolidata della donna cinese. «È uno studio che segna una vera svolta: ha saputo porci le domande che non ci erano mai state rivolte, e ha ottenuto risposte spesso sorprendenti» dice la ricercatrice Chen Xinxin del centro studi della Federazione delle donne (una sorta di sindacato di ispirazione governativa la cui missione ufficiale è promuovere la parità dei diritti). Dalle risposte emerge l'identikit di una cinese molto più liberata e disinibita di quanto si pensasse. «Non ci si aspettava» osserva Chen Xinxin «che una così schiacciante maggioranza (93,8 per cento) di donne attribuisse a un buon rapporto sessuale un'importanza determinante per il successo del proprio matrimonio. Molte mettono il sesso prima della ricchezza. L'indagine rivela anche una percentuale sorprendentemente elevata – il 74 per cento – di donne che affermano di praticare regolarmente la masturbazione per provare piacere. Il 54 per cento sono fiduciose delle proprie capacità a letto, l'82 per cento raggiunge regolarmente l'orgasmo e il 47 per cento ne ha di frequenti e ripetuti.»

Si profila il ritratto di una società meno tradizionalista del previsto. Il 45 per cento delle donne che hanno risposto al questionario del professor Ma sono single, ma il 75,5 per cento di loro ha rapporti sessuali. Tra le sposate, il 32 per cento ammette di avere avuto relazioni extraconiugali e l'8 per cento di averne avute più di una. Queste risposte non stupirebbero nessuno se venissero dall'Occidente, sessant'anni dopo il primo Rapporto Kinsey, quaranta dopo la pillola, la liberalizzazione del divorzio e dell'aborto; in paesi dove le vallette televisive sono sempre seminude o dove la pubblicità del Viagra va in onda all'ora in cui i bambini guardano la Tv. Ma la Cina faceva parte di un altro mondo. Nella sua civiltà antica come nella sua politica più recente, la stratificazione di valori orientali, di etica confuciana e comunismo l'aveva resa diversa. L'odioso costume dei «piedi fasciati» in epoca imperiale, i matrimoni combinati d'autorità e la semischiavitù di molte ragazze al servizio della famiglia del marito, gli infanticidi di massa delle bambine nelle campagne: sono tutti sintomi di una società in cui l'inferiorità della donna ha conosciuto livelli estremi. Sotto il maoismo, e in particolare durante gli anni della Rivoluzione culturale, l'emancipazione femminile venne promossa con discreto successo nel lavoro, ma il puritanesimo ufficiale manteneva una cappa di repressione sui costumi e sulla sessualità. Nella Pechino degli anni Settanta una relazione extraconiugale veniva denunciata dai vicini di casa, diventava un caso politico, coinvolgeva il capo-caseggiato e il poliziotto di quartiere, poteva finire con un processo collettivo e un'umiliante autocritica in pubblico. Del resto, l'erotismo rientrava nelle patologie della «decadenza borghese e capitalista» da combattere con forza.

La censura di Stato, a Pechino, esiste tuttora: ancora in tempi molto recenti, i limiti in tema di sesso erano molto severi. Ne fece le spese un caso letterario del 2000, il romanzo erotico-autobiografico *Shanghai Baby* della ventottenne Zhou Weihui, figlia di un ufficiale dell'Esercito di liberazione popolare nonché giornalista, attrice e regista. Passato inizialmente fra le maglie della censura, ebbe un successo di massa che colse le autorità alla sprovvista. Pochi mesi dopo la sua uscita non tardò a farsi sentire la reazione: venne bollato dai media governativi come «decadente, depravato, schiavo di una cultura straniera»; la censura lo mise al bando, e ben 40.000 copie del libro furono bruciate in pubblico nell'aprile 2000 in uno spettacolare autodafé (che non fece che accrescere la popolarità dell'autrice). Oggi quell'episodio, pur così recente, sembra sbiadire nel ricordo. L'evoluzione dei costumi avanza inesorabilmente. Il best seller del momento che ha invaso le librerie si intitola *Storie vere di una notte. Diciannove impiegate d'ufficio confessano la loro vita notturna*. Ogni anno il cinema di massa estende di un piccolo passo i confini del lecito. Soltanto pochi anni fa, scene come quella della danza dei sette veli in stile kung-fu con cui la giovane protagonista Ziyi Zhang apre il film *La foresta dei pugnali volanti* non sarebbero arrivate intatte sui grandi schermi di Pechino e Shanghai.

Ma la Cina è molto grande, e l'evoluzione dei ruoli sessuali non penetra ovunque. L'immagine offerta dal Rapporto Kinsey di Ma Xiaonian è soltanto parziale. Quattro anni prima di lui, senza disporre degli stessi mezzi e servendosi di tecniche rudimentali, il professor Pan Suiming dell'Università Renmin aveva investigato il tema del sesso fra le coppie cinesi, giungendo però a conclusioni opposte. Solo il 38 per cento delle intervistate diceva di aver raggiunto l'orgasmo, contro il 62 per cento degli uomini. Quasi un terzo delle coppie aveva rapporti sessuali meno di una volta al mese. Il 60 per cento delle donne si dichiaravano «non attirate» dal sesso. Quell'indagine del 2000, pur con ambizioni limitate e un questionario meno sofisticato, aveva però un pregio: quello di avere sondato anche le province della Cina profonda e le zone rurali. Un mondo in cui la condizione femminile è inchiodata al passato. «È un'altra Cina» dice la ricercatrice Chen Xinxin «molte donne, qui, non sanno cosa sia un orgasmo e cercano di respingere le avances dei mariti a letto. Alla fine si rassegnano a subire passivamente il sesso, per sensi di colpa o per paura del divorzio, ma si sentono violentate, amareggiate e piene di risentimenti.» Dalle campagne povere giungono ancora gli echi di una società dura e arcaica, come testimonia la piaga dei suicidi, che per il 70 per cento coinvolge donne; in genere si uccidono inghiottendo pesticidi.

Il sessuologo Ma Xiaonian non ne ha mai fatto mistero: perché la sua inchiesta superasse la barriera morale del pudore e della riservatezza, per ridurre al minimo le «distorsioni culturali», il rischio di risposte convenzionali o, peggio ancora, dell'autocensura, ha dovuto optare per il mezzo di comunicazione più neutro e impersonale, Internet. Si è guadagnato sicuramente in attendibilità rispetto alle interviste vis-à-vis con i medici, dove la tensione psicologica può rovinare tutto. Ma il suo campione demografico ne è stato condizionato. «Forse dovrei cambiare il titolo del mio studio» scherza l'autore «e ribattezzarlo *Prima Indagine sul sesso delle cinesi-che-usano-Internet*. Certo, il livello di piacere sessuale è strettamente legato al profilo delle donne interrogate. La loro età media è 30 anni. L'80 per cento di loro è in possesso di una laurea. Più della metà vive in grandi città come Pechino, Shanghai, Chongqing, Guangzhou. Sono donne indipendenti, sicure di sé, che osano esprimere i loro sentimenti. Il mio rapporto offre il ritratto realistico di questa generazione. È la giovane-cinese-urbana-istruita, molto diversa anche solo da sua madre: appena si sale sopra i 50 anni di età, i livelli dichiarati di soddisfazione sessuale crollano all'improvviso.»

In questa generazione fotografata dal rapporto di Ma Xiaonian, il vero dramma sono gli uomini cinesi: loro non riescono a cambiare, o almeno non abbastanza in fretta. «Sì, il problema sono gli uomini» dice Chen Xinxin. «Il ritratto che ne fanno le cinesi nel rispondere al questionario è desolante. La curiosità sessuale dei partner maschili è limitata. Soddisfare le richieste femminili non è ancora entrato nelle loro priorità. A letto solo il 18 per cento indulge ai preliminari.» L'evoluzione dei costumi destabilizza gli uomini: quelli delle grandi città tradiscono sintomi di insicurezza. Crescono del 30 per cento ogni anno i mariti che chiedono il test del Dna per il riconoscimento dei figli. Sotto la regola del figlio unico con il retaggio di una cultura patriarcale che idolatrava la discendenza maschile, il sospetto dell'infedeltà coniugale diventa insopportabile. L'anno scorso c'è stato un boom dei divorzi: 1,6 milioni, il 20 per cento in più rispetto al 2003.

In questo divario sempre crescente nell'evoluzione dei due sessi, concentrato in quell'angolo di Cina che è la punta avanzata della modernità, si afferma il fenomeno della Generazione-Lei: un esercito di donne sceglie di rimanere nubile, rifiuta di adattarsi al ruolo di moglie, madre e nuora cui è stata destinata per millenni. Nelle due metropoli postmoderne, Pechino e Shanghai, si calcola che ci siano oggi 500.000 single (quindici anni fa erano appena un quinto), di cui il 60 per cento sono donne. La shanghainese Liang Chen, 30 anni, designer, nel suo blog descrive una vita tutta carriera, yoga, nuoto, letture, feste mondane e relazioni sentimentali passeggere: «Con tante cose da fare, perché farsi inchiodare da un marito? Molti maschi adulti sembrano affetti da un'autostima bassissima. Nella loro vita non c'è posto per una donna con una forte personalità ». L'esperto di marketing Yuan Yue riassume le quattro opzioni di questa Generazione-Lei: «L'amore senza il matrimonio, il sesso senza l'amore, il matrimonio senza figli, un figlio fuori dal matrimonio». Un'altra shanghainese di questa generazione, la ventinovenne giornalista Wang Ting, racconta che «nella Cina settentrionale le zitelle venivano chiamate *beidahuang*, come le terre aride e sterili. Ma guardateci oggi: noi single diventiamo sempre più belle. Quando accendo la Tv e vedo una puntata della serie americana *Sex and the City* mi chiedo: quante volte capita davvero di vedere delle donne vestite così bene a New York? Quella non è New York. Quella è Shanghai».

XXXV
Murdoch e la generazione cool

Il Palazzo dello Sport è gremito di migliaia di teenager: le luci abbaglianti dei riflettori ruotano sul palco, una troupe di giovanissimi in jeans extralarge e berretti da baseball si scatena in un numero di break-dance. Visti da lontano potrebbero essere dei rapper afroamericani, ma lo schermo gigante li inquadra in primo piano: tutti cinesi. La serata ha ritmo: il crescendo di eccitazione e di effetti speciali fa il verso alla cerimonia degli Oscar, le star del cinema e della Tv cinese si alternano tra sorrisi e battute per annunciare i vincitori del più ambito trofeo di musica pop. Il re e la regina di questo evento si chiamano Jay Chow e Ye Pei. Solo la traduzione delle loro canzoni lascia un po' spaesati («La tua faccia sembra un pomodoro maturo»; «Scoppio inconsciamente in una nazione di foreste»), per il resto, tutto è molto, troppo familiare. Vestiti, gesti, melodie e, soprattutto, gli spot e gli sponsor onnipresenti potrebbero accompagnare Britney Spears o Alicia Keys, Eminem o Enrique Iglesias. Cinquemila anni di civiltà cinese sono assenti all'appello, ma non importa: l'evento di musica pop più importante dell'anno – il Channel V Chinese Music Awards – registra il record assoluto di audience: sono 230 milioni i telespettatori collegati in diretta con il Palasport di Shanghai. È il trionfo dell'ultraconservatore Rupert Murdoch, proprietario della rete V, il tycoon americano dei mass media che sa parlare al cuore del popolo cinese, ed è amico dei leader comunisti. La serata più cool di Shanghai è l'emblema dell'intesa fra il regime di Pechino e il miliardario più amato dai neoconservatori: via libera all'americanizzazione della cultura e dei valori giovanili in un mondo da cui devono però restare rigorosamente assenti l'informazione, le idee, la realtà.

Prima dell'evento di Shanghai sono stato ricevuto al quartier generale dell'impero asiatico di Murdoch, in cima a un grattacielo di Hong Kong. La fantascientifica sala riunioni in cui viene proiettato un video di presentazione della società in puro stile hollywoodiano («The most powerful media company in the world») sembra la sala comandi del Dottor No nei film di James Bond, quella da dove il cattivo progetta la conquista del mondo. Ma il volto con cui Murdoch si è presentato alla Cina è molto più suadente rispetto all'immagine che ne dava il film di James Bond ispirato a lui (*Il domani non muore mai*, 1997), quello in cui un magnate dei media si dichiara pronto a volere la guerra tra Inghilterra e Cina pur di fare audience. Il vero Murdoch è così rassicurante che gli hanno dato assoluta libertà, in un paese che almeno in teoria è ancora chiuso ai mass media occidentali. Da quando la sua News Corp. è sbarcata a Hong Kong, nel 1993, acquisendo la Star Tv per 525 milioni di dollari, il padrone di Fox, Sky e «The Times» ha esteso a tal punto la propria influenza in Cina da arrivare a detenere il controllo o una quota rilevante di nove reti televisive con sedi a Pechino e Shanghai, per un totale di 750 dipendenti, oltre a un accordo con la televisione di Stato Cctv e a un piede in una società di produzione per cinema, Tv e radio. E una moglie cinese, la trentenne ex dirigente di Star Tv Wendi Deng, che ha fama di possedere un know-how strategico sul proprio paese.

In teoria i network di Murdoch possono trasmettere solo nel Guangdong, la regione meridionale in cui si trova Guangzhou, dove il governo cinese ha deciso di liberalizzare in parte il mercato dei media... perché di fatto era già libero. Gli 80 milioni di abitanti del Guangdong, oltre a essere i più ricchi della Cina, sono così vicini a Hong Kong che da anni vedono le Tv di tutto il mondo ritrasmesse dalla ex colonia britannica. È lì che News Corp. è ufficialmente autorizzata a diffondere i propri segnali a 3 milioni di abitazioni cablate. In realtà, anche nel resto della Cina, chiunque si compri un'antenna satellitare riceve gratis le reti di Murdoch. Sarebbe illegale, ma i cinesi non si spaventano per così poco: gli aficionados della Star Tv hanno già raggiunto i 40 milioni. A questi telespettatori cinesi il capitalista di destra – in America la sua Fox News ha appoggiato Bush e la guerra in Iraq – può perfino offrire una rete che manda in onda notiziari 24 ore su 24, la Phoenix Tv: l'escamotage è che questa consociata rispetta la regola di avere un azionista di maggioranza locale. La vera forza di News Corp. sta altrove: nella rete di puro intrattenimento Xing Kong, nel canale musicale per giovani Channel V, negli sport mondiali ritrasmessi attraverso Espn Star, nei film di Hollywood e in quelli in cui compaiono star cinesi come Jackie Chan.

Alle accuse di colonizzazione culturale i collaboratori di Murdoch rispondono con prontezza. «Noi ci comportiamo in modo opposto rispetto ad altri gruppi americani come Mtv, Viacom o Disney» dice la vicepresidente di Star, Jannie Poon. «Loro impongono gli stessi contenuti in tutto il mondo, mentre noi produciamo programmi locali, fatti da cinesi per il pubblico cinese.» È vero che sui loro schermi non compare un viso occidentale, ma i modelli sono ben riconoscibili: dalla reality-Tv ai talk show per casalinghe con consigli per gli acquisti, dalle lotterie, i giochi e i premi alla pop music ci si sente a casa anche senza capire una parola di mandarino. L'invasione della pubblicità commerciale fa approdare in tutte le case cinesi i marchi del capitalismo globale, da Nike a McDonald's.

I cinesi si arrendono a questa penetrazione quasi senza combattere. C'è chi reagisce, come il giornalista Ding Gang del «Quotidiano del Popolo», una delle firme più note della stampa cinese come corrispondente dell'Onu negli Stati Uniti che, al ritorno in patria, si è ribellato agli eccessi del processo di americanizzazione in corso nella società cinese. «I nuovi condomini di lusso devono tutti chiamarsi Manhattan, Madison Avenue, 5th Avenue» protesta Ding Gang. «Chiunque sia nato in Cina dopo il 1980 mangia solo da McDonald's e Kentucky Fried Chicken, guarda il campionato di basket americano, l'Nba, e vede solo film di Hollywood, veste Nike e Adidas, sogna di comprarsi una jeep e parla usando l'aggettivo *cool* ogni due minuti. Perfino le festività cinesi si stanno perdendo: adottiamo San Valentino, la festa della mamma, importate dall'Occidente.» Ding

Gang ha cercato di lanciare una campagna di «deamericanizzazione». Come lui stesso tiene a precisare, non è antiamericano, vuole difendere solo gli aspetti positivi di una tradizione culturale. Ma queste reazioni sono minoritarie, e il governo non le incoraggia. Perché? Di fronte a questa domanda uno dei dirigenti del gruppo Murdoch a Hong Kong mi risponde con candore, a condizione di rimanere anonimo. «Per il Partito comunista la Tv commerciale che facciamo noi è funzionale: è lo svago che serve a tenere buono il popolo. Per questo i leader di questo paese non sono critici; sanno che con il crollo dell'ideologia si è creato un vuoto morale e il partito unico non ha la credibilità per colmarlo. Di qui il rischio che a colmarlo siano fenomeni come il movimento religioso Falun Gong, messo al bando dal governo. Piuttosto che Falun Gong, preferiscono le nostre Tv.» Murdoch, del resto, è riuscito a rassicurarli su un punto: lui non è qui per fare politica, ma solo per fare soldi.

Nel suo quartier generale di Shanghai, una raffinata villa liberty del 1920 con soffitti decorati da vetrate floreali, l'ex giornalista Huang Ping oggi è il direttore responsabile delle relazioni con il governo. Affissi alle pareti del suo studio vi sono i complessi organigrammi del potere cinese che lui però sa decifrare: gerarchie di partito, organi legislativi, ministeri. Nella biblioteca spicca, in bella vista, l'autobiografia di Murdoch.

«Noi non siamo qui per rifare la Fox News» dice subito, alludendo alla forte connotazione politica della rete Usa «e Mr. Murdoch è stato molto efficace nelle sue relazioni con il governo. Distribuiamo perfino il canale inglese della Tv di Stato cinese Cctv in America: un favore molto apprezzato.» Altri gesti sono stati apprezzati perfino di più, come il rifiuto, a suo tempo, di pubblicare le memorie dell'ex governatore britannico di Hong Kong, Chris Patten (critico verso Pechino), o la direttiva politically correct cui devono sottostare i presentatori del Tg di Phoenix, e cioè quella di non pronunciare mai l'espressione «presidente di Taiwan». Risultato: l'accesso di Murdoch ai vertici del potere cinese ha pochi eguali nel mondo occidentale. È stato il primo businessman straniero invitato a tenere una lezione alla Scuola centrale del partito. I suoi incontri con il primo ministro Wen Jiabao sono all'ordine del giorno. Ma i suoi collaboratori sono convinti che l'apertura al mercato stia cambiando anche la qualità dell'informazione. «Molti media cinesi, ormai, si mantengono da soli grazie alla pubblicità e devono quindi guadagnarsi l'interesse del pubblico» dice Huang Ping. «E le conseguenze positive si vedono: l'informazione a proposito di eventi scomodi, come per esempio le stragi nelle miniere, è molto più trasparente di una volta.» È meno fiduciosa Zhang Yan, dell'Università Renmin. In una Cina non ancora anestetizzata dalla Tv commerciale, osserva, la gioventù degli anni Ottanta – la generazione di piazza Tienanmen – era «alleata di tendenze liberali», cioè faceva politica e voleva riformare il sistema. Molti teenager di oggi hanno informazioni limitate sulla Rivoluzione culturale o sul movimento di piazza Tienanmen. Ma sanno tutto di Jay Chow e Ye Pei, i vincitori del trofeo della musica pop benedetto da Murdoch.

Parte decima

L'altra faccia del miracolo: la povertà

XXXVI
Impazzire a scuola

Xue Ronghua, 24 anni, si è costituito al commissariato di polizia della sua città, Nanchang, dopo avere pugnalato a morte due coetanei e averne feriti gravemente altri cinque. Gli mancava solo un mese per laurearsi in medicina all'Università statale dello Jiangxi. Ma Jiajue, studente al college dello Yunnan, ha ucciso quattro compagni a martellate e ha nascosto i cadaveri nei loro armadi. Lo hanno catturato, dopo un mese di inseguimenti, nell'isola di Hainan. La Cina è turbata dai suoi «massacri di Columbine», episodi di violenza sullo stile americano in scuole in cui abitualmente regnano l'ordine e la disciplina. Il ministero della Sanità ha promosso un'inchiesta: stando ai risultati, «dal 16 al 25 per cento degli studenti cinesi ha disturbi mentali che variano dalla paranoia alla depressione».

La facoltà di medicina dello Jiangxi – quella dove Xue ha fatto la sua strage – fornisce una cifra un po' più bassa (10 per cento di studenti affetti da turbe psichiche), ma nel gergo asettico dei ricercatori aggiunge questa notazione: «Gli studenti provenienti da famiglie povere sono mentalmente meno sani». I genitori di Xue hanno un reddito annuo di 2000 yuan (200 euro), pochi anche per vivere nel loro villaggio dello Jianxi. Il padre, un'ex guardia forestale, è disoccupato. L'unico patrimonio di famiglia è un televisore in bianco e nero. Per mandare il figlio all'università, si sono indebitati per 17.000 yuan. A scatenare la furia di Xue, a quanto pare, è stata l'insistenza con cui i professori gli ricordavano gli arretrati delle tasse universitarie da pagare. Quanto a Ma Jiajue, veniva deriso per la sua magrezza patologica, che lo rendeva «effeminato»: una macchia infamante in un paese dove spesso i gay sono ancora oggetto di scherno. Ma la sua magrezza «femminea» non c'entrava con l'omosessualità. Ma Jiajue doveva scegliere fra i libri e i pasti. Nel rapporto di polizia si legge che «fra gli studenti ricchi è buona usanza invitarsi a pranzo; i poveri che non possono permetterselo vengono bollati come degli asociali». Oltre alle violenze in stile Columbine, anche i suicidi tra studenti conoscono un aumento esponenziale. Il detonatore è quasi sempre lo stesso: i genitori contadini non riescono più a pagare gli studi e devono ritirare il figlio da scuola.

È questa la faccia nascosta del miracolo economico cinese. Balzato dal comunismo al capitalismo alla velocità della luce, questo paese ha ripudiato in modo drastico ogni forma di politica egualitaria, di cui era il simbolo. È una Cina con uno Stato-minimo che non garantisce quasi nulla, in cui i servizi, compresi i più fondamentali come istruzione e salute, si pagano, e molto cari.

Perfino la scuola elementare e media, che in teoria dovrebbe essere gratuita per tutte le nove classi dell'obbligo, costa in realtà fino a 800 yuan all'anno solo per i libri e la «partecipazione alle attività didattiche». Un prezzo che nelle campagne determina milioni di abbandoni ogni anno. Il risultato è un divario fra ricchi e poveri, e fra città e campagna, che la stessa Accademia delle scienze sociali giudica, in un rapporto intitolato *La società opulenta, un nuovo problema per la Cina*, un fenomeno esplosivo, la premessa di un disastro sociale.

È lontano anche il tempo dei famosi «dottori a piedi nudi» dei tempi della Rivoluzione culturale: un mito di sanità povera alla portata di ogni villaggio che in realtà, al di là delle idealizzazioni ideologiche, fece molti danni. Oggi, quell'utopia tragica è stata spazzata via dalla privatizzazione quasi totale. «La maggioranza dei contadini non può più permettersi neppure una visita medica» ammette Fu Jing sul quotidiano ufficiale «China Daily». Nel 2003, l'epidemia della Sars ha messo a nudo le spaventose lacune del sistema di prevenzione e di cura, in particolare nelle zone rurali. La spesa pubblica destinata all'assistenza sanitaria nelle campagne è irrisoria: 1 euro a persona ogni anno. Il 90 per cento dei contadini devono pagare ogni cura di tasca propria. Quasi a scimmiottare l'infausto esperimento dei «dottori a piedi nudi» degli anni Settanta, nell'estate del 2004 il governo ha disseminato per tutta la Cina i cosiddetti «ospedali sulle ruote», un migliaio di autobus che, convertiti in mini-ambulatori, attraversano le campagne: una minuscola goccia nell'immenso deserto dell'assistenza.

Nelle grandi città le cose vanno un po' meglio. A Pechino lo Stato interviene in cambio di una tassa sanitaria obbligatoria per tutti i residenti: per un'impiegata di 30 anni il prezzo è di 150 yuan. Anche nei confronti del ceto urbano, però, il sistema si dimostra generoso solo fino a un certo punto. Se le spese non superano i 2000 yuan all'anno (200 euro), il paziente deve pagare tutto di tasca propria (visite, medicinali o ambulatorio); sopra i 2000 yuan scatta automaticamente l'intervento pubblico, secondo uno strano criterio: lo Stato rimborsa il 90 per cento delle spese sanitarie fino a 5000 yuan, l'85 per cento fino a 10.000, l'80 per cento fino a 30.000 yuan, e così via. Più ti ammali, meno lo Stato ti assiste. Naturalmente, questa rete di protezione urbana non si estende al sottoproletariato delle grandi metropoli, a quegli immigrati che, arrivando dalle campagne senza un regolare permesso di lavoro e di soggiorno, per lo Stato semplicemente non esistono. Questo esercito di nuovi poveri – che il ministro degli Interni Li Xueju stima, con estremo ottimismo, essere «mezzo milione di vagabondi e medicanti» –, se non ha paura della polizia, può andare nei ricoveri dei senzatetto. Al Welfare inesistente si sopperisce con manifestazioni di carità privata: solo a Pechino sono stati inaugurati ben quattro rifugi per homeless.

Gli 800 milioni di contadini – il 63 per cento della popolazione – non hanno diritto a una pensione pubblica. Non hanno diritto alla pensione o al sussidio neanche i 28 milioni di disoccupati ufficiali, o gli altri 3 milioni di persone che ogni anno vengono licenziate dalle aziende di Stato sottoposte a forzate «cure dimagranti». Quanto ai giovani trentenni in carriera, quelli che parlano l'inglese e lavorano per conto delle multinazionali di Shanghai e di Pechino, si direbbe che abbiano capito in che mondo vivono: la Cina, infatti, rappresenta oggi il mercato più in espansione nel campo delle assicurazioni, sia di quelle sulla salute sia di quelle sulla vita, oltre che dei fondi pensione privati e individuali.

Solo di tanto in tanto la vecchia ideologia rialza la testa e tenta di reagire agli eccessi e alle durezze di questa Cina a due velocità. All'Università di Yangzhou – la stessa in cui si laureò l'ex leader Jiang Zemin – alcuni studenti si sono ribellati di fronte al nuovo progetto di campus in costruzione. La nuova università prevede un apartheid di tipo sociale: da una parte i dormitori-caserma destinati ai poveri, quelli che possono pagare solo 500 yuan all'anno; dall'altra il pensionato dei giovani ricchi: camere a quattro letti, docce individuali, computer e Internet in ogni stanza. Sul sito dell'università lo studente Li Ren ha denunciato «la macchia che si allarga sugli ideali di libertà e di eguaglianza nell'istruzione». Il suo docente di filosofia, Han Donghui, parla di una «distanza tra ricchi e poveri che ormai crea un vero e proprio estraniamento tra gli studenti». Ma la tensione non confluisce mai in barricate, e fuori dal campus la notizia è stata accolta con rassegnazione. Sul giornale locale, il lettore Zhu Shugu ha scritto: «Cari ragazzi, il campus è un microcosmo della nostra società: aprite gli occhi e abituatevi».

XXXVII
In viaggio con il morto

«L'ho portato via io dal nostro villaggio, e devo essere io a riportarlo a casa. La sua famiglia aveva bisogno di vederlo vivo quand'era vivo, e di rivederlo morto quando è morto.» Semplice e testardo come può ogni contadino analfabeta dello Hunan, Li Shaowei ha continuato a ripetere questa spiegazione ai poliziotti che lo avevano arrestato dopo averlo trovato con un cadavere avvolto in una coperta e chiuso in un grosso sacco della spazzatura. In compagnia del morto, Li aveva attraversato un buon tratto di Cina meridionale. Aveva viaggiato con il cadavere in moto, in camion, in autobus, perfino su treni affollati. «È il mio amico. Non gli ho fatto niente di male, e quindi lui non farà mai del male a me, neanche se diventasse un fantasma.»

Il viaggio di Li era cominciato, cinque mesi prima, nella direzione opposta. A 61 anni è difficile farsi una nuova vita. Ma la miseria, nelle campagne dello Hunan, è insopportabile anche a quella età: a furia di sentire i racconti dei suoi conterranei emigrati in cerca di fortuna nelle grandi città, alla fine Li si era deciso a partire. Nella provincia costiera del Fujian, gli avevano detto, anche un sessantunenne come lui – due braccia forti e tanta voglia di lavorare – avrebbe potuto guadagnare, come manovale, quattro o cinque volte di più rispetto a quello che prendeva coltivando i campi al villaggio. Per non partire da solo, era riuscito a convincere il suo amico Zuo Jiabing. A novembre erano arrivati insieme nel Fujian, e la delusione era stata tremenda. Il lavoro era ancora più duro di quello nei campi. Venivano sistemati negli alloggi come bestiame. Il salario era inferiore alle promesse. Zuo era piombato nella depressione; un brutto colpo, per il suo cuore già malato. Capodanno è la festa più importante dei cinesi: passarlo lontano dalla propria terra è sinonimo di squallore. Per vincere la tristezza, i due emigrati si erano comprati una bottiglia di acquavite di riso da quattro soldi e si erano sbronzati insieme. L'indomani bisognava alzarsi presto per ricominciare il lavoro. Zuo non si muoveva quasi più. È morto mentre lo portavano all'ospedale. Li ha infagottato il cadavere e si è messo in viaggio, accompagnato da tre conterranei. Ma siccome quei tre avevano una gran fifa di toccare la salma, è stato Li a farsi il viaggio completo con il morto. Era arrivato a metà strada, alla stazione ferroviaria di Guangzhou, intenzionato a proseguire fino allo Hunan, quando i poliziotti si sono insospettiti per il suo bagaglio. «Hai fatto delle cose stupide» continuavano a ripetergli gli agenti che avevano interrotto il suo viaggio con il morto. Li non capiva. Sa di avere la coscienza a posto. L'unica cosa di cui si pente è di avere spinto il povero Zuo a emigrare con lui in cerca di fortuna. Non avrebbe mai dovuto farlo, dice, e non scorderà questa lezione. Cita una frase di Mao Zedong che gli hanno insegnato: «Una lezione scritta nella tragedia, una lezione scritta dalle lacrime».

L'odissea di Li, il suo viaggio con il morto attraverso la Cina, appassiona e divide il paese. Lunghi racconti sono apparsi sul «Quotidiano del Popolo» e tramite l'agenzia stampa Xinhua. Sulle pagine on-line dei giornali, sui siti Sina.com e Sohu.com i forum dei lettori discutono tuttora intorno alla sua storia. La triste missione di Li spacca in due il paese: la città da un lato, la campagna dall'altro. Le reazioni contrastanti rivelano due Cine a tal punto diverse da non riuscire più a capirsi. Dalle grandi città è giunta alla stampa una valanga di condanne, di commenti duri e impietosi contro il contadino. La voce del ceto medio urbano fa eco alle parole dei poliziotti che lo hanno arrestato: «Li, hai fatto delle cose stupide». Molti si sono detti scandalizzati dall'assoluta mancanza di condizioni igieniche e dal rischio di contagio rappresentato da quel cadavere in decomposizione in mezzo a una folla di viaggiatori su treni e autobus. I cittadini scrivono indignati ai giornali per invocare il rispetto delle regole sulla cremazione dei defunti. Da anni lo Stato esige la cremazione, sia per motivi igienici sia perché, in un paese di 1 miliardo e 300 milioni di abitanti, non c'è più spazio per i morti: i cimiteri rubano terra preziosa alle città. Nelle reazioni della Cina moderna traspare l'irritazione per l'esercito degli immigrati dalle campagne. «Questa gente non appartiene alle nostre città» si legge in un commento apparso su Internet. Il verdetto è senza appello: per quanto vivano in mezzo a noi, restano dei primitivi. Qualcuno ha scritto che «trasportare un cadavere come se fosse un bagaglio è un'offesa ai princìpi della civiltà moderna». Sul «Quotidiano del Popolo», Xue Kezhi ha lanciato un monito singolare: «Se di fronte a questa vicenda mostriamo tolleranza o addirittura ammirazione, è possibile che in futuro ci toccherà vedere altre persone trasportare cadaveri sui mezzi pubblici».

Per il popolo delle campagne, invece, Li è un eroe. La stampa della sua regione natale sottolinea gli aspetti edificanti del suo ritorno verso casa: durante il trasporto della salma, Li si è pagato il viaggio senza toccare un solo centesimo dei 1100 yuan (100 euro) dell'ultimo salario di Zuo. «Questi sono soldi suoi, è l'eredità che devo consegnare alla sua famiglia.» Gli anziani del suo paese assicurano che qualsiasi contadino avrebbe fatto la stessa cosa. Altro che cremazione: da millenni, nello Hunan, i vivi seppelliscono i morti. Questa tradizione è più forte della legge di Pechino. «Come le foglie morte ritornano alle radici» ha detto il sindaco del villaggio «così gli abitanti di qui si aspettano di tornare a casa una volta morti e di essere sepolti in una bella bara di legno robusto.» Perfino un dirigente provinciale della vicina cittadina di Henang si è mosso per chiedere clemenza ai poliziotti che hanno arrestato Li. «La storia di Li e di Zuo» ha detto «è la storia di un'amicizia al di sopra di ogni altra cosa.» Nella grande nazione rurale che assolve Li monta il risentimento per le regole fredde e spietate della Cina avanzata.

Nei commenti che arrivano dalla provincia traspare un immenso orgoglio: Li è uno dei nostri, rappresenta un mondo in cui a comandare sono i valori antichi: la lealtà, la fedeltà, il culto delle tradizioni, la venerazione delle proprie radici. «Dalle nostre parti» si legge su un giornale di provincia «sono ancora in uso virtù come quelle di aiutare il vicino di casa, rispettare il prossimo, mostrare solidarietà con i più deboli.» La frase sottintesa è: questa non è la giungla individualista di Pechino e Shanghai, e ne siamo fieri.

Il «Giornale di Guangzhou» vede anche l'altro aspetto della vicenda: «Li e gli immigrati come lui si sentono impotenti e abbandonati nelle grandi città. Nel momento del bisogno, dovrebbero poter contare sulle autorità locali per ottenere assistenza e aiuto. Invece non ci provano neppure, tanta è la loro solitudine e la loro sfiducia». Le condizioni dei contadini che emigrano nelle megalopoli costiere del boom economico rappresentano una delle piaghe che affliggono la Cina di oggi. In occasione del Capodanno, il governo ha calcolato che i datori di lavoro devono 12 miliardi di dollari di salari arretrati agli immigrati. Alcuni padroni trattengono espressamente la paga, alla vigilia delle feste, per impedire che gli immigrati tornino a casa e si assentino troppo a lungo dal lavoro. Altri, semplicemente, imbrogliano i dipendenti sul salario, non versando mai il compenso pattuito. Ricattano gli immigrati approfittando della loro debolezza contrattuale. Spesso i contadini lasciano infatti i loro campi senza aver ottenuto la regolare autorizzazione per cambiare residenza. Molti lavorano clandestinamente e non hanno il permesso di abitare nelle zone urbane: vivono nel terrore di essere scoperti dalla polizia e ricacciati in campagna. Questo li rende vulnerabili, esposti ai ricatti e agli abusi. Ogni Capodanno, regolarmente, i giornali riportano notizie di immigrati privati della paga che si sono suicidati per il dolore di non poter tornare a casa durante le feste con un po' di risparmi per la famiglia.

Li è stato più fortunato. La sua storia ha commosso il paese o, perlomeno, la metà del paese. La polizia lo ha rilasciato, un'impresa gli ha offerto un posto come manovale a Shenzhen. Ha perfino ricevuto un po' di soldi dai lettori dei giornali. La salma di Zuo, in un modo o nell'altro, è arrivata a destinazione. Il suo sogno di sfuggire alla povertà è stato sepolto insieme a lui. Ma la sua salma riposa intera, nel piccolo cimitero di un villaggio dello Hunan.

Parte undicesima

L'altra faccia del boom: l'ambiente

XXXVIII
Capitalismo a carbone

Siamo tornati all'età del carbone. In novembre, davanti a casa mia, è apparso il primo ciclista che consegnava a domicilio i panettoni neri, mattoni di carbone a forma di alveare (con i buchi bruciano meglio). Era il segnale d'inizio dell'inverno a Pechino. Tutta la Cina si scalda così: stufe a carbone in ogni casa, perfino nella capitale, nel cuore della nuova superpotenza mondiale. Anche quando accendo la luce, uso il computer o prendo il treno, senza saperlo brucio carbone, partecipo al consumo più diffuso tra i cinesi. Ogni anno, noi abitanti della Cina consumiamo in media – direttamente o indirettamente – una tonnellata di fossile nero a testa. Proprio così, una tonnellata ciascuno. Da moltiplicare per 1 miliardo e 300 milioni di abitanti. Il boom economico asiatico è una locomotiva che va a carbone, e nessuno è risparmiato dalle conseguenze che ne derivano. I satelliti hanno fotografato un'immensa nuvola di inquinamento che ricopre quasi interamente Cina e India. I meteorologi sanno che una parte di quei veleni imbocca uno dei «corridoi espressi», come chiamano i grandi venti transoceanici, e finisce nei vostri polmoni di europei. Vi spetta di diritto un po' di quella nube tossica di anidride carbonica: è stata necessaria per fabbricarvi i telefonini e le scarpe, i jeans e i televisori.

Ogni sera, in Cina, i telegiornali non aprono con le notizie delle vittime in Iraq ma con il bollettino dei caduti di un'altra guerra. Invece di Baghdad, Falluja e Mosul, i luoghi delle ultime carneficine quotidiane per noi si chiamano Daping-Xinmi

(30 ottobre 2004, 141 morti), Chemjiashang (30 novembre 2004, 140 tra morti e dispersi), Fuxin (15 febbraio 2005, 215 morti). Quasi ogni sera, in televisione, vediamo ripetersi scene analoghe: le squadre di soccorso in tuta arancione che arrancano verso i corridoi della miniera e ne riemergono portando corpi in barella; donne e anziani che urlano e piangono, la polizia che trascina in manette qualche manager o capomastro. All'ingresso della cava di Daping, le telecamere hanno inquadrato due scritte: *Gaogao xingxing shangbang*, «Andate al lavoro felici», e *Pingping anan huijia*, «Tornate a casa sani e salvi». Seduti per terra, in un angolo, ad attendere notizie sui loro compagni, con le maestose facce nere e le rughe scolpite in una sporcizia che non va più via, gli occhi bianchissimi perduti nel vuoto, ci sono i sopravvissuti dell'ennesima strage, anche loro inquadrati dalle telecamere. Sono i poveri mercenari-kamikaze della globalizzazione, la carne da macello del miracolo industriale cinese: in tutto 6 milioni di minatori del carbone. È grazie a quei disperati se giorno e notte brillano le luci dei lussuosi shopping mall di Shanghai e se le gru di Guangzhou costruiscono il grattacielo più alto del mondo, o se da Hong Kong e Tianjin salpano le navi portacontainer cariche di prodotti per i vostri supermercati.

La crescita sfrenata dell'economia cinese ha sottratto alla miseria centinaia di milioni di esseri umani in soli vent'anni, ma oggi corre sul filo del blackout energetico. I consumi di elettricità salgono a un ritmo insostenibile: il 15 per cento in più solo nel 2004, nonostante la corrente elettrica sia già razionata in 24 delle 31 province. Dalla General Motors di Shanghai ai fabbricanti di giocattoli del Guangdong, ogni azienda vive nel terrore di non riuscire a soddisfare la domanda dei clienti se va via la luce e si ferma la produzione. Per alimentare le fabbriche e i cantieri di questa rivoluzione industriale, bisogna succhiare energia ovunque. Nonostante il petrolio abbia toccato i 50 dollari a barile, la Cina è già il secondo importatore mondiale di greggio, subito dopo gli Stati Uniti. Ma c'è un'altra fonte di energia di cui dispone internamente, in quantità quasi illimitata e quindi a buon mercato: 28.000 miniere di carbone che producono 1,7 miliardi di tonnellate ogni anno; una mole così elevata che una parte viene venduta al resto del mondo. E non è finita qui: si continuano infatti a scoprire nuovi giacimenti; si riaprono vecchie miniere finite in disuso anni fa.

Bruciano carbone il 70 per cento delle centrali termoelettriche, e per scongiurare il collasso energetico se ne costruiscono di nuove a tappe forzate; sicché anche il mio computer, dalla presa elettrica, succhia corrente generata dal carbone. Bruciano carbone gli altiforni per il cemento armato dei grattacieli, nelle megalopoli costiere che devono far posto a decine di milioni di immigrati dalle campagne. Bruciano carbone le acciaierie per le lamiere delle automobili, nella nazione più popolosa della terra lanciata verso la motorizzazione di massa. Bruciamo carbone io e i miei 15 milioni di concittadini pechinesi, quando d'inverno, nella capitale, il termometro va sottozero ogni notte. Perfino per fare il pieno al distributore, il minerale nero diventa un sostituto del petrolio: la più grande azienda mineraria del paese, lo Shenhua Group, vara un impianto per la liquefazione del carbone con la consulenza della Shell: una tecnologia che attraverso il ricorso all'alta pressione, all'alta temperatura e a iniezioni di idrogeno scioglie il carbone e ne estrae carburanti liquidi di ogni genere: benzina, gasolio diesel, gas liquido.

Interi paesaggi, nella Cina oggi, sono dominati dalla presenza del carbone come nell'Inghilterra industriale dell'Ottocento. Il colore di questo paese non è il giallo, né il rosso della sua bandiera. È il nero della fuliggine che oscura il cielo al tramonto, stende coltri di fumo sulle città, tinge le acque dei fiumi, bagna di piogge acide le risaie nelle campagne. Sull'autostrada del carbone che dalla Mongolia interna scende verso la città industriale di Harbin, si assiste a un immenso, ininterrotto corteo: lunghe colonne di camion che traboccano di polvere nera. Quando il loro percorso attraversa le montagne e le curve costeggiando i villaggi più poveri, bande di ragazzini si appostano sugli alti cigli della strada con palette lunghe per «scremare» la cresta del carico dei Tir. Gli autisti vedono e lasciano fare: quel magro raccolto di carbone rubato è il contributo che il loro passaggio lascia all'economia locale: un po' di tepore per le notti fredde.

Il bilancio ufficiale dei minatori caduti ogni anno sul lavoro equivale al doppio delle vittime dell'11 settembre: più di 6000 morti sia nel 2003 che nel 2004. Cifre che rischiano di essere sottostimate, perché ci sono «piccoli» incidenti mortali che i proprietari riescono a tenere nascosti comprando il silenzio dei parenti e dei compagni sopravvissuti.

Nelle miniere degli Stati Uniti, che estraggono 1 miliardo di tonnellate (più della metà del carbone cinese), i morti sono meno di cinquanta all'anno. Per produrre la sua media individuale di 320 tonnellate di minerale ogni 12 mesi, il minatore cinese ha cento probabilità in più di morire di un suo collega americano o europeo. L'ingegnere-geologo Wang Deming, docente al Politecnico minerario di Pechino, non ha esitazioni sulla diagnosi: «Il management è pessimo. I lavoratori, molti dei quali sono immigrati stagionali dalle campagne, non vengono addestrati. In questo paese la sicurezza non rappresenta una priorità. Nel 25 per cento delle nostre miniere non si fa uso di mezzi meccanici; perfino per scavare le gallerie principali si va giù a forza di braccia, vanghe e picconi».

Zhou Xinquan, un altro esperto della facoltà di Mineralogia, usa parole più dure: «Molti proprietari di miniere scelgono di non spendere neanche un centesimo dei loro profitti per salvare vite umane. Esiste una legge che prevede ispezioni di controllo ogni volta che una miniera interrompe l'attività per poi riprenderla. Per aggirarla, la maggior parte dei manager sceglie di operare a ciclo continuo, senza pause». Sun Huashan, vicedirettore dell'Ente di Stato per la sicurezza del lavoro, riconosce che le norme di sicurezza «vengono sistematicamente violate per produrre a ritmi forzati e stare dietro alla domanda del mercato». Il bollettino di guerra non si limita alle vittime di incidenti catastrofici. In questo lavoro si muore anche lentamente. Seicentomila minatori cinesi soffrono in forma grave di malattie che vanno dalla silicosi all'enfisema e al cancro. L'esercito dei malati gravi cresce di 70.000 casi ogni anno. È il volto selvaggio del nuovo capitalismo cinese, la dura legge di un sistema in cui il profitto vale più della vita umana? Sì e no. Gli stessi esperti Wang e Zhou osservano che la sicurezza nelle grandi miniere di Stato non è molto superiore a quella delle piccole aziende private. I 141 uomini morti a Daping il 30 ottobre 2004 sono rimasti intrappolati dall'esplosione sotterranea in una cava del gruppo Zhengzhou, un

Moloch pubblico ereditato dall'epoca del comunismo puro e duro. Sotto il presidente Mao Zedong la vita umana non aveva più valore di oggi. Anzi, ai suoi tempi non esistevano neppure le telecamere dei Tg e i titoli sulle prime pagine dei giornali per informare la gente delle sciagure. Tra i peggiori lasciti del socialismo spicca la mancanza di un vero sindacato che difenda gli interessi dei lavoratori. La Federazione unica del lavoro è un docile strumento del governo la cui funzione principale, spesso, è quella di garantire disciplina e obbedienza al management. In seguito a ogni strage viene individuato qualche responsabile, a volte punito perfino con la pena capitale, ma non risulta che la giustizia risalga mai ai vertici del potere, incaricati di far rispettare le regole.

L'ecatombe annua delle miniere rappresenta il costo umano più tragico della nuova civiltà del carbone. Ma non è il solo, benché sia il più visibile. C'è un altro bilancio dei danni che va ben oltre l'esercito dei forzati costretti a lavorare nelle viscere della terra. L'Organizzazione mondiale della sanità (Oms) calcola che l'inquinamento atmosferico uccide 800.000 persone ogni anno, di cui due terzi in Asia. Fra tutti i combustibili, il carbone è di gran lunga il più tossico. Bruciato per scaldare una casa, per produrre acciaio o per generare elettricità in una centrale, esso sprigiona più anidride carbonica del petrolio. Senza contare che rilascia nell'atmosfera mercurio e particelle di zolfo, destinati a ritornare sotto forma di piogge acide. Tra le cause dell'effetto serra che sconvolge il clima del pianeta, il carbone occupa uno dei primi posti.

L'acre odore del fumo delle stufe nel mio quartiere mi avvolge non appena esco di casa. A patto di non pensare a cosa sto in realtà respirando, è un odore che ha qualcosa di gradevole: alle narici inesperte può vagamente rievocare aromi di montagna, immagini di chalet nella neve e caminetti natalizi. Quando su Pechino non soffia qualche salvifico vento dal deserto, il nostro cielo scompare sotto una coltre immobile. Il laghetto Houhai si copre di una densa cappa di smog, gli occhi iniziano presto a bruciare. La gente tossisce catarro, ha ripreso a sputare per terra dopo la breve parentesi igienista della campagna anti-Sars. L'aria irrespirabile e il freddo non impediscono a un gruppo di salutisti pechinesi di mezza età di presentarsi all'appuntamento quotidiano in riva al lago. Tra mezzogiorno e l'una, ogni giorno due dozzine di cinquantenni si svestono sul marciapiede alberato e, in costumi da bagno ascellari, si tuffano per fare quattro o cinque traversate. Nuotano fieri, con un buon ritmo, mentre attorno a loro galleggiano pesci morti.

Il primo ministro Wen Jiabao ha annunciato al telegiornale che «l'aumento del prezzo del petrolio ha conseguenze pesanti sull'economia globale». Una delle soluzioni per il futuro, ha detto, «è sfruttare al massimo le grandi riserve cinesi di carbone».

XXXIX
La sete di Shanghai

Cinquanta o 60 dollari per un barile di petrolio non sono poi tanti per Zhao Xizheng, direttore generale dell'Enel cinese. È disposto a pagare qualsiasi prezzo pur di alimentare le sue centrali termoelettriche, ormai al collasso di fronte al boom dei consumi energetici della Cina. Ogni estate, Zhao Xizheng deve chiedere a Volkswagen, Sony e General Motors di chiudere le loro fabbriche di Shanghai per una settimana, perché non ha abbastanza corrente per farle funzionare regolarmente. A 5000 altre imprese di Shanghai è stato imposto di lavorare solo di notte, quando il consumo di corrente è più basso. In 24 province cinesi politicamente meno potenti di Shanghai il razionamento avviene in maniera più selvaggia: i blackout arrivano a intermittenza, senza preavviso.

Per placare la febbre della motorizzazione di massa – l'altro boom cinese che succhia energia dai pozzi petroliferi del Golfo Persico –, ogni mese il municipio di Shanghai riduce il numero delle targhe automobilistiche alzandone il prezzo e mettendole in vendita attraverso un'asta competitiva.

Le vicende geopolitiche del Medio Oriente non bastano più a spiegare le quotazioni mondiali del greggio. Un'invisibile «tassa di Shanghai» viene applicata automaticamente agli automobilisti del mondo intero, ai distributori di benzina di Milano e Parigi, di New York e Tokyo. Gli *hedge funds* che scommettono sulle oscillazioni del prezzo del petrolio hanno gli occhi puntati sui dati che ogni mese affluiscono dalla Cina: il decollo economico di una nazione di 1,3 miliardi di abitanti sta mettendo a dura prova le riserve energetiche dell'intero pianeta. Perfino la capitale Pechino, a cui i leader politici cercano di risparmiare ogni disagio, ha subìto in estate l'onta dei blackout elettrici. Nel luglio 2004, in un solo mese, le importazioni cinesi di greggio sono esplose del 40 per cento. Cinquanta dollari al barile non sono un prezzo abbastanza dissuasivo, e forse non lo sarebbero neanche 60 dollari. Con le esportazioni «made in China» che stanno invadendo il mondo – dalle scarpe ai vestiti, dai computer ai telefonini –, la bilancia commerciale di Pechino è sempre più florida. Per questo paese il vero problema non è il prezzo del petrolio, ma riuscire a trovarne abbastanza. Le tensioni tra Cina e Giappone sulla sovranità di qualche isola sperduta o a proposito dei manuali scolastici che sottopongono a un pesante revisionismo i fatti della seconda guerra mondiale impallidiscono di fronte alla ben più seria tensione geoeconomica attuale tra i due paesi: ci riferiamo al braccio di ferro sino-giapponese in corso per stabilire quale dei due paesi si aggiudicherà le maggiori forniture del nuovo gasdotto dalla Siberia, la bombola d'ossigeno per la crescita.

La Cina di oggi può permettersi di pagare qualunque prezzo, salvo uno: la rottura di un delicato consenso sociale basato sulla prosperità diffusa dal miracolo economico. Le quotazioni del greggio non sono un problema per i leader comunisti di Pechino, che gestiscono 90 miliardi di dollari di risparmi privati. Il vero problema è lo stillicidio dei blackout che rallentano la produzione delle grandi multinazionali americane, giapponesi e tedesche, alleati strategici che in un anno hanno puntato più di 50 miliardi di dollari sulla competitività della nuova Cina.

Per superare questa penuria di energia, il governo di Pechino ha annunciato un piano che pochi anni fa sarebbe stato semplicemente impensabile: la privatizzazione di 11 centrali elettriche. Una vendita affidata alle merchant bank Goldman Sachs e Ubs allo scopo di rifinanziare l'ente elettrico di Stato e accelerare così la costruzione di altre centrali, essenziali per sfamare questo boom industriale energivoro. La tabella di marcia stabilita dalle autorità cinesi è incredibile. Sia quest'anno sia il prossimo, la Cina costruirà un numero di nuove centrali elettriche pari all'intera produzione annua della Gran Bretagna. In termini di elettricità, quindi, la Cina si «annetterà» due volte l'Inghilterra, nel 2005 e nel 2006. Questo il tipo di notizia che alimenta le scommesse degli *hedge funds* sul mercato dei futures del petrolio. Nel 2004, l'incremento dei consumi petroliferi cinesi – tra il gasolio bruciato nelle centrali termoelettriche e la benzina consumata dalle fiumane di Audi e Buick che fanno la coda sulle sei tangenziali di Pechino – aveva aggiunto 800.000 barili di greggio al giorno rispetto alla domanda mondiale del 2003. Di quanto petrolio avrà ancora bisogno la Cina nel 2005, nel 2006 e negli anni seguenti, se la sua crescita «genera» un'Inghilterra in più ogni anno?

La costruzione delle nuove centrali elettriche cinesi è indispensabile per mantenere questo ritmo, altrimenti i blackout si intensificheranno fino a far deragliare la crescita. E nessuno può permettersi il costo di un crac cinese – di certo non gli Stati Uniti, di cui Pechino finanzia generosamente i deficit acquistandone i buoni del Tesoro. Finora la sete energetica cinese non ha pesato solo sui pozzi petroliferi sauditi: la Cina ha perseguito una forma di autosufficienza basandosi sull'unica materia prima di cui possiede riserve nazionali quasi illimitate, il carbone.

Nel 2003 e nel 2004 Pechino ha aumentato del 19 per cento la propria potenza di generazione di corrente, ma quasi due terzi delle nuove centrali termoelettriche sono state costruite per bruciare carbone, senza pesare dunque interamente sulla domanda mondiale di petrolio. Tuttavia, la «tassa Shanghai» viene pagata dal resto del mondo anche quando Shanghai va a carbone. È un altro tipo di tassa, che viene imposta attraverso l'inquinamento. In un weekend dell'agosto 2004 una collisione a catena nel porto di Hong Kong ha coinvolto e messo temporaneamente fuori uso otto navi: la visibilità era precipitata di colpo per effetto dello smog. La grande nube tossica sollevata dal boom economico cinese, ormai, non rappresenta solo un danno per la salute degli abitanti di Pechino e Chongqing, di Shanghai e Guangzhou. Non mette a repentaglio solo la navigazione commerciale nel più grande porto mondiale per navi portacontainer (Hong Kong). Dalla Corea del Sud al Giappone, le nazioni vicine ormai patiscono un aumento dell'inquinamento dovuto al contagio cinese. Scienziati americani hanno individuato tracce di polveri tossiche provenienti dalla Cina nell'atmosfera della East Coast (sull'Atlantico, all'estremo opposto del pianeta!), oltre che nei cieli della California. Il risultato è la pressione politica del resto del mondo sulle autorità di Pechino perché reagiscano al dilagare dell'inquinamento. La Cina non è insensibile a queste pressioni, anzi. Costruisce centrali idroelettriche con progetti faraonici e controversi come la diga delle Tre Gole sul fiume Yangtze. Aggiunge nuove centrali nucleari. Aumenta il numero di generatori alimentati a gasolio. Quaranta o cinquanta dollari a barile sono l'ultimo dei problemi per il signor Zhao Xizheng, direttore generale dell'Enel cinese, alle prese con un'emergenza energetica più preoccupante del rincaro dei prezzi.

XL
Il Pil verde e il tranello di Kyoto

Nell'era di Kyoto, George Bush riceve una lezione di ecologia e risparmio energetico da dove meno se l'aspetta: per combattere lo smog e ridurre i consumi petroliferi, la Cina impone alle sue automobili limiti concernenti i gas di scarico più severi di quelli americani. Con un'altra iniziativa che risponde ai desideri degli ambientalisti, Pechino inaugura anche una revisione delle sue statistiche ufficiali per introdurre il «Pil verde». È una nuova definizione del Prodotto interno lordo che non si accontenta di misurare l'aumento della ricchezza materiale ma ne sottrae i costi relativi all'impatto ambientale e ai danni alla salute.

Questi segnali di una conversione «verde» da parte delle autorità cinesi sono in realtà la risposta a un'emergenza ambientale senza precedenti. Se ogni paese ha conosciuto punte di inquinamento in coincidenza con le fasi di rapida industrializzazione – fu leggendario lo smog londinese dell'Ottocento –, il boom economico cinese è unico per rapidità e dimensioni.

La coltre di polvere tossica che ricopre quotidianamente Pechino e Shanghai, Chongqing e Guangzhou, è un fenomeno che neanche i leader del Partito comunista possono fingere di ignorare. Già nel 1999, l'allora prima ministro Zhu Rongji sbottò in pubblico, accusando il sindaco di Pechino: «Lavorando in questa città, la mia vita si accorcerà di cinque anni». Forse neanche lui immaginava che la sua affermazione sarebbe stata profetica. Nel 2004 uno studio della Croce rossa ha rivelato che il 75 per cento degli abitanti delle grandi città cinesi soffre di patologie legate al traffico e all'inquinamento; e per la prima volta dopo anni, l'aumento delle aspettative di vita ha conosciuto una battuta d'arresto. Il calo della longevità colpisce i colletti bianchi e le persone più istruite, dunque le categorie socio-professionali del nuovo ceto medio urbano. A Zhongguancun, detta la «Silicon Valley» di Pechino per l'alta concentrazione di industria tecnologica, si muore in media a soli 53 anni, contro una vita media di 72 anni nel resto del paese. Secondo la Banca mondiale, in Cina si trovano 16 delle 20 città più inquinate del pianeta. Trecentomila decessi prematuri vi avvengono ogni anno per effetto di tumori ai polmoni e di malattie respiratorie, di gran lunga la prima causa di mortalità.

Oltre ai danni umani, anche quelli economici sono considerevoli. Sempre il vecchio Zhu Rongji, quand'era primo ministro, arrivò a proporre di spostare la capitale dopo che, nel 2000, Pechino fu flagellata da undici uragani di sabbia: una conseguenza della progressiva desertificazione che ha diradato i boschi e le naturali barriere contro i venti del deserto. Le piogge acide costano ogni anno 13 miliardi di dollari in danni alla salute, all'agricoltura e alle foreste. L'insieme delle devastazioni ambientali distrugge 170 miliardi di dollari l'anno, pari al 12 per cento del Pil cinese.

Le cause del disastro ecologico sono diverse. All'impiego massiccio di carbone si somma il boom dei consumi di prodotti difficilmente riciclabili: alla periferia di Shanghai si sono accumulate discariche di 100.000 tonnellate di computer e frigoriferi, condizionatori d'aria e telefonini, i rifiuti del nuovo benessere cinese. Ma la causa prevalente dell'inquinamento urbano è, come in tutto il mondo, l'automobile. La motorizzazione di massa procede inesorabile, in un paese in cui le dimensioni del fenomeno fanno impallidire qualunque paragone. La Pechino delle biciclette di vent'anni fa ha lasciato il posto a una megalopoli costantemente intasata dal traffico, nonostante gli investimenti massicci per adeguare la rete stradale: la capitale è ormai un reticolato di «autostrade urbane» a otto-dodici corsie, eppure la circolazione procede a passo d'uomo a tutte le ore del giorno. Il parco macchine nazionale supera i 25 milioni di vetture: per ora sono concentrate nelle grandi città, ma il ministero dei

Trasporti calcola che fra quindici anni il loro numero salirà a 200 milioni e che la crescita si stabilizzerà solo dopo avere raggiunto i 250 milioni. E si tratta di stime prudenti, che escludono che in un futuro anche lontano la diffusione dell'automobile possa arrivare ai livelli americani: in quell'ipotesi, infatti, il parco macchine cinese potrebbe arrivare fino a 600 o a 800 milioni, quante ce ne sono oggi su tutto il pianeta.

Pechino non può permettersi che questa crescita esponenziale distrugga il poco ossigeno ancora disponibile. Di qui la decisione di imporre alle case automobilistiche massimali rigorosi sui gas di scarico. Entro il luglio 2005, stabilisce la nuova legge, ogni nuova vettura fabbricata o importata in Cina dovrà percorrere almeno 30 miglia con un gallone di benzina (le auto, meno consumano, meno inquinano). Una regola più severa rispetto a quella in vigore negli Stati Uniti: due miglia a gallone in più. Diventerà più rigorosa nel 2008, quando avrà inizio la seconda fase della riforma cinese e le auto dovranno essere più «risparmiose» di 5 miglia. Negli Stati Uniti, invece – fatta eccezione per la California –, l'amministrazione Bush ha sempre ceduto alle pressioni dell'industria automobilistica. Per questo a Washington non sono passati gli standard più severi richiesti dal trattato di Kyoto per la limitazione delle emissioni carboniche. Forse la General Motors, secondo produttore di automobili in Cina, fabbricherà modelli meno inquinanti a Shanghai rispetto a quelli in vendita nel suo paese.

Oltre alle regole sui gas di scarico, ha inizio un esperimento interessante per misurare in modo diverso la crescita economica. Con il via libera del governo centrale, le sei regioni o province che includono grandi aree metropolitane (Pechino, Shanghai, il Guangdong, Jilin, Shaanxi) cominciano a raccogliere le statistiche del loro reddito sottraendo il costo delle distruzioni ambientali. L'esperimento è coordinato dagli economisti dell'Accademia delle scienze sociali di Pechino, che hanno già svalutato di un terzo il Pil dello Shanxi a causa dei danni provocati alle risorse naturali. È il concetto di «Pil verde», difeso dal ministro dell'Ambiente Pan Yue, il quale cita questo dato: «Nelle grandi città i bambini respirano un'aria così inquinata che le loro radiografie ai polmoni sono identiche a quelle di chi fuma due pacchetti di sigarette al giorno». Il «Pil verde» dovrebbe servire a trasformare la cultura della crescita economica, calcolando finalmente anche la qualità dello sviluppo.

Gli sforzi della Cina per incorporare la qualità dell'ambiente nello sviluppo economico non ricevono però alcun beneficio dal trattato di Kyoto. Paradossalmente, quell'accordo internazionale rischia perfino di creare un meccanismo perverso che potrebbe far aumentare l'inquinamento cinese: per contenere l'effetto serra che surriscalda l'atmosfera del pianeta, il trattato di Kyoto prevede che tra il 2008 e il 2012 le nazioni che vi hanno aderito riducano le loro emissioni di gas carbonici a un livello inferiore, pari a quello che avevano nel 1990. In pratica, questo comporta una riduzione media del 5 per cento.

Il trattato tuttavia non si applica ai paesi emergenti, inclusi i due colossi cinese e indiano, nonostante questi si stiano rapidamente imponendo come i più grandi inquinatori del pianeta. L'esclusione è giustificata: se non si guarda al volume totale di inquinamento di ogni singolo paese (legato alle dimensioni assolute della sua popolazione), ma alle emissioni prodotte da ogni suo singolo abitante, i cinesi risultano «verdissimi» rispetto a noi. Avendo tuttora un tenore di vita medio inferiore al nostro, hanno meno automobili pro capite. Viaggiano in aereo meno di noi. Hanno case meno riscaldate. Consumano meno merci, e quindi ne trasportano meno (sempre secondo le stime pro capite). Rispetto ai paesi ricchi, hanno una minore diffusione di apparecchi energivori come i condizionatori d'aria.

Questo scarto nei consumi energetici individuali è ben visibile nelle statistiche. Un cinese «produce» ogni anno l'equivalente di 1,1 tonnellata di emissioni carboniche. Un italiano e un francese producono più del doppio di emissioni carboniche: 2,6 tonnellate a testa ogni anno. Un tedesco 3,4. Un cittadino americano inquina addirittura quanto sei cinesi: 6,5 tonnellate di emissioni carboniche all'anno. È chiaro che l'inquinamento medio pro capite è legato al livello di ricchezza e alle abitudini di consumo. È dunque moralmente e politicamente giusto che la Cina e l'India non siano chiamate allo stesso impegno dei paesi più ricchi nella lotta all'inquinamento. Ed è tanto più giusto, alla luce del fatto che gli Stati Uniti non aderiscono neppure al trattato di Kyoto. Pur possedendo un inquinamento pro capite ancora basso, per la sua dimensione demografica ed economica la Cina è però, già oggi, il secondo inquinatore mondiale dopo gli Stati Uniti. Come nazione nel suo insieme, ogni anno l'America rilascia nell'atmosfera 1850 milioni di tonnellate di emissioni carboniche. La Cina ne espelle 1400 tonnellate. Il paradosso di Kyoto sta tutto in queste cifre. Non si può pretendere che i cinesi facciano gli stessi sacrifici degli americani (che peraltro non hanno intenzione di farne) o degli europei, visto che il livello individuale di vita e di consumi della popolazione è ancora molto più basso (e ciascuno di loro ha quindi il diritto di aspirare a un benessere maggiore). D'altro canto, non ci sarà un progresso soddisfacente nella lotta all'inquinamento se Cina e India ne restano fuori. Cosa ancora peggiore, c'è il rischio che la non applicazione del trattato di Kyoto a quei paesi rappresenti un perverso incentivo a delocalizzarvi in maniera crescente le «produzioni sporche». Lo sviluppo economico cinese verrebbe ulteriormente drogato dall'afflusso di quelle fabbriche pestilenziali che non hanno più il permesso di operare nei paesi ricchi.

Il tranello di Kyoto è questo. Nella sua rincorsa al tenore di vita occidentale, il cinese lavora all'interno di un sistema economico che fa un uso meno efficiente delle risorse naturali. Per produrre l'1 per cento di Pil in più, la Cina è costretta a incrementare il suo inquinamento molto più di quanto facciano l'Italia o gli Stati Uniti per lo stesso 1 per cento di Pil, perché nei paesi ricchi si sono diffuse tecnologie di risparmio energetico altrove ancora rare. Se la Cina non cambia rapidamente le sue regole, nella sua corsa allo sviluppo è condannata ad avvelenare se stessa e il mondo intero. Con o senza domeniche vietate al traffico a Roma e a Milano, i nostri bei tramonti mediterranei finiranno offuscati per sempre da un'impenetrabile nebbia cinese.

XLI

La madre di tutte le dighe

Nuotando
Muri di pietra si ergeranno controcorrente
Guardando verso Ovest
Per trattenere le nuvole e le piogge di Wushan
Finché un lago piatto non sorgerà nelle vicine gole
La dea della montagna, se ancora esiste,
Si meraviglierà di un mondo così cambiato.

MAO ZEDONG, 1956

Nonostante la fitta vegetazione abbarbicata alle due pareti scoscese ai bordi del fiume, siamo avvolti in un silenzio spettrale, anormale. Non un canto di uccello. «È come se loro sapessero quello che sta per succedere» dice la mia guida Zhou Zhigang. «In effetti, sono già scomparsi da tempo. Gli uccelli, le scimmie, tutti gli animali che popolavano queste valli sono fuggiti. Dove saranno andati?» Abbiamo lasciato il vaporetto al porticciolo di Dachang: solo una barca piccola può portarci sul Daning, affluente dello Yangtze. Siamo nelle Tre Gole Minori, un angolo di natura ancora selvaggia nel centro della Cina. Scivoliamo sull'acqua che qui è miracolosamente verde, in mezzo a rocce ripide, strani picchi a forma di funghi, un canyon rivestito di boschi lussureggianti. Lo spettacolo ricorda l'Ardèche o le Gorges du Tarn, nel Massiccio centrale francese. Altrove la montagna rivela un meraviglioso colore rosso, regalando la sensazione irreale di essere finiti in mezzo a una catena di Dolomiti bagnata dall'acqua. Caverne di stalattiti appaiono all'improvviso dietro una sinuosa curva del fiume. Qualche nuvola si infila tra le strette cime, tratteggiando i paesaggi incantati degli antichi acquarellisti cinesi. I villaggi sulle rive sono primitivi: case di pietra, fango e paglia; non manca però qualche tocco di eleganza, i tetti di tegole nere che per tradizione ancestrale hanno grondaie scolpite a forma di testa di drago. Duecento metri sopra di noi una sorgente, divenuta cascata, si getta a precipizio sul fiume. Non si sa bene come, lassù al suo fianco, sta appollaiato un antico tempio buddista con tetto a pagoda: opera d'arte e di sbalorditiva audacia.

Sopra ciascun villaggio vediamo apparire dei cartelloni voltati verso noi naviganti. Indicano sempre gli stessi due numeri. Un anno, il 2005, e un'altitudine, 156 metri. È la data in cui l'acqua arriverà a quel livello, molto più in alto delle case. È l'anno prestabilito per la loro morte. Anche loro spariranno, inghiottite sotto l'acqua. Nelle Tre Gole Minori, oggi, restano da evacuare 40.000 abitanti. Altri 90.000 non hanno voluto aspettare fino all'ultimo, e sono già partiti. Sono numeri insignificanti in confronto ai 2 milioni di persone «spostate» negli ultimi otto anni dalle valli vicine, in questa regione inondata e sconvolta dalla più immane opera di ingegneria mai realizzata dall'uomo, la diga delle Tre Gole. Qualche lacrima merita però di essere versata anche per questi ultimi sfrattati, poveri discendenti di una civiltà millenaria; per i templi della dinastia Song, sepolti in queste foreste dal 300 d.C.; per la storia segreta dei Ba, il misterioso popolo di aborigeni che dal 1600 a.C. vissero grazie al commercio del sale e votarono sacrifici umani ai loro dèi. Ancora pochi anni fa, queste gole apparivano molto più alte: la roccia era completamente all'asciutto, e il corso d'acqua così smilzo che lunghi tratti del Daning non erano quasi navigabili. Per gli uomini di qui, un lavoro consisteva nel tirare con le funi le barche dei mercanti e dei viaggiatori diretti allo Yangtze. Adesso che finalmente si naviga, l'acqua che sale scaccia la gente e i suoi mestieri antichi. «In queste zone, un rito ancestrale» dice Zhou «esigeva che le spose piangessero il giorno del matrimonio, e quelle piangevano di disperazione sincera, perché le gole sono così impervie e irraggiungibili che non sarebbero mai più tornate a vedere le loro famiglie.» Vuole mettermi in guardia: il passato, fatto di miseria e sofferenza, non va idealizzato.

Al presente torniamo invece non appena riprendiamo il vaporetto, diretti alle acque più ampie, ma nere del liquame fetido degli scarichi industriali e fognari, di sua maestà lo Yangtze. Il suo vero nome è Chang Jiang, che significa «fiume lungo». Il maggiore fiume cinese è una leggenda, un condensato di storia, geografia ed economia della più grande nazione del mondo. Nasce in paradiso, a 5400 metri di altitudine sul monte Tangula in Tibet, percorre 6300 chilometri, trasporta 900 miliardi di tonnellate d'acqua all'anno, fertilizza 2 milioni di chilometri quadrati di pianure, attraversa undici province abitate da 400 milioni di persone, inghiotte gli scarichi industriali della città più popolosa e inquinata del pianeta – Chongqing, 30 milioni di abitanti schiacciati a ridosso dei monti in un inferno dantesco di altiforni e ciminiere – prima di gettarsi nel Mar Cinese Orientale, vicino a Shanghai.

Simbolo di fecondità, padrone del destino dei contadini dai primordi dell'umanità, depositario di potere e prosperità, per secoli lo Yangtze ha trasportato mercanti di riso, tè e oppio sulle loro giunche e *sampan*, prima di assistere alle incursioni delle cannoniere americane o giapponesi. Ha sterminato popolazioni con le sue piene devastanti. È stato il teatro della più celebre nuotata «politica» della storia, la traversata di Mao Zedong immortalata nel 1956 dai documentari in bianco e nero. Fu scoperto dal turismo colto occidentale alla fine dell'Ottocento, quando l'inglese Archibald John Little scrisse il primo diario di viaggio intitolato *Attraverso le Gole dello Yangtze*. Il romanziere Somerset Maugham vi navigò per 1500 miglia nell'inverno del 1919 per raccontare le sue impressioni in *Su uno schermo cinese*. Da allora è diventato un fiume culto per i viaggiatori, dando vita al business delle crociere. Lussuose e deludenti, quelle per gli stranieri, da quando lo smog industriale e le alterazioni climatiche nascondono le cime dei monti in una foschia tenace. Più avventurosa, invece, la traversata sulle navi per turisti cinesi: la sveglia da caserma urlata negli altoparlanti alle cinque del mattino, le latrine alla turca (in prima classe), il fetore onnipresente della zuppa di cavolo, i camerieri che lavano le stoviglie e cuociono il riso nell'acqua del fiume.

Ma il turismo conta poco: oggi lo Yangtze è soprattutto l'arteria centrale del boom economico della nuova superpotenza mondiale. È l'autostrada fluviale che trasporta 100.000 navi l'anno, superpetroliere comprese. La più grande fogna a cielo aperto del pianeta, nonché la principale fonte d'inquinamento dell'intero oceano Pacifico. Lo Yangtze è inoltre il teatro della più formidabile e inquietante sfida mai lanciata dall'uomo alla natura: «la Diga».

La raggiungiamo dopo quattro giorni di navigazione nelle Tre Gole, quando le valli improvvisamente si allargano a Xiling e il mostro invade l'orizzonte a perdita d'occhio. Alta come la Torre Eiffel e lunga 2 miglia, è arduo fotografarla e perfino vederla tutta, sia per le sue dimensioni inconcepibili sia a causa della nebbia permanente che ha sollevato. L'umidità ci aggredisce alla gola, eserciti di zanzare ci si appiccicano addosso. «Il clima è cambiato» dice Zhou. «Viviamo immersi tutto l'anno nelle nuvole create da questo immenso serbatoio.» Più che un lago è un mare, lungo quanto l'autostrada Milano-Roma, «fabbricato» dagli uomini e dallo Yangtze nel cuore della Cina per realizzare un sogno titanico. Lo trattiene la madre di tutte le dighe mondiali, due volte più grande di Assuan in Egitto, cinque volte la Hoover Dam americana. È la Grande Muraglia del XXI secolo. Con le sue 26 turbine, produce energia idroelettrica equivalente a quella di dieci centrali nucleari. Tutto il paesaggio, attorno, è stato ridisegnato da questa sete di energia: dalla diga partono selve di tralicci ad alta tensione, fasci di cavi si incrociano e si sovrappongono come cavalcavia autostradali, invadono le montagne, allungano i tentacoli verso le grandi pianure e in direzione del delta, giù fino a illuminare Shanghai perché i suoi cantieri edili possano innalzare grattacieli anche di notte.

Il mare artificiale che preme contro la diga sommerge la nuova Atlantide cinese: nella sua implacabile avanzata programmata dagli ingegneri, l'acqua ha inghiottito in sei anni 13 città da 50-100.000 abitanti, 140 cittadine più piccole, 1352 villaggi, 8000 siti archeologici, un mondo di templi, pagode e tombe. Il cantiere della modernizzazione ha braccato e disperso una fauna più antica di noi: gru e leopardi, alligatori e storioni. Il raro delfino d'acqua dolce che in millenni di evoluzione si era adattato alle acque fangose dello Yangtze, diventando semicieco ma sviluppando un udito più sofisticato del sonar, oggi sparisce, sfiancato dalle acque tossiche e dallo shock acustico dei motori di vascelli da diecimila tonnellate che risalgono dall'oceano attraverso le nuove chiuse.

Quest'opera temeraria ha avuto, tra le sue conseguenze collaterali, la nascita del primo movimento «verde» nella Cina comunista. Tra i suoi pionieri, spesso eroici per i rischi che affrontano, ci sono due donne. Dai Qing, ex cronista del «Guangming Daily», negli anni Ottanta scoprì i rischi per l'ambiente seguendo per il suo giornale i dibattiti tra gli scienziati sull'impatto della futura diga. Nel 1989 raccolse gli allarmi degli esperti in un libro, *Yangtze! Yangtze!*, che fu messo al bando dalla censura e le valse dieci mesi di prigione. Nel 1992, però, quando l'allora primo ministro Li Peng volle un pronunciamento formale del Congresso di Pechino per avviare la fase preliminare del cantiere delle Tre Gole, un terzo dei deputati, a sorpresa, votò contro. Un dissenso eccezionale per un'Assemblea generalmente obbediente e passiva.

Da quel momento il potere è stato costretto a dedicare più attenzione ai problemi dell'ambiente e a tollerare di recente perfino alcune organizzazioni ambientaliste nate spontaneamente nella società civile. Alla testa di uno di questi movimenti c'è una Erin Brockovich cinese: Wu Zhiling, 29 anni, ebbe un'illuminazione guardando – «su dvd pirata», confessa – il film in cui Julia Roberts impersona la paladina californiana della lotta alle multinazionali. Con il marito e il figlio di 3 anni, Wu vive vicino a Chongqing. Un anno fa ha scoperto che la sua casa è immersa nei veleni industriali – cromo e pesticidi – che l'impresa agrochimica Minfeng scarica illegalmente nello Yangtze. Come Erin Brockovich, Wu si è improvvisata perito chimico e avvocato: da autodidatta ha cominciato ad analizzare campioni di terra e acqua inquinata, ha raccolto firme tra i vicini. Ha creato un'associazione ambientalista, la Casa del Futuro. Sta preparando una causa in tribunale, dall'esito quasi disperato, contro il colosso industriale. Il lieto fine di Hollywood, per lei, è lontano. «Non sogno gli indennizzi milionari che riescono a ottenere i consumatori americani» mi dice. «Io vorrei solo riuscire a dimostrare che anche noi abbiamo dei diritti, che esistono gli strumenti per difenderli, che c'è una speranza per i nostri figli.» Ancora pochi anni fa, quando su Chongqing si formò una nube tossica più letale del solito, le autorità chiamarono l'esercito che cercò di smuovere la cappa di gas a cannonate... e su tutta la vicenda calò il segreto militare. Oggi il clima è diverso. Le informazioni sull'inquinamento occupano le prime pagine dei giornali. Il «China Daily», controllato dal Partito comunista, nell'autunno del 2004 ha pubblicato un editoriale esplicito: «Al termine di quindici anni di ricerche sullo Yangtze, lo scienziato Zhang Qi ha lanciato l'allarme. Il fiume va verso il collasso totale del suo ecosistema, se non si interviene con urgenza per contrastare l'inquinamento». All'inizio del 2005, il governo di Wen Jiabao ha adottato una misura senza precedenti. Ha bloccato all'improvviso 22 cantieri di dighe e centrali elettriche per verificare la loro compatibilità con le leggi sull'ambiente. Quattro dei progetti bloccati fanno parte del complesso delle Tre Gole, inclusa una turbina aggiuntiva da 4500 megawatt annessa alla diga. Tuttavia è improbabile che quei progetti vengano bloccati per sempre. La ragione sta proprio a ridosso della diga, dove a tutte le ore del giorno e della notte lunghe colonne di navi portacarbone attendono il turno di passare le chiuse: è quella, la nera alternativa cinese all'energia idroelettrica.

Oltre allo sconvolgimento già provocato agli equilibri naturali delle Tre Gole, il futuro nasconde altre incognite. Lo Yangtze non è un fiume ordinario. Trasporta mille volte più terra del Mississippi. Nel suo maestoso incedere dagli altipiani tibetani alle Tre Gole, lo Yangtze trascina ogni anno 530 milioni di tonnellate di fango, sabbia e sassi. Ora quella colata, invece di scorrere, va a cozzare e a depositarsi contro la muraglia artificiale, e gli ingegneri hanno dovuto costruire una seconda diga, sommersa, per reggere l'urto. Hanno progettato sistemi speciali per ripulire costantemente i fondali. Siamo ancora in fase di rodaggio, non si può dire con certezza quel che accadrà nel lungo periodo. Ai terreni naturali, trasportati da tempi immemorabili dallo Yangtze verso le grandi pianure e fino al Pacifico, negli ultimi anni si è aggiunta una quantità crescente di detriti tossici e non riciclabili: gli scarichi mortali dell'industria pesante a Chongqing e in tutto il Sichuan, a monte della grande diga. Gli scenari più apocalittici riguardano il rischio di un cedimento della diga. In Cina, dal 1949 a oggi, ne sono crollate 3000. Il disastro più grave, dopo i nubifragi torrenziali del 1975 nello Henan, vide cadere 62 dighe nuove, una dopo l'altra, come le tessere di un domino. Morirono in 250.000, la verità fu tenuta nascosta fino al 1994. È meglio non immaginare che cosa succederebbe se un terremoto dovesse far franare in acqua il picco instabile di Huangla: 100 milioni di metri cubi a pochi chilometri a nord della diga. C'è chi teme che lo stesso «mare» artificiale delle Tre Gole possa innescare un sisma, avendo alterato con il suo peso gli equilibri geostatici di tutta la regione.

Duemilacinquecento anni fa proprio le dighe furono al centro di una feroce disputa teologica fra taoisti e seguaci di Confucio. I taoisti volevano lasciar scorrere i fiumi come li ha disegnati madre natura, per non violentare l'ordine del cosmo. I confuciani, più fiduciosi nella potenza del governo degli uomini, invocavano grandi lavori pubblici per deviare i fiumi e moltiplicare le ricchezze della società. Dal 1919, da quando il padre della Repubblica cinese Sun Yat-sen si innamorò per primo del progetto originario delle Tre Gole come simbolo della modernizzazione del suo paese, fino a Mao e Deng Xiaoping che ne furono affascinati e ai loro successori attuali che infine hanno realizzato «la Diga», il potere è in mano ai confuciani.

Nella città di Fulin, ancora pochi mesi prima che venisse evacuata e sommersa, un manuale educava gli allievi delle scuole medie ad affrontare l'avvento della diga con lo spirito giusto: «Non possiamo smettere di mangiare solo per paura che un boccone ci vada di traverso».

A Pechino, oggi, comandano il presidente Hu Jintao e il premier Wen Jiabao. Entrambi, da giovani, facevano gli ingegneri. La loro passione più recente è un faraonico progetto di «diversione idrica» di dimensioni mai viste al mondo: miliardi di tonnellate d'acqua da dirottare dallo Yangtze verso l'arido settentrione della Cina, la nuova frontiera da popolare e industrializzare. Perfino la madre di tutte le dighe impallidisce al confronto di quello che si prepara.

Parte dodicesima

Apocalittici e integrati: gli artisti oltre il dissenso

XLII

Greenwich Village a Pechino

La chiamano la primavera culturale di Pechino. L'arte, spesso, anticipa i tempi e segnala le nuove tendenze politiche: a giudicare da quello che succede nel Greenwich Village di Pechino, qualcosa sta cambiando davvero. Il nome «Greenwich Village» non va preso proprio alla lettera. Il centro di questa rivoluzione creativa non assomiglia al celebre quartiere alternativo di New York, né a Chelsea o al Marais parigino. È un luogo improbabile quello in cui fiorsce l'arte d'avanguardia: un'ex fabbrica d'armi costruita dalla Germania dell'Est per i compagni comunisti cinesi, nella grigia periferia della capitale, lungo l'autostrada per l'aeroporto. Ex periferia, per l'esattezza: al ritmo furioso dell'urbanizzazione di Pechino, ormai, una selva di grattacieli circonda anche la «798» – così si chiama la fabbrica, diroccato reperto dello sforzo bellico in piena guerra fredda. Sulle scrostate pareti di cemento si intravedono tracce di affreschi dipinti in tempi ormai lontani per galvanizzare gli operai: faccione di Mao e scenografie da socialismo reale, lavoratori con gli strumenti in mano e lo sguardo fisso all'orizzonte, irreali allegorie per rappresentare la costruzione di un futuro migliore.

Mentre cammino verso gli hangar che un tempo ospitavano le catene di montaggio, da un magazzino laterale sbuca all'improvviso un giovane seminudo che si rotola per terra rovesciando barattoli di pittura: anziché dei poliziotti, lo inseguono i flash dei paparazzi e una folla di ragazzine che sembrano uscite da un concerto di techno music. È una provocazione d'autore, un happening di arte trasgressiva. Poco lontano, in un cortile della fabbrica, spuntano statue di dirigenti del Partito comunista a fianco di alcuni dinosauri in gabbia. La metafora si afferra senza troppa fatica.

Della fabbrica 798 si sono impadroniti da ormai due anni gli artisti di avanguardia della Pechino alternativa, e da allora è diventato un luogo di culto, una tappa obbligata per chi è in cerca delle sorprese nascoste dalla nuova Cina. Perché proprio qui? «Avevo bisogno di molto spazio per creare» dice il pittore Huang Rui, uno dei primi ad aver occupato la 798. «Affittare un magazzino, qui, non costava niente. All'inizio non esisteva alcun progetto di creare una comunità di artisti. Chi se lo sarebbe immaginato che sarebbe successo tutto questo?» Qualcosa è successo senza dubbio. Zhu Ming, artista noto per creare con il proprio corpo delle performance visive, alla 798 si è esibito nudo in un'enorme bolla di plastica trasparente a forma di guscio di lumaca. Gu Dexin ha esposto due container pieni di cervelli e cuori d'animale surgelati. Chen Guang ha proiettato un video ad alto contenuto erotico. Scultura e pittura, cinema-realtà e danza contemporanea, design e fotografia: per il linguaggio che usano, i giovani artisti cinesi della 798 potrebbero essere in un loft di Tribeca, o in un atelier creativo di Londra o Berlino. Ma sono cinesi, e sono qui perché la censura li lascia fare. Affrontano soggetti, come il sesso, considerati tabù dal puritanesimo ufficiale della Repubblica popolare cinese – e non così superati, visto che il governo di Pechino minaccia pene fino all'ergastolo per i reati di pornografia su Internet. Perfino i burocrati del partito, però, distinguono ormai fra pornografia e arte. Da due anni, i giovani provocatori della 798 estendono ogni giorno di più i confini di ciò che viene tollerato dal regime.

In un hangar Mao Zedong è sdraiato a occhi chiusi, avvolto in una coperta blù a fiori. Il suo letto è circondato da eserciti. Il pensiero va immediatamente ai guerrieri di terracotta di Xian che vigilavano sulla tomba dell'imperatore. Ma al posto dei soldati ci sono dinosauri in miniatura, e il grigio della terracotta è sostituito dai variopinti colori dei giocattoli per bambini: 20.000 modellini, ordinati per generi. Da lontano la scena può ricordare un letto funebre di fiori. Ma la composizione delle mandrie di dinosauri che circondano Mao disegna un movimento impetuoso come di fiumi o maree che si scontrano e si fondono. Viste dall'alto, quelle masse assomigliano a una mappa delle montagne e delle valli della Cina, che si allargano fino a rappresentare una cartografia stilizzata dell'intera Asia, dall'Iraq al Pacifico. È la più impressionante delle opere create da Sui Jianguo, artista della 798: il titolo dell'opera è *Il sonno della ragione*, evidente citazione dai «Capricci» di Francisco Goya, più in particolare di *Il sonno della ragione genera mostri* (raffigurante uno scrittore assopito al tavolo di lavoro, circondato da gufi e pipistrelli che agitano il suo incubo), del 1798, con cui Goya alludeva al Terrore instaurato dalla Rivoluzione francese.

La metafora di Sui Jianguo è altrettanto potente. Lo scontro fra le masse dei mostriciattoli evoca i movimenti politici e sociali innescati da Mao nella sua utopia di una rivoluzione comunista permanente: il periodo dei Cento fiori, la campagna di epurazione dei revisionisti di destra, il Grande balzo in avanti degli anni Cinquanta, la Rivoluzione culturale del 1966-76. I cruenti conflitti orchestrati dai sogni ideologici di Mao si riflettono nel flusso dei dinosauri che inondano la Cina come tante colate di lava. È una visione apocalittica di distruzione e violenza, in contrasto con la maestosa serenità del sonno del «grande timoniere» e con il suo divino distacco da quei cataclismi che ha scatenato attorno a sé: fa pensare alla salma del vero Mao, cui ogni anno fanno visita milioni di turisti nel mausoleo di piazza Tienanmen, ma anche a un'altra immagine della cultura orientale, il Buddha coricato.

«Mao fu rappresentato come un Dio. Adesso che l'ho messo a riposare, finalmente posso crescere» scherza Sui Jianguo. Nato nel 1956 a Qingdao, nello Shandong, cresciuto con l'estetica propagandista del «realismo socialista», Sui appartiene alla generazione che ha vissuto in pieno la transizione da una società chiusa all'attuale neocapitalismo, in cui l'ideologia comunista ha lasciato il posto a un miscuglio di darwinismo sociale e nazionalismo. Sui è il direttore del dipartimento di scultura all'Accademia centrale di Belle arti di Pechino, l'istituzione votata, in origine, a custodire l'ortodossia estetica. Che non sia più così lo rivela il trasferimento di sede dell'Accademia dal centro di Pechino alla 798.

Negli enormi hangar abbandonati dall'industria bellica, il cantiere di Sui sforna le sculture che lo hanno reso celebre per l'ironia con cui si è impadronito dell'iconografia di regime rovesciandola in un gioco di allusioni maliziose e di critica sociale. Una delle sue opere più significative ha lasciato Pechino per sempre: è la statua di un moderno manager cinese che attraversa il fiume Lijiang a Guilin parlando al telefonino, altra deliziosa citazione delle diverse rappresentazioni di Mao (e della sua leggendaria nuotata nel fiume), aggiornata a un'epoca in cui il businessman è il nuovo profeta rivoluzionario della nazione.

A una mostra che si è tenuta a San Francisco, Sui ha mandato invece una replica gigante della sua statua più nota. Rinchiuso dietro le robuste sbarre di ferro di un enorme gabbione rosso, un imponente Tyrannosaurus Rex, anch'esso rosso fiammante, che reca scritto sull'addome, a caratteri cubitali, «made in China». Visto nei cortili della 798 a Pechino, quel feroce mastodonte estinto suggerisce la sorte che un giorno toccherà forse al Partito comunista. Esportato oltreoceano, il mostro che si agita nella gabbia fa pensare a tutt'altro: la minacciosa ascesa del nuovo dragone cinese, la superpotenza che turba il sonno dell'America. Il linguaggio di Sui è più giocoso che predicatorio. Dopotutto, i suoi dinosauri sono repliche pop dei giocattoli per bambini lanciati dai cartoni animati giapponesi (*Godzilla*) e da Hollywood (*Jurassic Park* di Spielberg). Il suo umorismo si scatena nelle statue che replicano lo *Schiavo morente* e lo *Schiavo ribelle* di Michelangelo, «vestiti» con le divise maoiste: il nudo classico è represso e censurato dall'abbigliamento asessuato e puritano delle Guardie rosse. In un'altra opera, quel vestito appare da solo: una lunga serie di immense giacche di Mao colorate, rigide e vuote, prive di testa e di corpo. «L'utopia, ormai, è un guscio vuoto» traduce Sui. «Quegli spazi vuoti nelle divise alludono alla domanda che si pongono molti cinesi oggi: quali valori dovrebbero riempire i templi in rovina del maoismo?»

L'eccitazione per questi esperimenti attira un pubblico sempre più vasto. La 798 diventa un luogo di ritrovo e di vita notturna, un appuntamento mondano. Vi hanno aperto discoteche, bar, ristoranti di nouvelle cuisine cinese annessi alle gallerie d'arte. In una di queste, la Old Factory, si cena accanto alla scultura d'autore: tre statue di monaci buddisti che spazzano il pavimento. Aprono qui le loro gallerie americani, inglesi, tedeschi, giapponesi. L'idea secondo cui l'avanguardia artistica può essere un business – abbracciata dai più cinici – spiega la tolleranza dei leader politici. In vista delle Olimpiadi del 2008, a Pechino fa comodo avere tutti i numeri di una metropoli cosmopolita, incluso il lusso intellettuale rappresentato dalla provocazione d'autore. Si dice che il ministro della Pianificazione urbana Long Xingmin e il vicesindaco di Pechino siano diventati i protettori politici della 798, decisi a trasformarla in una copia della Soho di New York. Un'attrazione di alto livello per il sempre più sofisticato turismo internazionale che affluisce in Cina.

Finora la primavera artistica di Pechino è stato un esperimento tenuto sotto controllo dai vertici dello Stato, sempre pronti al giro di vite se la trasgressione dovesse cominciare a far paura. Nel maggio 2004 la quinta edizione del Midi Rock Music Festival di Pechino, che stava diventando la Woodstock cinese, è stata cancellata all'improvviso «per problemi di pubblica sicurezza». Non sempre, però, questi diktat dall'alto funzionano. Ne sa qualcosa Lin Zhaohua, autore e regista della controversa commedia *Bagni pubblici*, che nell'estate 2004 ha fatto il tutto esaurito al teatro Tianqiao di Pechino. *Bagni pubblici* è una serie di dialoghi tra personaggi che si incontrano in una toilette di quartiere – un'istituzione ancora diffusa, nonostante il benessere urbano – nel corso degli ultimi trent'anni. Con il tempo cambia la qualità delle toilette, cambiano i personaggi, cambia la natura dei loro dialoghi, via via che l'evoluzione capitalistica crea nuovi mestieri e acuisce le diseguaglianze sociali nel paese. Anche se *Bagni pubblici* non affronta temi politici considerati scabrosi – come il ricordo del massacro di piazza Tienanmen –, è comunque una satira pungente della società cinese presentata con i toni amari della black-comedy. Pur senza ricorrere alla censura, inizialmente il governo ha provato a sabotare lo spettacolo con metodi soft. Con estrema discrezione, i giornali di Pechino sono stati invitati «dall'alto» a stroncare *Bagni pubblici*, o quantomeno a ignorarlo. Ma molti critici teatrali si sono rifiutati di obbedire alle direttive. Alla fine, di fronte al successo di pubblico, perfino il semiufficiale segretario generale del sindacato attori, Yang Qianwu, ha dovuto dare la sua benedizione: «Anche se la pièce contiene molte volgarità, questo non significa che sia di cattiva qualità, perché ha un effetto drammatico e catartico».

Gli autori di questa generazione sanno che la glasnost di Pechino ha dei limiti ancora invalicabili. La sanguinosa repressione della protesta studentesca del 1989, i diritti umani calpestati in Tibet, le relazioni con Taiwan, la setta religiosa Falun Gong: sono tutti temi da non toccare, se non si vuole venire colpiti dai fulmini della censura. Questo non significa che gli artisti della 798 si accontentino di «parlare d'altro» e si rifugino nella provocazione estetizzante fine a se stessa. C'è un'arte impegnata che interpella le carenze della leadership nazionale. Alla 798 Photo Gallery è stata ospitata una meravigliosa e straziante esposizione fotografica di Xie Hailong, che da anni percorre la Cina delle campagne povere con un solo obiettivo: raccogliere le immagini dei bambini che vanno a scuola in condizioni di miseria spaventose. Tetti sfondati, pavimenti di fango, ragazzini vestiti di stracci senza neppure i quaderni. Sono foto in bianco e nero che sembrano parlare di un'epoca lontana, e invece sono state scattate ieri, parlano di una Cina dimenticata da chi vive tra i concessionari della Ferrari e i negozi di Armani a Shanghai e a Pechino. La mostra di Xie Hailong, «fotografo umanista», non si limita ad alludere. Ai visitatori sbatte in faccia le cifre dello scandalo: 200 milioni di analfabeti, 4 milioni di bambini che ogni anno abbandonano la scuola dell'obbligo perché troppo poveri.

Per uno scherzo del destino, oggi la minaccia più immediata per la 798 non è la censura del partito unico, ma lo stesso successo dell'arte d'avanguardia. La zona della fabbrica ha guadagnato valore: il prezzo del metro quadro sale a vista d'occhio, i proprietari progettano speculazioni. Nel piano regolatore, l'ex fabbrica militare è destinata a un polo tecnologico, e i terreni ora appartengono alla società Seven-Star Huadian Science and Technology Group, che ha l'intenzione di radere al suolo la 798 per costruire uffici hi-tech e appartamenti di lusso. Gli artisti si difendono con grinta. Uno di loro, lo scultore Li Xiangqun, è anche deputato al Congresso del Popolo e ha presentato al governo un controprogetto per salvare il quartiere dei creativi. «Ho visto trasformarsi quest'area» dice «dal cimitero di fabbriche abbandonate che era a una comunità artistica in piena fioritura. Il futuro dipende dal governo. Non sono ottimista, ma non ci arrenderemo facilmente.» Li ha ottenuto una tregua: fino al 31 dicembre 2005 ogni sfratto degli artisti è sospeso. Neanche il potere economico dei palazzinari si rassegnerà docilmente.

L'ex complesso industriale della 798 è così grande che non tutto, in essa, è diventato Greenwich Village. Con quella sciatteria che rimane un tratto distintivo di Pechino, attorno alle gallerie postmoderne c'è una terra di nessuno di capannoni tuttora occupati da fabbrichette, qualche atelier di vestiti, e alcuni artisti-artigiani che con l'avanguardia non hanno niente a che vedere. Entro in un hangar semibuio, dove mi accoglie una scena spettrale: una dozzina di giovani scultori con le tute impolverate lavorano attorno a gigantesche statue di generali della Lunga Marcia maoista. Qui, a differenza del tirannosauro rosso, non c'è traccia di satira, non un velo d'ironia. «Lavoriamo su commissione: queste ce le comprano alcuni musei di provincia», mi comunica il capomastro. Quando escono da qui, le grandi statue dei padri della rivoluzione si mettono in viaggio verso la Cina dei bambini che vanno ancora a scuola a piedi nudi, dei maiali che razzolano tra i banchi e dei soffitti sfondati attraverso cui, nelle aule, piove.

XLIII

Pasolini a Shanghai

Bai Xianyong si riconosce da lontano quando fa il suo ingresso nella hall dell'albergo Portman di Shanghai: l'incedere aristocratico, la silhouette snella avvolta in un ampio cappotto di cachemire, il sorriso perenne e affabile, lo scrittore si presenta all'appuntamento insieme al suo compagno con estrema disinvoltura, come se vivesse ancora a San Francisco o a Santa Barbara. Eppure, ci incontriamo in un paese che fino al 1997 giudicava l'omosessualità un reato e che fino al 2001 la considerava al pari di una malattia mentale. Bai è un concentrato delle sorprese e delle contraddizioni di questa Cina. Quando fu pubblicato per la prima volta nel 1983, *Il maestro della notte*, il suo capolavoro, venne proibito dalla censura di Pechino perché osava mettere in scena il mondo dei gay.

A vent'anni di distanza, Bai è regolarmente ospite dei talk show della Tv di Stato di Pechino. Un occidentale rimane stupito anche dal fatto che un autore di Taiwan goda di una fama e di un rispetto così forti nella Cina popolare, dove Bai è considerato uno dei più importanti narratori contemporanei, al punto che i suoi romanzi e racconti sono insegnati nei licei. Lo stupore è accentuato dalla sua biografia politicamente «scandalosa»: lo scrittore finì a Taiwan da bambino perché suo padre, Bai Chongxi, era uno dei più importanti generali dell'esercito nazionalista di Chiang Kai-shek e combatté fino al 1949 i comunisti di Mao. Per completare l'elenco delle sorprese, questo sofisticato intellettuale cosmopolita, dopo aver insegnato per anni nelle università americane, all'età di 68 anni scende in campo contro l'americanizzazione culturale del suo paese e si dedica a rilanciare le più antiche tradizioni artistiche cinesi, come l'Opera Kunqu. La sua rivolta contro la modernizzazione ricorda l'allarme di Pier Paolo Pasolini sulla «scomparsa delle lucciole».

Il suo romanzo più importante, in cinese, si intitola *Niezi*, cioè «figlio degenere», perché il protagonista viene cacciato di casa dal padre – un ufficiale del Kuomintang – quando questi scopre la sua omosessualità. In inglese il titolo è stato modificato in *Ragazzi di cristallo*: così la prostituta Li Yue, che frequenta i bar per soldati americani a Taipei, chiama nel libro i ragazzi di vita omosessuali che dopo il tramonto affollano il Parco Nuovo e si prostituiscono sotto la guida del loro mentore Yang, *Il maestro della notte* nell'edizione italiana pubblicata da Einaudi. L'epoca è quella degli anni Settanta, la colonna sonora la musica dei Beatles e di Tom Jones; giorni in cui gli uomini portavano stivaletti e camicie a fiori e Taiwan era ancora un'isola in via di sviluppo, con squallidi quartieri di catapecchie, vicoli sporchi e fogne a cielo aperto: lo scenario esotico per una storia di amori gay struggenti e infelici, di nostalgia, di violenza e di morte.

«Quando il romanzo uscì» dice Bai «a Taiwan c'era ancora la legge marziale, e all'inizio fu accolto con grande imbarazzo. A Pechino, poi, i gay finivano in carcere. Ma col passare del tempo anche i comunisti hanno finito per accettare la mia storia, forse rincuorati dal fatto che è ambientata a Taiwan: hanno fatto finta di credere che descriva la decadenza di una società borghese e corrotta, diversa dalla loro. Mai mi sarei aspettato quello che è accaduto due anni fa: dal libro è stata tratta una serie televisiva a puntate, trasmessa in prima serata e coronata da vari premi. Credo di avere avuto un ruolo nell'evoluzione del costume, nella parziale accettazione dell'omosessualità, ma i gay cinesi sono ancora oggi sottoposti a una forte pressione sociale. L'atteggiamento ufficiale nei loro confronti resta ostile: hanno vita più facile, ma per la maggior parte si muovono solo in circuiti underground, comunicano fra loro su Internet e si incontrano in alcuni bar notturni di Pechino e di Shanghai.» In pochi paesi al mondo la famiglia ha conservato una centralità così significativa come nella società cinese. Un retaggio della cultura contadina è l'imperativo di fare figli, anzitutto come produttori di reddito, e in secondo luogo perché si sposino e perché le loro mogli accudiscano genitori e nonni nella vecchiaia. Una civiltà che venera a tal punto la procreazione non può che condannare l'omosessualità? Quando interrogo Bai sull'omofobia nell'etica confuciana, devo ricredermi: «In realtà l'intolleranza ci viene dall'Occidente. La Cina antica era più aperta di quanto crediate. Il confucianesimo esalta il valore della famiglia ma non condanna l'omosessualità. Neanche il buddismo prevede sanzioni religiose o morali contro l'omosessualità. Sotto le dinastie Ming e Qing era accettata apertamente: i nobili e i mandarini invitavano ai banchetti ufficiali dei prostituti maschi, spesso attori dell'Opera travestiti, che interpretavano ruoli femminili. Nella nostra letteratura più antica sono raccontati in modo esplicito gli *affaires* gay di imperatori e imperatrici. Il rifiuto ha avuto inizio con l'arrivo dei primi missionari cattolici dall'Italia, che scrissero al papa il loro disgusto per la prostituzione maschile in voga a Pechino nel XV e nel XVI secolo. Poi, nella Cina repubblicana del 1919, è esploso il movimento del Quattro Maggio che si batteva per la modernità e l'occidentalizzazione e respingeva quel mondo di nobili e artisti omosessuali, visto come un simbolo di decadenza. Infine è arrivato il comunismo, un'altra ideologia importata dall'Occidente, con il suo puritanesimo ufficiale che condannava ogni devianza sessuale. Anche un film come *Addio mia concubina* ha fatto fatica a superare le barriere della censura».

La biografia dell'autore incrocia tutte le tragedie della Cina contemporanea: un materiale letterario straordinario e al tempo stesso terribile. Nato in una delle regioni più belle – a Guilin, fra le montagne carsiche che hanno ispirato secoli di poesia e di pittura –, Bai ha trascorso la propria infanzia in una fuga costante: l'evacuazione forzata da una Guilin in fiamme per l'invasione giapponese; il rifugio, nel 1945, nella capitale provvisoria di Chongqing, sullo Yangtze, presto devastata anch'essa dai bombardamenti nipponici; l'arrivo nel 1946 nel caos di Shanghai, la metropoli più cosmopolita della Cina, in preda all'iperinflazione, alle convulsioni rivoluzionarie, alle fiammate di guerra civile. Poi, più di trent'anni di esilio forzato, fra Taiwan e gli Stati Uniti. Lo shock della Rivoluzione culturale, quando Bai viene raggiunto in

America dalle immagini delle Guardie rosse che distruggono templi e statue secolari del Buddha («pensai che era arrivato l'ultimo stadio di distruzione della civiltà cinese») e inizia a scrivere la sua prima raccolta di racconti, *Gente di Taipei*. Infine il ritorno a Shanghai, negli anni Ottanta, dove ritrova i vecchi quartieri coloniali e la villa francese della sua infanzia: tutto è decaduto, decrepito, ma ancora riconoscibile, intatto, fino a quando il grande boom edilizio trasfigura nuovamente la metropoli, lasciando ben poche oasi di primo Novecento sotto la selva dei grattacieli.

In questa storia di un'epoca tumultuosa che ha visto scontrarsi sul terreno della plurimillenaria civiltà cinese tutte le grandi ideologie europee – la liberaldemocrazia, il positivismo razionalista, il comunismo, il fascismo, il darwinismo sociale e il «pensiero unico» della globalizzazione capitalista –, Bai intravede un elemento di continuità: «A partire dalla giusta reazione contro l'arretratezza scientifica e tecnologica del nostro paese avvenuta all'inizio del secolo scorso, ha inizio una fase di occidentalizzazione che porta alla distruzione sistematica delle nostre tradizioni culturali e artistiche. Un esempio fra tanti: nonostante abbia una tradizione musicale antica migliaia di anni, oggi le accademie cinesi formano più interpreti di musica occidentale piuttosto che della nostra. Voi forse non potete capire fino in fondo, perché nessun paese europeo ha subìto un'attività così sistematica e radicale di stravolgimento e cancellazione delle sue radici. Dopo tanti decenni in cui la Cina ha negato il suo passato, oggi il problema maggiore dei giovani è che hanno un'identità culturale confusa, turbata. Dopo la violenza distruttrice del comunismo è venuta l'invasione di una cultura commerciale di origine americana, la versione più superficiale dell'Occidente. Bisogna reagire prima che sia troppo tardi».

Il suo contributo personale a questa battaglia prende il nome di *Padiglione delle Peonie*, l'opera cinese dell'era Ming che l'Unesco ha classificato tra i 19 capolavori del «patrimonio artistico orale» dell'umanità. Bai ha dedicato quasi vent'anni del suo talento a resuscitare questa forma d'arte, paragonata alla tragedia greca, impegnandosi a rianimare la tradizione nelle città di Hangzhou e Suzhou, in cui l'Opera Kunqu ebbe origine. I suoi sforzi sono culminati con una produzione imponente della versione originale, nove ore di spettacolo divise in tre serate, in tournée in tutte le grandi città cinesi da più di un anno. «È uno spettacolo di una raffinatezza squisita, di un'eleganza arcaica, che procede a un ritmo lentissimo: l'opposto delle abitudini giovanili. Eppure la maggioranza degli spettatori che vengono a vederlo ha tra i 20 e i 40 anni. È la stessa generazione che all'apparenza sembra appassionarsi solo di business e di denaro. Dietro la prima ondata di eccitazione per il nuovo capitalismo, riaffiora l'interesse per un'eredità culturale di cui non sapevano più nulla. Voglio sognare che sia l'inizio di un nostro rinascimento.»

XLIV

La diaspora che torna a casa

Dai Sijie è uno dei personaggi più interessanti e accattivanti della diaspora intellettuale cinese. Romanziere e cineasta di 50 anni, vive a Parigi dal 1985, ma non è un esule: può ritornare in Cina quando vuole, possibilità di cui negli ultimi anni approfitta sempre più spesso. Ha uno sguardo fresco, ironico e pungente sia sul suo paese d'origine che su quello di adozione: li ama entrambi, ma sa anche fustigarli.

È diventato celebre con il best seller *Balzac e la piccola sarta cinese*, scritto in francese e pubblicato a Parigi nel 2000 e in seguito tradotto nel mondo intero. È riuscito a trattare con umorismo lieve e perfino sereno una delle grandi tragedie che hanno segnato la storia della Cina contemporanea: la Rivoluzione culturale del 1966-1975, quella lunga convulsione di estremismo politico che, tra l'altro, costrinse molti adolescenti delle città a interrompere gli studi e ad abbandonare le famiglie per andare a lavorare nei campi. *Balzac e la piccola sarta cinese* è appunto la storia di due ragazzi esiliati nel villaggio poverissimo di una remota zona montagnosa che un giorno scovano un libro di Balzac scampato agli autodafé delle Guardie rosse (nella loro furia anti-intellettualistica, i militanti maoisti bruciavano la «letteratura borghese»). È attorno alla lettura semiclandestina di Balzac – e poi all'iniziazione letteraria della figlia del sarto del villaggio – che si snoda la storia, ritratto di una dolente umanità cinese che conserva l'arguzia e l'amore del paradosso anche quando lotta per la sopravvivenza ed è costretta a vivere le tragedie storiche provocate dalla follia dei suoi dirigenti.

Ho incontrato Dai Sijie in occasione dell'uscita del suo nuovo romanzo, *Muo e la vergine cinese.* Prima di ogni altra cosa, abbiamo parlato della Rivoluzione culturale. La vicenda di *Balzac e la piccola sarta cinese* è infatti ampiamente ispirata alla vita dello scrittore, che nel 1971, all'età di 17 anni, fu confinato per tre anni in montagna. Oggi Dai Sijie la ricorda come un'esperienza «più assurda che crudele». Più duro, invece, il destino toccato ai suoi genitori. Erano due docenti, bollati dai battaglioni di giovani fanatici delle Guardie rosse come intellettuali borghesi e «nemici del popolo». Il ricordo più vivo e doloroso che Dai Sijie conserva è quello di suo nonno, vittima di persecuzioni feroci perché macchiato di una colpa infamante. Era un pastore protestante: una pratica considerata abominevole in quanto tesa a propagare «l'oppio dei popoli», secondo la definizione che Karl Marx diede della religione. Dai Sijie non può dimenticare il giorno in cui, ancora bambino, andò in visita al villaggio dove suo nonno era stato deportato – e costretto al mestiere di spazzino. «Arrivai sulla piazza centrale del paese proprio mentre lui stava subendo l'ennesimo processo popolare da parte delle Guardie rosse. Era su un palco, costretto all'autocritica pubblica, mentre gli accusatori elencavano le sue colpe davanti alla folla. Tutto a un tratto, quei giovani cominciarono a picchiarlo con pugni e calci. Era un uomo vecchio, piccolo e fragile. Vedo ancora l'immagine di un pugno così forte che lo sollevò in aria, prima di farlo ricadere a terra.»

Per alcuni anni *Balzac e la piccola sarta cinese* non è stato tradotto in Cina. Anche se dal 1976 in poi gli «eccessi» della Rivoluzione culturale furono condannati e prevalse l'ala moderata del partito guidata da Deng Xiaoping, i dirigenti cinesi non hanno mai veramente saldato i conti con quella pagina della loro storia. Non è mai stato calcolato il numero preciso delle vittime. Ci sono state, è vero, tante riabilitazioni di cittadini caduti in disgrazia durante quel decennio terribile, ma non ci sono state altrettante condanne per i responsabili dei crimini. Non è mai stato creato – come proposero di fare alcuni studenti durante la protesta del 1989 a piazza Tienanmen – un «museo della Rivoluzione culturale» per documentare gli orrori e tramandarne così la memoria alle generazioni future. «La maggioranza dei giovani cinesi di oggi sa poco di quel periodo» dice Dai Sijie «perché è un argomento che molti genitori preferiscono non toccare.» Anche nei confronti della letteratura, negli ultimi vent'anni, la censura ha avuto un atteggiamento ondivago. Alcune opere di riesame critico della Rivoluzione culturale sono state autorizzate, altre no, a seconda dei momenti e delle oscillazioni d'umore delle autorità. Ma il trattamento che è stato riservato a *Balzac e la piccola sarta cinese* è così esilarante che sembra essere frutto della fantasia satirica del suo autore. Dopo anni in cui il romanzo circolava e si vendeva con grande successo nel resto del mondo – 300.000 copie in Francia, 500.000 negli Stati Uniti, 100.000 in Italia –, alla fine un editore di Pechino è riuscito a tradurlo e a pubblicarlo. Per non correre rischi, ha adottato un accorgimento. Alla fine del romanzo l'editore cinese ha aggiunto una postfazione in cui precisa: non condividiamo il contenuto del libro, ma al tempo stesso ci ripugna l'idea che per poter sopravvivere questo romanziere cinese sia costretto a mendicare diritti d'autore all'estero...

Muo e la vergine cinese è una storia priva di contenuti autobiografici, espressione di una fantasia galoppante e a volte sconcertante sebbene sia ambientata nella Cina di oggi e non manchino quindi situazioni e scenari di crudo realismo. L'inizio della storia vede il protagonista Muo, cinese che si sta formando come psicoanalista a Parigi, tornare in patria per tentare di salvare dal carcere una compagna di scuola di cui è sempre stato innamorato e che è stata arrestata per avere venduto foto proibite a un giornale straniero. Per cavarsi dai guai in cui si caccia continuamente, l'unica risorsa di cui Muo dispone è appunto la psicanalisi, disciplina poco diffusa, poco compresa e ancor meno stimata in Cina. L'autore, a differenza del suo personaggio non pratica la psicanalisi, ma è molto interessato al tema e ha letto molto in proposito. Sull'incomprensione dei cinesi Dai Sijie mi ha raccontato un aneddoto vero, perfino più divertente delle traversie del suo personaggio. Quando ha diretto in Cina il film tratto da *Balzac e la piccola sarta cinese*, le riprese si svolgevano proprio nella zona montagnosa e sperduta in cui lui era finito da ragazzo. Nei tempi morti della lavorazione del film, siccome non c'era niente da fare, spesso per combattere la noia Dai Sijie intratteneva la sua troupe cinematografica con dei racconti. «Una sera decisi di spiegare loro che cos'è la psicanalisi, di cui ignoravano le nozioni più elementari. Cominciai con il complesso di Edipo. Semplificandolo un po', dissi che secondo Sigmund Freud ogni figlio maschio desidera uccidere il padre e andare a letto con la madre. La reazione dei miei ascoltatori fu sorprendente. Si sbellicarono dalle risate. Tanto che, la sera dopo, la teoria freudiana fu richiesta a furor di popolo. Mi dissero: "Dai, raccontaci ancora quella storia sui figli che in Occidente vogliono uccidere i padri e andare a letto con le madri". Rispetto a una tradizione confuciana che per secoli ha esaltato l'autorità paterna, il rispetto dei genitori e la disciplina filiale, è uno shock culturale notevole.»

Questo non significa che la Cina di oggi sia un paese in cui vige una forte repressione sessuale. Dai Sijie, nei suoi recenti viaggi, è rimasto colpito dalla diffusione della prostituzione e dalla normalità con cui questo fenomeno viene vissuto. Nelle città di provincia in cui si recava con la sua troupe cinematografica, nella hall dell'albergo i produttori gli facevano trovare ogni sera delle prostitute «prepagate». «Ce le offrivano come un fringe-benefit usuale per persone del nostro rango. Molti miei compagni di lavoro non si stupivano, e accettavano volentieri. Mi dicevano: le donne cinesi di oggi sono troppo complicate, per portartele a letto devi corteggiarle, è tanto più semplice con le puttane.» Nel romanzo compare un personaggio infame, un giudice che per graziare la prigioniera esige che Muo gli procuri una vergine. «In Cina tutti troverebbero la cosa assolutamente normale», commenta Dai Sijie.

Quando uso la parola «corruzione», mi corregge. Quel termine implica una situazione per cui il potere sta da una parte, e il denaro dall'altra. Ma nella Cina di oggi le due cose coincidono: i capipartito e i capitalisti sono tutt'uno, è la variante dell'economia di mercato in cui l'accumulazione del capitale la fanno direttamente i politici, le loro mogli, i loro figli.

Dai Sijie si diverte a descrivere le differenze tra le troupe cinematografiche cinesi, abituate a lavorare per pochi soldi e senza badare a orari, con ritmi spesso massacranti, e quelle francesi, con le loro 35 ore legali a settimana, gli straordinari strapagati, le continue pause, il potere dei sindacati...

Con un'immagine efficace, cattura la differenza tra il nostro

Vecchio Continente e quella nuova frontiera che è la Cina del boom capitalistico: «Quando vado a Pechino e torno nel quartiere dove abitavo, da un mese all'altro il ristorante in cui mangio ha cambiato gestione, insegne, arredamenti. L'ultima volta che sono andato non c'era più neanche il ristorante. Né il palazzo, né la strada. Tutto raso al suolo per costruire qualcosa di nuovo. A Parigi, nel mio quartiere, passano gli anni e non solo i negozi non cambiano mai, ma ogni volta che torno da un viaggio ritrovo sempre lo stesso clochard che chiede l'elemosina allo stesso angolo della strada». Come molti intellettuali della diaspora – almeno quelli che non sono nella lista nera dei rifugiati politici –, Dai Sijie, fuggito anni fa da una Cina che lo soffocava, oggi si sente risucchiato verso una Cina che lo stupisce.

XLV
Uno Spielberg neoimperiale

Hero ha battuto il record di incassi in tutto il mondo. Trionfo delle arti marziali ritualizzate quasi fossero una danza, godimento visivo per i paesaggi grandiosi, film d'azione al tempo stesso onirico e surreale, *Hero* consacra la maturità artistica e commerciale del cinema cinese. E rappresenta anche un caso politico: sia in Cina sia in America ha sedotto il pubblico con la sua ideologia autoritaria e neoimperiale.

Considerato lo Steven Spielberg cinese per il suo virtuosismo tecnico, il regista Zhang Yimou aveva già sfondato all'estero con il successo di *Lanterne Rosse*, ma con *Hero* ha sperimentato un linguaggio, rievocando lo stile di *La Tigre e il Dragone* di Ang Lee. Con il budget più ricco nella storia del cinema asiatico, la benedizione di Quentin Tarantino e la distribuzione internazionale del gruppo hollywoodiano Miramax, Zhang ha riempito per un intero anno le sale del suo paese natale e negli Stati Uniti ha segnato il record di incassi per un film straniero (oltre 60 milioni di dollari). Il film si ispira alla Storia vera, quella che qualsiasi scolaro cinese impara alle elementari. È la vicenda di Ying Zheng, nato 2263 anni fa, re dello Stato di Qin, e dell'epoca in cui il paese era diviso fra sette signori della guerra. Nell'anno 221 prima di Cristo, Ying Zheng sconfigge le sei dinastie rivali e unifica per la prima volta l'immenso territorio che da quel momento prende il nome di Qin (si pronuncia «cin»): fonda dunque la nazione cinese dotandola di una lingua, di un codice legale, di una moneta, di un unico sistema di pesi e misure, e dà inizio alla costruzione della Grande Muraglia. Per raggiungere il suo scopo Ying – che si ribattezza Shi Huangdi, cioè primo imperatore – non arretra davanti a massacri e distruzioni. È celebre per aver fatto uccidere 460 intellettuali interrandoli vivi dopo un colossale autodafé, episodio che nei manuali scolastici è ricordato come «il rogo dei libri e la sepoltura dei maestri confuciani».

Il film ha inizio nel momento in cui il re di Qin combatte ancora contro le dinastie rivali ed è nel mirino di tre pericolosi assassini, Spada Spezzata, Cielo e Neve Volante. Il misterioso guerriero Senza Nome, che si spaccia per un umile poliziotto di provincia, riesce a eliminarli. Lo spettacolo comincia quando Senza Nome – l'Eroe del titolo – viene convocato dal sovrano che vuole sapere la verità sull'eliminazione dei tre. La raffinatezza estetica risiede nei magici combattimenti (in cui spesso il vero protagonista è il vento), nei meravigliosi paesaggi, che spaziano dal deserto ai laghi di montagna, nelle scenografie marziali della Città Proibita che quanto a bellezza rivaleggiano con l'*Ultimo imperatore* di Bertolucci. L'effetto sorpresa è creato dall'ambiguità. Il re ascolta Senza Nome con ammirazione, ma poi sconfessa ogni suo racconto, costringendolo a ricominciare con versioni diverse, sottolineate dalle variazioni dei colori di fondo. Senza Nome viene smascherato: anche lui complottava per uccidere il re. Anziché realizzare la sua missione, si arrende. Si inchina alla ragion di Stato. È il sovrano ad avere l'ultima parola: se vengo eliminato, sarà il trionfo dei signori della guerra, i combattimenti non finiranno mai e a soffrire sarà il popolo; io uso la violenza per sconfiggere la violenza, per creare ordine.

In fondo, il vero eroe è lui, che si rassegna a spargere il sangue altrui per un fine nobile. È la legittimazione dell'ordine imperiale, della stabilità ottenuta attraverso il dispiegamento degli eserciti. Le vittime umane sono un prezzo da pagare per fermare il caos. Il messaggio non è certo difficile da decifrare, ma se per caso qualcuno non lo avesse capito, l'attore Tony Leung (Spada Spezzata), durante la conferenza stampa di presentazione di *Hero* a Pechino, si espresse così: «Condivido i valori di pace e di umanità di questo film. Per esempio, durante gli incidenti del 4 giugno (questa la definizione ufficiale della protesta di piazza Tienanmen del 1989) io non partecipai alle manifestazioni perché ciò che fece il governo cinese era giusto: mantenere la stabilità, nell'interesse generale e per il bene di tutti».

È un revisionismo storico non raro tra gli intellettuali e gli artisti cinesi della generazione dei cinquantenni e quarantenni. A partire dalla metà degli anni Novanta, in seno all'élite colta ha iniziato a prendere piede una forte corrente di neoconservatori il cui teorico più noto è Xiao Gongqing. La sua ideologia è un sapiente dosaggio di nazionalismo e confucianesimo, utilizzati per riempire il vuoto creato dall'abbandono del comunismo. I Neocon cinesi liquidano il fermento democratico degli anni Ottanta come «romanticismo radicale». Loro si considerano «pragmatici», difendono l'ordine e la stabilità che hanno consentito il boom economico e la modernizzazione. Nel film, condividono senza dubbio le ragioni dell'imperatore.

La biografia del regista Zhang Yimou poteva spingerlo verso un finale diverso. L'autore di *Hero* ha una storia che forse non è eroica ma non è nemmeno banale. Nato nel 1950 a Xi'an, la città imperiale dove gli archeologi hanno scoperto l'esercito dei guerrieri di terracotta, Zhang appartiene a una famiglia «maledetta». Suo padre è un ufficiale del Kuomintang, l'armata della destra nazionalfascista di Chiang Kai-shek sconfitto nel 1949, dopo tre anni di guerra civile, dall'Esercito di liberazione popolare di Mao Zedong. Uno dei fratelli di Zhang viene accusato di spionaggio, un altro scappa a Taiwan (dove si è rifugiato Chiang Kai-shek con i suoi). Queste macchie garantiscono a Zhang una vita difficile fin dall'infanzia, tra i sospetti e le vessazioni del regime. Nel 1966, quando scoppia la Rivoluzione culturale, viene cacciato dal liceo – come molti coetanei – e mandato a lavorare nei campi; in seguito diventa operaio di una fabbrica tessile. In quel periodo è costretto a vendere il proprio sangue per potersi permettere l'acquisto della prima cinepresa. Una condizione non rara nella Cina di quei tempi, tanto da avere ispirato un romanzo, *Cronache di un venditore di sangue*, di Yu Hua. I primi film importanti di Zhang Yimou – *Sorgo Rosso*, del 1987, e *Lanterne Rosse*, del 1992 – affrontano il tema dell'oppressione delle donne in una società patriarcale. La censura li blocca, nonostante siano ambientati in epoca precomunista (negli anni Venti l'uno e durante l'occupazione giapponese degli anni

Trenta l'altro). Paradossalmente, a sfuggire ai censori è proprio una grande opera di aperta denuncia sociale ambientata in epoca contemporanea, *La Storia di Qiu Ju*, una contadina che cerca giustizia per il marito brutalizzato dal capovillaggio comunista. A sorpresa, in quel caso il film viene approvato e fatto circolare nelle sale cinematografiche cinesi nel 1992, probabilmente perché coincide con una delle periodiche campagne anticorruzione lanciate dalle autorità di Pechino per fare pulizia nei ranghi periferici del partito.

Con *Hero* Zhang conclude la sua parabola politica, da cineasta critico e censurato a star del regime: il governo lo ha già adottato da tempo, affidandogli la regia dei documentari finalizzati a promuovere la vittoriosa candidatura di Pechino e Shanghai per le prossime Olimpiadi e l'Expo Universale. Negli ambienti del dissenso, con una severità eccessiva, si accosta ormai il suo nome a quello di Leni Riefenstahl, la regista tedesca degli anni Trenta.

XLVI

Museolandia sul Delta delle Perle

Il piano è così ardito da sembrare stravagante. Trasformare Hong Kong, città di mercanti, bische e finanzieri, da «paradiso di capitalisti filistei» a capitale culturale dell'Asia? Nella Cina di oggi tutto sembra possibile, e anche questo progetto desta speciali attenzioni. Il Beaubourg e il Moma, il Guggenheim e il Victoria and Albert Museum, sono mobilitati per conquistarsi uno spazio sul mercato asiatico, in un'operazione che non ha precedenti. Il segretario agli Interni Patrick Ho la collega idealmente alle visioni sociourbanistiche della New Geography elaborate da teorici come Joel Kotkin: «L'economia globale un tempo era fondata sullo Stato-nazione, ma ora si evolve verso il primato delle città-regioni. I gangli vitali del pianeta si concentrano in non più di trenta città-regioni. Sono quelle che hanno accumulato un dinamismo culturale e un pluralismo così forti da attirare i capitali e le nuove élite professionali urbane, ingredienti essenziali per vincere nella competizione globale».

A Hong Kong i capitali non sono mai mancati; quanto all'élite professionale, chi in passato voleva occuparsi della Cina e al tempo stesso godersi gli agi della modernità, cominciando dalla *rule of law* (lo Stato di diritto), doveva stabilirsi per forza sull'isola. Ora la «rendita» rappresentata dalla posizione strategica sta scomparendo e la rinascita di Shanghai sottrae linfa vitale all'ex colonia britannica situata sul delta del Pearl River. A Hong Kong non rimane che sfruttare ciò che ancora la distingue: la libertà. E con essa l'assenza di censura e di un potere centrale totalitario, la circolazione delle idee, la società civile multietnica. Di qui la decisione – inaudita per quest'isola di banchieri, che non ha mai avuto un museo appena decente – di lanciare un investimento massiccio nella cultura, per sprigionare verso la Cina continentale e verso tutta l'Asia quell'attrazione che esercitano da noi Parigi, Londra e New York con la loro ricchezza di esposizioni, teatri, orchestre. Non ci si improvvisa per decreto città d'arte: la vocazione di Parigi è il frutto di una storia precisa; ma Hong Kong è convinta che nell'era della delocalizzazione anche il know-how culturale sia esportabile: dopo Disneyland vuole far nascere una Museolandia subappaltata in franchising alle più grandi istituzioni culturali e artistiche del mondo occidentale.

Naturalmente Hong Kong rimane se stessa: per avere dei finanziatori questo progetto poggia su un'importante speculazione edilizia che coinvolge i tycoon dell'isola come Li Ka-shing. Un aspetto che suscita controversie, e che ha costretto l'amministrazione di Hong Kong ad avviare un'ampia consultazione con la cittadinanza. La posta in gioco: 40 ettari di lungomare in uno degli angoli più cari del pianeta, sulla penisola di Kowloon, tra il Victoria Harbour e Canton Road, sono all'asta al miglior offerente. È un magnifico tratto urbano di costa che dalla terraferma guarda verso la Discovery Bay e quindi verso il mare della Cina meridionale. Chi riuscirà a impossessarsene, potrà costruirvi e gestire per trent'anni palazzi residenziali di lusso, grattacieli destinati a uffici, alberghi e shopping mall. A condizione di riservare 315.000 metri quadri al futuro Distretto Culturale di West Kowloon: quattro musei di 75.000 metri quadri, tre teatri da 3000 spettatori, un auditorium di 10.000 posti, un padiglione per esposizioni itineranti, un anfiteatro sull'acqua. Il progetto urbanistico è già pronto e tutt'altro che banale. Il concorso internazionale è stato vinto dall'architetto inglese Norman Foster, che fra i suoi tanti lavori ha firmato il Carré d'Art di Nimes, il nuovo Reichstag di Berlino e il Millennium Bridge di Londra, ma soprattutto due fra le opere più belle di Hong Kong: il grattacielo della Hong Kong Shanghai Bank of China, in pieno centro, e il nuovo aeroporto Chek Lap Kok a Lantau. A 70 anni Foster vuole coronare la carriera con il progetto di Kowloon, la più audace delle sue creazioni: su tutto il distretto culturale sarà sospeso un «cielo» di plastica trasparente, come un immenso baldacchino etereo, morbido e poroso, che sposa tutte le curve degli edifici. Il «cielo», da solo, costerà 400 milioni di euro, ma servirà ad avvolgere tutto il distretto nell'intimità di un ambiente a misura d'uomo, nonché a garantire gradevoli passeggiate fra i musei in un microclima riparato sia dall'afa estiva che dagli scrosci dei monsoni tropicali. Foster è convinto che il suo cielo sinuoso adagiato sul West Kowloon Cultural District diventerà il luogo-simbolo di Hong Kong al pari della torre Eiffel di Parigi o del Golden Gate a San Francisco.

Per inventarsi una città-museo, calamita di un nuovo turismo intellettuale, Hong Kong rimedia all'inesperienza con una scorciatoia che non sappiamo se definire postmoderna o coloniale. I costruttori in lizza per aggiudicarsi il progetto devono allearsi con grandi musei stranieri che garantiscano di costruire e gestire la nuova città dell'arte nel cuore dell'Asia. Quest'idea di trasportare musei da un angolo all'altro del pianeta raccoglie una tendenza già in forte sviluppo. Il Guggenheim è diventato una multinazionale che clona modelli di museo esportando un know-how collaudato nell'organizzazione di grandi mostre: dopo New York e Venezia c'è stato Bilbao, e poi, a ruota, San Pietroburgo, Berlino e Las Vegas. Il Boston Museum of Fine Arts ha aperto una succursale a Nagoya, in Giappone. La Tate Gallery si è allargata a Liverpool per poi sdoppiarsi con la Tate Modern nella stessa Londra.

I dirigenti del Guggenheim hanno già le idee chiare su Hong Kong. Oltre a farne la tappa asiatica privilegiata per le grandi esposizioni itineranti dall'Occidente, gli americani puntano a cavalcare per primi il grande risveglio della Cina, sia nel recupero di un patrimonio antico ancora poco valorizzato sia nell'esplosione di creatività degli artisti di avanguardia. «La storia culturale di questa parte del mondo è immensa» ha dichiarato al «New York Times» il direttore della Fondazione Guggenheim, Thomas Krens, «e il centro dell'arte contemporanea non è necessariamente New York. Per le dimensioni e la collocazione, il distretto culturale di Kowloon è la più eccitante opportunità del mondo».

I rivali storici del business americano dei musei privati in franchising sono i francesi, con i loro grandi musei ancora sotto il controllo dello Stato. Tuttavia, anche la Francia è in gara per creare e gestire il distretto culturale di Kowloon. Il presidente Jacques Chirac si è impegnato personalmente in un'offensiva diplomatica. Dopo aver proclamato l'anno della cultura cinese in Francia, oltre alla sua visita a Pechino, in ottobre Chirac ha espressamente voluto una tappa finale a Hong Kong: dopo avervi portato, in forma di prestito, la *Parade* di Picasso, ha presentato alle autorità locali la sua richiesta, e cioè che almeno uno dei musei di Kowloon sia affidato in gestione al Centre Beaubourg-Georges Pompidou. Chirac ha messo sulla bilancia il fatto che il Beaubourg potrebbe fare arrivare in Cina anche opere in prestito dal Louvre. Sarebbe la prima volta che un museo di Stato francese crea una filiale in terra straniera. Parigi ne fa una questione di prestigio nazionale e, naturalmente, anche di battaglia politica contro l'egemonia culturale americana nel mondo. A sorpresa, poi, il Beaubourg e il Guggenheim hanno finito per coalizzarsi, con una dichiarazione d'armistizio consegnata dal Consolato francese di Hong Kong. I due ora puntano a spartirsi il distretto culturale di Kowloon, partecipando con lo stesso gruppo di costruttori edili privati (Dynamic Star International).

L'irresistibile attrazione cinese è riuscita perfino a realizzare il miracolo di un'alleanza franco-americana. Perché nel frattempo le cordate concorrenti hanno ingaggiato altre due rispettabili istituzioni: il Museum of Modern Art di New York (Moma) e il Victoria and Albert Museum di Londra, tutti convertiti all'idea di esportare il proprio know-how aprendo succursali nel vecchio porto d'ingresso degli occidentali in Cina. Il professor Cheung Bing-leung della City University di Hong Kong non è affatto persuaso: «Possiamo anche dotarci di musei di risonanza internazionale, di grandi teatri e di esposizioni importandoli dal resto del mondo. Ma non abbiamo ancora risposto alla domanda più elementare: quali arti e quale cultura vogliamo sviluppare con l'impronta di Hong Kong?». In fondo, l'operazione del Distretto culturale di Kowloon è già riuscita in passato ad alcune città americane come Chicago e Dallas: pur avendo una storia giovane, le loro ricchezze hanno consentito la costruzione di grandi musei con opere dal resto del mondo. La Cina, però, ha una civiltà molto più antica di quella greco-romana. Forse, scavando con più coraggio in quel passato, Hong Kong potrebbe dare una risposta alla questione della sua identità. Ci guadagneremmo tutti qualcosa. L'alternativa è un mondo in cui viaggiare trovando gli stessi Matisse e gli stessi Van Gogh esposti a rotazione in ogni continente, come oggi il caffè Starbucks ci aspetta nella Città Proibita.

Parte tredicesima

Il partito unico (e ingombrante)

XLVII

In gita scolastica al plotone d'esecuzione

Quando l'hanno arrestata alla stazione ferroviaria di Lanzhou, Ma Weihua, 29 anni, aveva dell'eroina nascosta sotto la gonna gialla. Il possesso di droga è uno dei 68 reati per cui in Cina scatta la condanna a morte. Il suo era un caso speciale, però. Al momento dell'arresto Ma Weihua era incinta e il codice penale esclude dalla sentenza capitale le donne in stato di gravidanza. La polizia di Lanzhou non si è fermata per così poco. La squadra narcotici ha trasferito Ma dal carcere all'ospedale Kangati, dove un medico le ha praticato subito l'aborto. Sotto anestesia forzata, «perché la paziente si rifiutava di cooperare». Un dirigente della Pubblica sicurezza di Lanzhou ha dichiarato alla stampa locale che «il codice non deve diventare un'arma in mano agli spacciatori per sottrarsi alla punizione». Il caso di Ma, denunciato dalle organizzazioni per la difesa dei diritti umani e anche da autorevoli giuristi cinesi, rilancia il dibattito sulla pena di morte in Cina. Ogni anno in questo paese la giustizia fa fucilare o sopprime per iniezione letale almeno 10.000 persone: un numero che supera di cinque volte le condanne a morte eseguite in tutto il resto del mondo, America compresa.

Nonostante il disagio degli intellettuali e di alcuni dirigenti più illuminati, la pena di morte ha ancora un solido avvenire in Cina.

Il 1° ottobre 2004 a Changsha, capitale della provincia dello Hunan, centinaia di scolari sono stati guidati dai loro maestri in una singolare gita-premio. Nel palazzetto dello sport, insieme con altri 2500 spettatori, i ragazzini delle classi elementari e medie (dai 6 ai 16 anni) hanno potuto assistere di persona e in diretta all'esecuzione di sei condannati. Lo spettacolo è stato immortalato su un sito Internet: gli scolari in uniforme ascoltano dagli altoparlanti la proclamazione dei reati commessi, poi il plotone di esecuzione apre il fuoco. Queste cerimonie pubbliche si moltiplicano in occasione delle festività nazionali, che le autorità locali celebrano anche con la loro versione della giustizia-spettacolo. La provincia dello Yunnan ha acquistato diciotto «celle mobili» equipaggiate per l'iniezione letale, al fine di «migliorare l'efficienza e l'economicità» delle esecuzioni.

A Pechino il governo centrale sembra meno entusiasta di tanta pubblicità. Questo può spiegare il divario consistente che c'è tra le esecuzioni dichiarate e quelle reali. Nel 2003, per esempio, Amnesty International ha censito in Cina 1639 condanne a morte ufficiali, di cui 726 già eseguite. Nel suo rapporto annuale la stessa associazione avverte che «le cifre vere purtroppo sono molto più alte». La stima di 10.000 esecuzioni avanzata dal giurista Chen Zhonglin è considerata attendibile. Una simile strage non viene giustificata con gravi motivi di ordine pubblico. La Cina non è descritta dalle sue autorità come un paese tormentato da alti livelli di criminalità, non c'è un clima di allarme sociale per la violenza. Pechino e Shanghai appaiono a un occidentale come città sicure, dove la criminalità è minore rispetto alle nostre metropoli. È il sistema giudiziario cinese ad avere il grilletto facile, questo lo dicono apertamente anche esperti apprezzati dal governo.

Il professor Xiao Zhonghua dell'Accademia delle scienze sociali invita a «vigilare contro l'abuso della pena di morte». Il giurista Liu Renwen dichiara alla rivista «Huanqiu»: «Nel 1910, sotto l'ultimo regime imperiale, la dinastia Qing, c'era la pena capitale per venti capi d'imputazione. Un secolo più tardi, il nostro nuovo codice penale ha triplicato i casi in cui si applica». Sono inclusi delitti non cruenti come il contrabbando, lo sfruttamento della prostituzione, la profanazione delle tombe, la falsificazione di banconote. Di recente i reati che si pagano con la vita sono ulteriormente aumentati. Nel 2003 sono stati aggiunti alla lunga lista il crimine di «diffusione deliberata della Sars» e quello di «produzione di materie prime tossiche». Anche la prevenzione sanitaria e la lotta all'inquinamento si regolano così, in un paese dove secondo Amnesty International «non esiste la presunzione d'innocenza, le confessioni ottenute attraverso la tortura valgono come prove in tribunale, gli avvocati difensori non sono tenuti a essere presenti agli interrogatori della polizia e il potere politico interferisce nel sistema giudiziario». Si aggiunge il sospetto che la pena di morte sia somministrata con particolare facilità ai membri di minoranze etniche non appena scatta contro di loro il dubbio di attività terroristiche (è il caso del tibetano Lobsang Dhondup, fucilato nel gennaio 2004, e di diversi musulmani Uiguri detenuti).

Ai vertici, qualcuno vorrebbe cambiare. Una delle massime autorità giudiziarie del paese, il vicepresidente della Corte suprema del popolo Huang Songyou, annuncia che i condannati a morte dovrebbero avere diritto di appello presso la sua giurisdizione, cioè il tribunale costituzionale. Sarebbe già un progresso enorme: oggi i giudici che esaminano i ricorsi sono gli stessi che hanno inflitto la pena capitale. Il quotidiano «Notizie di Pechino» ha pubblicato un appello firmato dai più celebri giuristi del paese, dal titolo «Per l'abolizione della pena di morte sui reati economici». Liu Ri, vicepresidente dell'Università Hebei, conferma che questo sarebbe l'inizio più ragionevole: «Eliminare la condanna capitale per i reati finanziari, poi per tutti i delitti che non comportano spargimento di sangue».

Questi esperti e magistrati illuminati hanno fatto i conti senza l'opinione pubblica, che in Cina non può esprimersi attraverso libere elezioni o referendum, ma almeno ha le rubriche di lettere ai giornali, i forum su Internet e i weblog. La reazione a queste proposte non si è fatta attendere. Sui siti Sohu.com e Sina.com è piombata una valanga di proteste: 5000 interventi contro la clemenza – o la civiltà – invocata dagli esperti. «È irragionevole» scrive un giovane su Sohu.com «abrogare la pena di morte per i dirigenti politici che prendono le tangenti. Queste proposte ignorano il sentimento dei cittadini ordinari, offesi e danneggiati dal dilagare della corruzione.» Alcuni lettori indignati confidano ai giornali il timore che i giudici garantisti siano in combutta con gli amministratori disonesti. Verso i corrotti nessuno è disposto a usare indulgenza. Per loro neanche l'ergastolo sembra bastare. Il giurista Li Kejie ammette che «molti cittadini sono a favore della legge del taglione, occhio per occhio dente per dente, soprattutto oggi che le riforme economiche creano conflitti e instabilità sociale. L'effetto deterrente e la punizione esemplare della pena capitale diventano ancora più importanti, sembrano dare sicurezza».

In realtà le statistiche rivelano che solo di rado chi ha intascato tangenti finisce davanti al plotone d'esecuzione. Anche quando succede, si tratta di figure di medio calibro, dirigenti provinciali gettati in pasto all'opinione pubblica per dare l'impressione che la corruzione viene combattuta senza pietà. Negli ultimi anni il più alto in grado ad aver pagato con la vita è un vicegovernatore provinciale dello Jianxi, Hu Changqing, fucilato l'8 marzo 2000 per aver preso 658.000 dollari di mazzette. In tutto il 2004 si segnala un solo caso di pena capitale comminata a un alto funzionario accusato di ruberie: è Wang Huaizhong, ex vicegovernatore dello Anhui, la cui condanna è stata eseguita il 12 febbraio di quell'anno. Rispetto alla massa dei condannati a morte i colletti bianchi sono già oggi una minuscola eccezione. Inoltre, spiega ancora Liu Renwen, «il potere deterrente della pena capitale contro la corruzione ha dei limiti evidenti. Conosciamo casi in cui, dopo la condanna a morte di un amministratore locale per tangenti, il suo successore si è macchiato poco tempo dopo dello stesso delitto. Questo deve metterci in allarme. La soluzione per prevenire tale genere di delitti sta nel cambiare il sistema». La migliore cura contro il giustizialismo dei cittadini, sostiene il giurista impegnato per l'abolizione delle condanne a morte, «è rendere pubbliche le informazioni sui numerosi errori giudiziari, illustrare la scarsa utilità pratica della pena capitale». Lui è convinto che basterebbe questo ad aprire gli occhi ai cinesi. Forse sopravvaluta la razionalità dei suoi concittadini. O sottovaluta la tensione che cova dentro la società.

Nell'autunno del 2004 nella città di Wanzhou un banale diverbio tra automobilisti è degenerato quando è intervenuta la polizia: diecimila persone hanno attaccato le forze dell'ordine e incendiato i loro automezzi, apparentemente senza una ragione, finché sono dovuti intervenire reparti antisommossa per sedare la guerriglia urbana. Le autorità hanno minimizzato l'incidente, come le tante esplosioni improvvise di conflittualità sociale nelle campagne, fiammate di ribellione contadina contro i capipartito che si impadroniscono delle terre comuni per venderle alle aziende o ai palazzinari. La voglia di forca probabilmente è un altro modo di dire le stesse cose. A fare le spese di questo risentimento popolare, purtroppo, non sarà la nomenklatura corrotta. Sarà Ma Weihua, che a 29 anni ha abortito su decisione di un poliziotto, perché neanche il codice penale possa sottrarre la sua vita al potere assoluto del giudice.

XLVIII
La petizione all'imperatore

«Da anni viaggiamo liberamente in Occidente. Navighiamo su Internet come voi. Un terzo dei miei studenti ha una tale preparazione da conquistarsi delle *scholarship* americane, borse di studio per un master o un dottorato negli Stati Uniti. Eppure se vogliamo sapere che cosa stanno discutendo in queste ore i nostri governanti dobbiamo andare a cercare voci e indiscrezioni sui siti on-line dei mass media stranieri. È umiliante.» Si capisce lo sfogo del noto intellettuale di Shanghai Zhu Xue Qin, che si confida con me il 16 settembre 2004: giorno di apertura del Plenum annuale, una sorta di vertice nazionale dei dirigenti del Partito comunista cinese. Nel Plenum si sarebbe decisa l'uscita di scena definitiva di Jiang Zemin, l'ex presidente e segretario generale del partito che fino a quel momento aveva conservato il controllo delle forze armate: i suoi concittadini che sanno l'inglese hanno appreso del suo pensionamento dal sito Internet del «New York Times», molti giorni prima che la notizia apparisse sui mass media cinesi. Non è un caso raro. Anzi, ordinaria amministrazione per un paese che ancora non ha intrapreso la sua glasnost, come venne chiamata la politica della trasparenza inaugurata da Michail Gorbaciov in Unione Sovietica.

La Cina detiene il record mondiale del numero di telefonini, e tutti possono conversare liberamente con i loro amici in America o in Europa, a Taiwan o a Singapore. Ventun milioni di turisti cinesi vanno in vacanza all'estero ogni anno, viaggiano dove e con chi vogliono, senza che il loro governo possa controllare che cosa leggono o che cosa guardano alla televisione quando sono fuori del loro paese. Le città cinesi sono selve di grattacieli e di shopping mall che potrebbero trovarsi a Londra e Los Angeles, Sidney e Vancouver. Nelle case del ceto medio-alto è diffusa l'antenna satellitare (anche se è illegale) e quindi per i colletti bianchi delle grandi città non è impossibile avere accesso a programmi televisivi stranieri. Eppure quel 16 settembre 2004, come ogni anno, Pechino mette in scena il rito arcaico di una politica che sembra lontana da una società moderna e cosmopolita. In quell'occasione i luoghi simbolo del potere come piazza Tienanmen sono immancabilmente blindati dalla polizia. Per tutti i regimi autoritari «controllare la piazza» è imperativo. Ma per quello cinese controllare «quella» piazza è ancora più essenziale, per l'identificazione quasi sacrale fra Tienanmen e il Potere che risale agli imperatori. Migliaia di manifestanti sono stati arrestati nelle settimane precedenti per impedire che turbassero la liturgia del Quarto Plenum del XVI Comitato centrale del Partito comunista. Un vertice, come sempre, a porte chiuse, fra 198 alti gerarchi blindati dentro l'hotel Jinxi, nella zona ovest della capitale. I giornalisti e le telecamere, se mai vengono ammessi, lo sono soltanto a cose fatte, per registrare bollettini ufficiali che non dicono quasi niente e trasmetterli disciplinatamente alla popolazione.

Il vertice del partito è l'occasione per misurare la distanza «imperiale» tra la nomenklatura comunista e i suoi sudditi. Anche nel settembre 2004, come l'anno prima e quello prima e quello prima ancora, 30.000 cinesi sono accorsi a Pechino per cercare di trasformare il Plenum in un palcoscenico delle loro lamentele. Sono stati arrestati, malmenati dalla polizia con i manganelli elettrici, radunati in uno stadio e rispediti con il foglio di via nelle loro province. È una triste scena che si ripete, ignorata dai mass media cinesi, denunciata stancamente da quelli occidentali senza troppe illusioni. Nonostante l'obiettivo proclamato da molti anni a Pechino di costruire uno Stato di diritto, con regole certe e una giustizia equa, i tribunali sono incapaci di difendere i cittadini dai soprusi dei capipartito locali o dalle ruberie dei nuovi capitalisti (due figure che a volte coincidono nelle stesse persone o nelle stesse famiglie). Lavoratori immigrati derubati del salario, contadini espropriati della terra senza compensazione, inquilini defraudati: una volta esauriti i ricorsi legali davanti a tribunali ottusi o incompetenti o corrotti, non resta altro che venire a Pechino a invocare giustizia.

Proprio come ai tempi dell'imperatore, per la massa dei cinesi l'ultima speranza è l'istituto della «petizione», che ha conservato sotto il comunismo lo stesso nome che aveva con le dinastie imperiali. Petizione significa un lungo pellegrinaggio dalle campagne sperdute fino alla capitale, lo smarrimento del contadino povero sballottato e stordito dal traffico e dai lussi della metropoli moderna, le file estenuanti davanti agli sportelli di piccoli burocrati arroganti, la speranza che uno di quegli impiegati statali accetti il testo della lamentela e consegni la preziosa ricevuta al questuante. Preziosa perché è la «prova» che la petizione è arrivata a destinazione, quindi c'è la speranza che qualcuno la leggerà, e poi chissà... Preziosa? Un pezzo di carta straccia. La maggioranza dei cinesi che affrontano la lunga trasferta verso la capitale non si fa illusioni sulla fine che farà il loro esposto alle autorità, sepolto sotto montagne di altre carte analoghe negli scantinati umidi degli archivi ministerali, patetiche testimonianze di ingiustizie subite per generazioni. Ma ci provano lo stesso, per disperazione. «Mi hanno demolito la casa, volevo parlare ai leader» ha detto il quarantottenne Zhang Zhenxin, uno dei pochi a essere arrivato fin nelle vicinanze dell'hotel Jingxi prima di essere catturato e portato in commissariato. La petizione si può consegnare tutto l'anno. Se in trentamila preferiscono recarsi in pellegrinaggio a Pechino esattamente quando si riunisce il Plenum del partito, è proprio per un residuo di illusione sulla bontà dell'imperatore. È la speranza di potersi avvicinare ai potenti, gridargli di persona un messaggio da dietro i cordoni di polizia, magari addirittura riuscire a consegnare il fatidico foglio a un vero capo, non a un viceusciere ministeriale, affinché l'invocazione degli umili sia ascoltata.

Forse qualcuno dei trentamila fa un calcolo più moderno, tentando di conquistarsi per un attimo l'attenzione dei mass media della capitale e quindi di smuovere i potenti attraverso la leva dell'informazione. Qualche volta la scommessa funziona, perché i mass media della capitale sono più liberi di esporre le manchevolezze dei dirigenti di partito, purché si riferiscano alla periferia dell'impero. In qualche caso Pechino ha preso le parti del più debole, e il capetto di provincia è stato castigato. Ma questi episodi sono un'infima minoranza. Più spesso accade invece il contrario. Molte petizioni dei contadini che denunciano le angherie subite dai dirigenti di periferia vengono trasmesse per competenza alle autorità locali, cioè le stesse che hanno infierito su di loro. E recarsi a Pechino nel pellegrinaggio della speranza proprio quando c'è il Plenum, non è un'idea azzeccata: in quei giorni la polizia diventa ancora più brutale e i mass media ricevono ordini tassativi di non dare visibilità alle proteste degli emarginati.

Perché di emarginati si tratta. Non ci sono colletti bianchi né proprietari di Audi nel popolo delle petizioni. Diversamente dall'89 non è l'élite urbana a protestare, non è scontenta la generazione-Internet, tra gli arrestati e gli sfollati alla vigilia del Plenum non figurano gli studenti di Zhu Xue Qin, quelli che hanno già in tasca le borse di studio per andare in America: a loro il partito ha riservato i maggiori benefici della crescita, e fin qui il contratto sociale li soddisfa. Il nuovo malcontento viene dalla periferia, dalla «seconda Cina», dove la disoccupazione spinge decine di milioni a emigrare ogni anno verso le ricche metropoli costiere; la Cina delle *ayi* (donne delle pulizie) contadine che vendono i propri servizi alle famiglie del ceto medio urbano: schiave a tempo pieno per 50 euro al mese. E il primo motivo delle lamentele è proprio il partito: si stima che la corruzione pesi per il 20% del Pil cinese annuo.

I vertici sono costretti a riconoscere la gravità del problema corruzione. Alla vigilia di quel 16 settembre l'agenzia stampa ufficiale Xinhua ha detto con pudore: «Per la prima volta un Plenum del Comitato centrale mette in cima alla sua agenda la capacità di governo del partito». Ye Duchu, autorevole teorico della Scuola centrale di partito che forma la nomenklatura, osa essere più chiaro: «Il primo punto è l'autopurificazione del partito. Il secondo è la costruzione del sistema giudiziario. Il terzo è mettere in pratica politiche di governo nell'interesse dei cittadini». Ma le grandi campagne lanciate periodicamente contro la corruzione sono condannate a dare risultati deludenti finché resiste il dogma del partito unico: senza ricambio, senza alternanza, senza elezioni democratiche, l'impunità dei capi conosce rare eccezioni. Finora il presidente Hu Jintao non dà segno di voler discutere quel dogma. Anzi. Hu ha escluso ogni evoluzione futura verso il pluralismo: «La storia indica che copiare indiscriminatamente i sistemi politici occidentali è un vicolo cieco per la Cina».

Sembrano lontani i giorni del 1989 in cui – sotto la pressione del movimento studentesco e degli eventi dell'Europa dell'Est – Zhao Ziyang diceva che «la democrazia è una tendenza universale» e lo stesso Deng Xiaoping ammetteva che «un giorno anche la Cina avrà elezioni a suffragio universale». Deng, poi, fece la scelta opposta, puntò su un modello autoritario per la transizione accelerata all'economia di mercato. E Zhao fu recluso agli arresti domiciliari fino alla morte. Il dibattito sulla democrazia non è più appariscente nella società civile, e non è assolutamente all'ordine del giorno ai vertici della nomenklatura. Questo non vuol dire che sia inattuale.

IL

Libri proibiti, forse

Egregio Direttore delle Dogane della Repubblica popolare cinese, un suo solerte funzionario, dopo aver aperto e controllato la mia posta, tiene sotto sequestro da alcune settimane dei libri di mia proprietà: saggi sulla Cina che mi sono stati spediti da Parigi. Per espiare la colpa di aver ordinato quei libri devo pagare una multa. Tra i titoli – secondo voi – ci sarebbero opere «anticinesi», e volete spiegazioni. Eccole. Presumo che l'opera incriminata in quel plico sia *Les archives de Tienanmen* di Zhang Liang. Sono passati quindici anni e sei mesi, ma il massacro con cui fu soffocato un pacifico movimento per la democrazia è ancora una ferita aperta, che ricorda il vostro deficit di legittimità. Non vedo altra spiegazione per un gesto così insulso: confiscare a un giornalista italiano un libro pubblicato in Francia su un avvenimento di cui noi – in Occidente – sappiamo già quasi tutto. Anticinese? Nessuno era più filocinese di quei ragazzi che sono morti sotto il fuoco dei carriarmati a Tienanmen: così pieni di fiducia nel loro paese da essere certi che fosse maturo per la democrazia.

Egregio Direttore, forse le sfugge l'assurdità del suo ruolo. Proprio dalle sue dogane transitano quei prodotti «made in China» che grazie alla liberalizzazione dei commerci invadono il resto del mondo. Lei presidia la nuova cerniera della globalizzazione, il confine tra la Cina e l'economia mondiale dove si è innescato il più grande sviluppo nella storia dell'umanità. Ma le sue dogane devono controllare che il libero scambio non si applichi alla circolazione delle idee, dell'informazione: per loro natura beni universali. Lei crede davvero che lo squilibrio possa durare a lungo?

Questa è la lettera che, dopo un infruttuoso carteggio preliminare con alcuni funzionari doganali di Pechino, ho spedito il 30 novembre 2004 al loro superiore. Carteggio al termine del quale i miei libri rimanevano sotto sequestro, e io risultavo due volte in debito: di una multa di almeno 500 yuan, e di una giustificazione per aver voluto importare materiale di propaganda anticinese.

A Pechino tutti i giornalisti subiscono vessazioni piccole o grandi. Certo, non è più la Cina di una volta in cui i corrispondenti erano confinati nei compound di abitazioni e uffici per soli stranieri, spiati, sottoposti a rigide restrizioni nei movimenti. Avendo sposato l'economia di mercato da un quarto di secolo, il paese è sempre più aperto. La Cina è invasa dagli stranieri, i cinesi viaggiano all'estero. Nelle grandi città si possono comprare giornali esteri, anche se in punti di vendita limitati (perlopiù i grandi alberghi internazionali). Le e-mail, Internet e i telefonini riducono la possibilità di controllo dell'informazione. Lo si è visto all'epoca della Sars: il tentativo iniziale di nascondere le notizie sull'epidemia fallì perché da Hong Kong l'informazione sul contagio dilagava in tutta la Cina, per telefono, sms o posta elettronica.

I limiti si sono spostati ma esistono ancora. Ci sono temi tabù su cui Pechino ha i nervi scoperti, e chi li tocca rischia: le rivendicazioni del Tibet o delle minoranze etniche musulmane, i rapporti con Taiwan, il movimento Falun Gong, quella Chiesa cattolica semiclandestina che mantiene legami con il Vaticano (tra la Cina e la Santa Sede non ci sono relazioni diplomatiche). Le autorità hanno messo a punto sofisticati filtri di software, che oscurano automaticamente i siti Internet non appena appare un termine che appartiene alla lista dei soggetti proibiti. Alcuni media occidentali ne fanno le spese in modo quasi permanente, come il sito on-line della televisione inglese Bbc, quello di Amnesty International, delle varie organizzazioni pro-Tibet o dei missionari cattolici di Asianews. Altri subiscono dei blackout temporanei: è capitato a Google di essere inaccessibile per diversi giorni dalla Cina. (Si sospetta la complicità di alcune multinazionali occidentali di Internet e del software con la censura cinese. Si dice che Yahoo e la Cisco, per esempio, collaborino con le autorità cinesi nell'autocensura. Non sarebbe strano. Gli affari sono affari: Rupert Murdoch si rifiutò di pubblicare le memorie dell'ex governatore di Hong Kong Chris Patten, e addolcì la linea dei suoi quotidiani nei confronti della Cina, pur di ottenere il via libera all'ingresso delle sue televisioni sul mercato più grande del mondo).

Chi ha l'antenna satellitare a Pechino sa che la Cnn soffre regolarmente di brevi blackout quando i suoi notiziari toccano questioni proibite, come i rapporti sul rispetto dei diritti umani in Cina. In effetti a Pechino le immagini della Cnn non arrivano veramente in diretta, bensì con una sfasatura di cinque minuti, il tempo necessario agli operatori della censura per «staccare la presa» quando sentono affrontare i temi tabù. In compenso la rete di Stato cinese, Cctv, non ha nascosto nulla, ma proprio nulla, sul comportamento degli Stati Uniti nella base di Guantánamo o gli abusi dei soldati americani contro i prigionieri iracheni nel carcere di Abu Ghraib.

Sulla libertà di circolazione sono rimasti in vigore alcuni limiti per i giornalisti. In Tibet si va in viaggio organizzato scortati dai funzionari del ministero degli Esteri. In generale dovremmo chiedere l'autorizzazione ogni volta che ci addentriamo nelle province, segnalando il nostro itinerario e le persone che vogliamo incontrare. Chi non lo fa si espone al rischio di essere fermato dalla polizia locale e, come minimo, rispedito a Pechino. I visti dei corrispondenti scadono alla fine di ogni anno, e la possibilità che non vengano rinnovati è una sottile forma di pressione.

Molto più degli stranieri, però, rischiano i reporter cinesi che fanno giornalismo d'inchiesta. A volte sembra che i vertici politici incoraggino un po' di glasnost, ma le loro reazioni sono arbitrarie e imprevedibili. Qualche cronista cinese è stato elogiato per aver esposto casi di corruzione. Più spesso quelli che credono nella funzione della stampa come contropotere perdono il lavoro o finiscono in carcere, come Jiang Weiping e un'altra quarantina di reporter. Succede anche ai cinesi che lavorano per i media occidentali. È il caso di Zhao Yan, assistente-interprete del «New York Times» a Pechino, arrestato nell'ottobre 2004 con l'accusa di aver «rivelato segreti di Stato», isolato dai contatti con i familiari e privo di un'assistenza legale. Si è creduto che il suo arresto fosse una punizione per aver consentito al giornale americano di fare uno scoop politico, anticipando l'uscita di scena di Jiang Zemin. Più probabilmente Zhao è stato colpito perché, prima della sua assunzione al «New York Times», si era distinto sulla stampa locale per le sue inchieste contro la corruzione. A nulla sono servite le pressioni diplomatiche americane. Anzi, forse per segnalare che non è educato dare lezioni al governo cinese, Pechino ha rifiutato il visto d'ingresso a un celebre inviato del «New York Times», Nicholas Kristof.

Quanto può reggere questo modello cinese, che combina una liberalizzazione estrema dell'economia con il controllo del partito unico? C'è chi teorizza che possa durare all'infinito: sono i seguaci del «paternalismo asiatico», che giustificano benevolmente sia l'autoritarismo di destra di Singapore sia la versione comunista di Pechino. Sono concetti che un giorno appariranno razzisti, come già lo sono per alcuni giovani cinesi che hanno studiato a Harvard o Stanford e non sono meno preparati per la democrazia dei loro coetanei americani. Anche in Europa fu sperimentato il capitalismo senza la democrazia, usando il nazionalismo come collante del consenso, e i risultati non furono felici. Le tensioni sociali che oggi sfociano in microconflitti locali e preoccupano tanto il presidente Hu Jintao – le crescenti diseguaglianze fra ricchi e poveri, tra città e campagna – vengono mediate più facilmente nella flessibilità di un sistema democratico, grazie al pluralismo dell'informazione, dei sindacati e dei partiti. Il Partito comunista ha smesso da tempo di essere un canale di comunicazione efficiente con la popolazione, e i vertici sono a volte impotenti: le notizie che ricevono dai quadri di periferia non sono sempre attendibili e non sempre le direttive di Pechino vengono rispettate dai «vassalli» che governano (e spremono) le province.

Il libro che i dirigenti delle dogane mi hanno sequestrato, *Les archives de Tienanmen*, è la ricostruzione del dibattito che si svolse all'interno della leadership comunista nella drammatica primavera del 1989. Una forte corrente al vertice del partito voleva imboccare subito la via della democrazia. Quella corrente è stata sconfitta ma non è scomparsa. Hu Jintao sa che questo problema lo attende al varco. Dal vecchio guscio del partito maoista Deng Xiaoping ha estratto la generazione di tecnocrati oggi sessantenni, li ha messi al volante di una macchina formidabile che fabbrica sviluppo, benessere, istruzione. Quella macchina non è solo il concetto astratto di capitalismo: è una società civile che si emancipa, che può scegliersi l'auto, il telefonino, la laurea in America e le vacanze in Europa. Ma non i libri da leggere?

Post scriptum. Il Direttore delle Dogane di Pechino non mi ha mai risposto. Nessuna reazione alla mia missiva del 30 novembre 2004, pubblicata anche sotto forma di «lettera aperta» nella prima pagina della «Repubblica». Non ha risposto neanche a ripetute sollecitazioni successive, per iscritto e per telefono. Non ho mai pagato la multa di 500 yuan per importazione di propaganda anticinese. Tre mesi dopo la mia lettera è arrivato un pacco nel mio ufficio. Conteneva tutti i libri sequestrati, compreso *Les archives de Tienanmen*.

L

La libertà del tassista

Le occasionali vessazioni a cui sono sottoposti i giornalisti stranieri in Cina sono poca cosa rispetto a quello che sopportano i cinesi.

Gli ultimi mesi del 2004 hanno visto un «intasamento» di statisti europei a Pechino, tutti in fila per omaggiare la nuova superpotenza mondiale. In un breve arco di tempo si sono succeduti nella capitale il presidente francese Jacques Chirac a ottobre, poi, ai primi di dicembre, il cancelliere tedesco Gerhard Schroeder e il nostro capo dello Stato Carlo Azeglio Ciampi con il ministro degli Esteri Gianfranco Fini. Tutti accompagnati da folte delegazioni di industriali e banchieri. Durante le loro visite i leader europei, fra le numerose manifestazioni di amicizia nei confronti della Cina, hanno ripetuto il medesimo gesto, che ha un alto valore politico e simbolico per i dirigenti di Pechino: francesi, tedeschi e italiani a turno hanno promesso l'abolizione in tempi brevi dell'embargo europeo sulle forniture di armi alla Cina, deciso nel 1989 come gesto di protesta contro il massacro di piazza Tienanmen e le violazioni dei diritti umani. Chirac, Schroeder e Ciampi – come tanti altri governanti d'Europa e del mondo – si sono detti convinti che il miglior modo di far progredire la causa dei diritti umani in Cina è di intensificare le relazioni politiche, economiche e culturali con Pechino, incoraggiando le riforme e la politica d'apertura. Sempre nel dicembre 2004 si è avuta la tournée trionfale del premier Wen Jiabao in Europa, culminata all'Aia dove è stato accolto con i massimi onori dai vertici dell'Unione europea.

Quel che è successo subito dopo a Pechino è stato un amaro risveglio, per chi si aspetta dai leader cinesi dei gesti di buona volontà in cambio di tutte le promesse e le gentilezze prodigate dagli europei. Erano ancora fresche sull'asfalto le tracce delle gomme delle limousine nere che avevano riaccompagnato Schroeder e Ciampi all'aeroporto internazionale di Pechino, quando la polizia locale ha effettuato una «retata» negli ambienti dei dissidenti. Fra il 12 e il 14 dicembre squadre di poliziotti in borghese hanno arrestato, interrogato brutalmente e poi rilasciato dopo pesanti intimidazioni tre figure di punta del dissenso. Altri intellettuali e religiosi erano finiti in carcere settimane prima all'insaputa di tutti, a Pechino o nelle province più lontane. La stampa di partito nel frattempo animava sulle sue colonne una campagna contro gli «intellettuali pubblici» che ha ricordato brutti precedenti, quando la Rivoluzione culturale infieriva contro l'intellighenzia «borghese». Intanto si moltiplicavano le notizie di violenti conflitti sociali nelle regioni periferiche del paese, e questi segnali forse rivelavano quale fosse per il presidente Hu Jintao la reale priorità, più importante dell'immagine internazionale.

Fra i tre intellettuali fermati a Pechino a dicembre c'è Liu Xiaobo, 49 anni, uno degli eroi di piazza Tienanmen. Nella primavera del 1989, quando la capitale era il teatro di imponenti manifestazioni per la democrazia, Liu fu uno dei quattro leader di uno sciopero della fame che il mondo intero seguì con trepidazione. Il 4 giugno 1989, poche ore prima che Deng Xiaoping ordinasse all'esercito di schiacciare il movimento degli studenti, Liu riuscì a negoziare un salvacondotto per alcuni leader studenteschi. Nonostante questo la repressione fece migliaia di morti. Liu pagò con un anno e mezzo di carcere, più tre anni di lavori forzati. Malgrado altri tre arresti successivi, nel 2001 Liu ha fondato la filiale cinese dell'International Pen Club, l'organizzazione che difende gli scrittori perseguitati per le loro idee. Di recente stava preparando la pubblicazione di una rivista-samizdat, che sarebbe dovuta uscire alla fine del 2004. A ottobre, insieme con i suoi amici del Pen Club cinese, aveva assegnato il Premio della Libertà al libro *Il passato non è fumo* di Zhang Yihe, sulle purghe di intellettuali introdotte da

Mao Zedong nel 1957. La cerimonia della premiazione era stata organizzata fuori Pechino, in una località vicina alla Grande Muraglia, perché in Cina far parte del Pen Club può essere un crimine: in teoria la Costituzione garantisce il diritto di associazione, ma è reato formare nuovi partiti politici e anche un semplice club può ricadere sotto questo divieto se lo vuole il governo.

Poche ore prima del suo arresto, il 12 dicembre 2004, avevo ricevuto una e-mail del dissidente Liu Xiaobo che merita di essere divulgata.

In Cina non è raro che i poeti vengano accusati di *rivelare segreti di Stato.* Le autorità usano regolarmente l'articolo 61 del codice penale, che punisce con il carcere chi *trasmette segreti di Stato allo straniero,* per imprigionare scrittori che pubblicano qualche opera all'estero o semplicemente su Internet (che per definizione è accessibile dall'estero). È un meccanismo usato per censurare e intimidire. Certo, ogni paese ha i suoi segreti di Stato. Ma non è concepibile che tutto ciò che accade in Cina sia considerato un segreto di Stato. Da noi, ogni cosa che le autorità non vogliono sia conosciuta o discussa dalla gente, rientra nella categoria del segreto di Stato. Non c'è trasparenza e non c'è responsabilità nel nostro governo. Ai comuni cittadini non è consentito raccogliere informazioni su come è organizzato, come prende le sue decisioni, quanto paga i suoi dirigenti.

La mania del segreto arriva fino ai dettagli più banali: l'uomo della strada non può discutere pubblicamente della salute dei dirigenti del Partito comunista, né può rivelare che molti leader politici si tingono i capelli per mantenere un aspetto più giovanile. Che cos'è, davvero, un segreto di Stato? Spesso, è soltanto quando uno di noi viene arrestato che scopre di essere inciampato inavvertitamente in uno di questi «segreti». Un paese con così tanti segreti getta un'ombra di invisibile paura su tutti i suoi cittadini. Quando l'ombra comincia a oscurare le loro vite, i cittadini sono terrorizzati da quei segreti. Ma poi si abituano a vivere nell'oscurità, e non hanno più bisogno della luce del sole. Alla fine uno scrittore non sa più nemmeno quali segreti (o bugie) gli è proibito conoscere. Oppure interiorizza un'autocensura e si impedisce da sé di scrivere al di fuori di confini ben precisi.

Alcuni autori oggi in Cina pretendono di poter scrivere tutto ciò che vogliono. Sì, quasi. Possono scrivere di sesso, incesto, violenza, vizi umani, ma non possono avvicinarsi alle informazioni potenzialmente «sensibili».

I turisti che vengono in Cina raccontano che i cinesi oggi parlano molto apertamente delle loro vite. I tassisti possono persino maledire il Partito comunista. Ma la libertà di espressione dentro un taxi non ha nulla a che vedere con la libertà di espressione che i cittadini dovrebbero poter esercitare.

Il più grande segreto di Stato, io credo, è che la coscienza della Cina è stata messa in gabbia.

Tra gli altri arrestati di quei giorni c'è Yu Jie, 31 anni, scrittore di fama mondiale, celebre in Cina anche per aver proposto la rimozione del mausoleo di Mao da piazza Tienanmen. Un suo libro, *Rifiutare la menzogna*, è un best-seller clandestino pubblicato a Hong Kong. Ironia della sorte: quando la polizia è andata a prelevarlo a casa sua, Yu era appena tornato da una visita a Parigi, dove era stato invitato dal governo francese. La sua visita all'estero faceva parte di una delle innumerevoli manifestazioni ufficiali dell'«Anno della cultura cinese in Francia» proclamato da Chirac. Dopo essere stato rilasciato, Yu ha dichiarato che la polizia aveva sequestrato i documenti dal suo computer: «Erano alla ricerca di articoli pubblicati all'estero, in cui io avrei criticato il Partito comunista e i dirigenti del governo cinese». Sua moglie ha raccontato: «I poliziotti mi hanno minacciata, mi hanno ordinato di non parlare con la stampa e di non chiamare un avvocato, o sarebbe stato peggio. Hanno detto che Yu ha attentato alla sicurezza dello Stato». Il terzo arrestato è il quarantottenne Zhang Zuhua, un ex quadro del partito convertito alla causa della democrazia: era stato un dirigente della gioventù comunista, oggi è uno degli animatori del dissenso.

Liu, Yu e Zhang sono tra i firmatari di una petizione pubblica che invoca una svolta nei controlli sulla sicurezza delle miniere e un'indagine sulla strage di 166 minatori di carbone avvenuta nello Shaanxi. I tre si erano nuovamente mobilitati per la sorte di un poeta e scrittore della regione dello Hunan, Shi Tao, arrestato il 24 novembre mentre stava realizzando un'inchiesta giornalistica a Shanghai. Shi Tao, che ha dedicato molte poesie al ricordo della primavera di Tienanmen, è scomparso misteriosamente. Solo dopo alcuni giorni la polizia si è presentata a casa sua e senza avere un mandato di perquisizione ha portato via il computer e tutti i suoi scritti. Così la moglie è venuta a sapere che Shi Tao era in carcere. Il suo trattamento ci ricorda che lontano dalla capitale e dagli uffici di corrispondenza della stampa occidentale la sorte dei dissidenti può essere ancora peggiore.

Come quella del leader religioso Zhang Rongliang, sparito dopo l'arresto il 1° dicembre. O dei tibetani morti per i maltrattamenti subiti nelle prigioni.

L'Alta Commissione delle Nazioni Unite per i diritti umani, dopo aver visitato la Cina nel settembre 2004, ha pubblicato nel febbraio 2005 un rapporto in cui descrive il ricorso sistematico ai lavori forzati, ai campi di rieducazione e agli ospedali psichiatrici per colpire «coloro che si oppongono al Partito comunista». Ha denunciato l'uso indiscriminato e generico di concetti come «turbativa dell'ordine pubblico» o «danni alla sicurezza nazionale» per imprigionare cittadini per motivi politici. Ha messo sotto accusa un sistema che persegue penalmente persone colpevoli solo di voler «esercitare in modo pacifico i diritti sanciti dalla Dichiarazione universale dei diritti umani», e che conferisce alle autorità di polizia poteri pressoché illimitati. La stessa Alta Commissione aveva compiuto una visita analoga in Cina nel 1996. Otto anni dopo ha dovuto constatare che non è cambiato assolutamente niente: «Nessuna delle raccomandazioni contenute nel nostro rapporto precedente è stata seguita». La visita compiuta nel 2004 è stata segnata da un incidente significativo: agli ispettori dell'Onu è stato negato l'accesso alla prigione di Drapchi, a Lhasa, tristemente nota perché vi sono rinchiusi alcuni leader religiosi tibetani. Non è stato quindi possibile neppure farsi un'idea delle condizioni in cui si trovano quei prigionieri.

Del nuovo giro di vite repressivo scatenato sul finire del 2004 – accompagnato dalla sinistra campagna della stampa di partito contro gli intellettuali – sono stati vittima tanti altri: docenti, giornalisti, colpevoli di aver creduto che sotto Hu Jintao potesse rinascere un dibattito politico più aperto. È la stessa speranza che ha avuto l'Occidente. È l'illusione condivisa o alimentata da Chirac, Schroeder, Ciampi, Fini e da quasi tutti i leader europei.

Al clima di restaurazione imposto da Hu Jintao hanno contribuito le notizie di tensioni che filtrano costantemente dalla periferia. Proprio nelle settimane in cui a Pechino sfilava la passerella dei sorridenti statisti occidentali, nonostante la censura si è saputo che nella città meridionale di Qinzhou (provincia del Guangxi) un banale scontro tra poliziotti e ambulanti è degenerato in una sommossa a cui hanno preso parte diecimila persone. Nello stesso periodo, vicino a Chongqing si erano verificate scene di guerriglia urbana. Nella provincia dello Shanxi una manifestazione di lavoratori edili si è conclusa con l'assedio a un commissariato di polizia e la morte di due agenti. Una rivista del Partito comunista, «Prospettiva», ha ammesso che nel 2004, malgrado il pugno di ferro delle forze dell'ordine, più di tre milioni di persone hanno partecipato a proteste locali. Le statistiche ufficiali classificano la conflittualità sotto la voce «incidenti che coinvolgono gruppi collettivi». I dati di fonte governativa rivelano un'escalation: il numero dei disordini è salito da 8700 nel 1993 a 32.000 nel 1999, fino a toccare un record di 58.500 nel 2004. Non è questa una situazione in cui i vertici del partito hanno voglia di veder fiorire le riviste, i libri, i dibattiti fra intellettuali critici, le inchieste giornalistiche.

LI
Il virus contagioso di Hong Kong

All'inizio del 2003 la Sars ridusse Hong Kong a una città fantasma: strade deserte, negozi e ristoranti abbandonati, aerei fermi, Borsa in picchiata. Oggi di quella crisi spaventosa non rimane traccia. Hong Kong è tornata più vibrante e opulenta che mai. Per un curioso scherzo della storia questo suo boom è figlio della Sars. Mentre il cosiddetto «coronavirus» ha fatto molte meno vittime di quel che si temeva all'inizio, l'influenza killer ha lasciato dietro di sé un virus più resistente: quello della democrazia. La Cina, preoccupata dal contagio politico, cerca di curare questa strana malattia inondando la città di ricchezza. Ma il benessere non basta per uccidere la febbre civile che agita l'ex colonia britannica, restituita alla madrepatria nel 1997.

Tutto ha inizio la sera del 21 febbraio 2003: un medico cinese di 63 anni, Liu Jianhu, arriva all'hotel Metropole di Hong Kong per partecipare a una festa di nozze. Senza saperlo è portatore del coronavirus, lo ha preso mentre curava i pazienti nella vicina regione del Guangdong, già infestata dalla Sars ma sottoposta a un blackout totale di informazioni sanitarie. Liu muore poco tempo dopo aver diffuso per primo la Sars fuori dalla Cina continentale. In 1500 si ammalano nella sola isola-città di Hong Kong, e da questo crocevia di viaggiatori internazionali il contagio dilaga verso Singapore, il Canada, l'Europa. Per qualche mese il mondo intero segue con il fiato sospeso la progressione dell'influenza mortale, che poi si arresta con l'arrivo della stagione calda. A sconfiggerla contribuisce una sterzata politica in

Cina. Dopo aver minimizzato e censurato le notizie nei primi mesi, Pechino licenzia il ministro della Sanità, si converte alla trasparenza, adotta misure drastiche per mettere in quarantena i portatori del coronavirus.

«Durante la Sars qualcosa è cambiato a Pechino» dice un leader dell'opposizione democratica di Hong Kong, Lau Shan Ching. «Di fronte a quell'emergenza la leadership cinese si è dimostrata più intelligente. Hanno capito che con l'ingresso nel Wto la Cina doveva imparare le regole del gioco della globalizzazione per non spaventare gli investitori stranieri.» Lau è un personaggio chiave in questa vicenda. Coinvolto a Pechino nella grande contestazione del 1989, fu l'unico cittadino di Hong Kong (allora indipendente) a essere arrestato prima della sanguinosa repressione di piazza Tienanmen, e incarcerato fino al 1991 in totale isolamento. A Hong Kong è tornato da sindacalista e leader del movimento www.anti-tung.org, che si batte per mandare a casa l'amministratore della città scelto dal governo di Pechino, Tung Chee-Hwa.

In Cina Lau verrebbe definito un dissidente e trattato come tale; ma nell'isola la sua attività si svolge alla luce del sole, senza limitazioni né pericoli. Protetta dallo statuto speciale che fu negoziato dagli inglesi prima di partire, e che Pechino ha in parte rispettato, Hong Kong resta un'oasi «occidentale» di libertà e tolleranza. Lo conferma la giornalista Cheung Chui Yung, corrispondente della Bbc: «Qui non sappiamo che cosa sia la censura. Giornali, Tv, Internet, tutti dicono quello che vogliono. Io non ho mai subìto pressioni, neanche quando ho pubblicato su un giornale locale un'inchiesta sulla politica della Cina in Tibet». È la libertà che respiro alla sera quando Cheung mi guida tra la folla che affluisce nel grande parco dedicato alla regina Vittoria, il luogo di raduno da dove partono tutte le manifestazioni. Arrivo al Queen Victoria Park durante i festeggiamenti del Capodanno cinese, mentre si tiene una popolare fiera cittadina. In mezzo alle bancarelle culinarie, ai venditori di vestiti o di gadget elettronici, ai piazzisti immobiliari che vendono «chiavi in mano» appartamenti in grattacieli nuovi fiammanti, ci sono anche degli stand che fanno propaganda per i partiti politici (al plurale). Il più festoso è proprio quello di anti-tung.org, che raccoglie fondi vendendo pupazzi gonfiabili, caricature del governatore che suscitano l'ilarità delle famiglie a spasso dopo cena. Un po' in disparte c'è lo stand del partito filocinese, che porta il nome rassicurante di Democratic Alliance for the Betterment of Hong Kong (Alleanza democratica per il miglioramento di Hong Kong) o Dab: alla fiera del Capodanno non distribuisce volantini politici ma solo dolci e pelouche di scimmie, l'animale sotto il cui segno zodiacale si apre il nuovo anno cinese.

Ma Hong Kong l'eccezione, la privilegiata, la felice, sa di essere un esperimento incompiuto. Già durante l'amministrazione coloniale britannica la sua libertà conviveva con una democrazia monca. Il passaggio alla Cina è avvenuto mantenendo la città in questo limbo istituzionale. Solo una parte dei rappresentanti del popolo sono eletti dai cittadini a suffragio universale; un'altra parte del Parlamentino locale, invece, è composta di deputati designati dalle associazioni socio-professionali («la eleggono anche i non umani: banche, imprese» ironizza l'attivista democratica Christine Loh della Civic Exchange Organization), come una strana replica del corporativismo fascista. Questo sistema ha consentito a Pechino di manovrare gli interessi economici per formare una maggioranza docile dentro l'assemblea cittadina. Hong Kong non ha sovranità su queste regole interne. Ogni cambiamento del sistema elettorale deve ottenere il nullaosta dalla Cina.

Per controbilanciare la popolarità del Partito democratico fondato da Martin Lee, che si batte da sempre per ottenere elezioni totalmente libere, Pechino si appoggia su due *constituencies* fedeli. Una è la Dab, che tradizionalmente cerca consensi tra i lavoratori con un programma sociale di sinistra. L'altra è il partito liberale della destra economica, la corporazione dei tycoon locali, allineati con il regime comunista cinese in nome del quieto vivere e degli affari: prima di lasciare Hong Kong l'ultimo governatore britannico, Chris Patten, parlò di un «patto faustiano con la Cina», stretto da quei capitalisti locali che erano pronti a «vendere le libertà personali e le garanzie dello Stato di diritto in cambio della promessa che avrebbero continuato a far soldi». Come simbolo di questo intreccio fra politica e affari benedetto da Pechino, il capo dell'amministrazione locale non ha il titolo di governatore né di sindaco: si chiama «chief executive» della città, lo stesso nome che nel resto del mondo indica l'amministratore delegato di un'azienda.

L'immagine di Hong Kong come un'isola di bottegai indifferenti alla politica è sempre stata ingenerosa. Zhang Lun, uno dei leader studenteschi di piazza Tienanmen che oggi vive in esilio a Parigi, ricorda che «in quel tragico giugno 1989, per solidarizzare con noi, a Hong Kong scese in piazza un milione di persone, cioè un sesto di tutta la popolazione». Ma il massacro di Tienanmen risale a un'epoca in cui Hong Kong non apparteneva alla Cina. La crisi della Sars e le sue conseguenze politiche si sono verificate in un contesto ben diverso. Il 1° luglio 2003, in una città ancora stremata dalla paralisi economica per l'epidemia, mezzo milione di cittadini manifestarono per contestare Tung e le nuove leggi «antisovversione» che lo sciagurato chief executive voleva varare con l'approvazione di Pechino. Quelle leggi, con il pretesto dell'ordine pubblico, puntavano a ridurre la libertà di manifestare, o di contestare pubblicamente il governo cinese. Se fossero passate avrebbero normalizzato l'eccezione di Hong Kong. Di fronte all'imprevista e imponente mobilitazione popolare, e dopo un'angosciata consultazione con il governo cinese, il chief executive fece una clamorosa marcia indietro ritirando il suo progetto liberticida. «Questo ha creato un precedente importante» sostiene il fondatore del Partito democratico Martin Lee. «Ha dato la prova che una cattiva politica può cambiare sotto la pressione dell'opinione pubblica.» «Era la prima battaglia di Hong Kong per i propri diritti politici» osserva l'attivista Lau Shan Ching. «Da allora l'immagine che abbiamo di noi stessi è cambiata: non più una città di soli mercanti ma una comunità politicizzata.»

Mentre cedeva sulle leggi di polizia per evitare lo scontro frontale con l'opinione pubblica, da Pechino il governo centrale cercava altri mezzi per spegnere l'agitazione politica di Hong Kong. La città è stata colmata di benefici economici. Le imprese della Cina continentale sono incoraggiate a quotarsi alla Borsa dell'isola. Sono stati aperti nuovi cantieri per migliorare i collegamenti con la terraferma, come il metrò con Shenzhen. È stato liberalizzato l'ingresso dei turisti cinesi. Per la città dei commercianti, Bengodi del consumismo, l'impatto è fenomenale. Se per i nuovi ricchi del capitalismo cinese fare lo shopping a Hong Kong era già da tempo una moda, di colpo il weekend nella ex colonia è diventato uno status symbol anche per un esercito più numeroso, il nuovo ceto medio-alto delle grandi metropoli: da Shanghai si arriva a Hong Kong in due ore di volo, da Pechino in tre ore. Così la città è passata dall'agonia della Sars al boom. «Un tempo noi isolani eravamo una minoranza privilegiata, ora viviamo in un mondo alla rovescia» racconta divertito il giovane avvocato James To, quarant'anni, del Partito democratico. «Nei negozi viene trattato meglio chi parla il mandarino perché spende ancora più di noi.» Ma il ritrovato benessere non ha dato subito i risultati che Pechino sperava. «Una volta assaporato il potere democratico, la gente ci ha preso gusto» ha commentato To. Il 1° gennaio 2004 le strade di Hong Kong sono state di nuovo invase da un'immensa manifestazione pacifica, per chiedere elezioni completamente libere entro il 2007; quindi il diritto di scegliersi un primo cittadino che non sia nominato dal governo centrale.

La Cina può davvero permettersi che Hong Kong diventi il laboratorio di un esperimento democratico? Jerry Pang rende esplicito il dubbio condiviso da molti: «La leadership comunista come spiegherà a un miliardo di persone che questi sei milioni di cittadini di Hong Kong possono scegliersi un governo e loro no?». Per il leader democratico Lau, però, «la Cina ha il nostro stesso problema: senza lo Stato di diritto, prima o poi anche l'economia di mercato diventa ingovernabile. Noi ce ne siamo accorti con la Sars, perché senza legittimità democratica Tung non ha saputo affrontare la crisi economica. Ma anche a Shanghai cominciano ad avere problemi. Lo sviluppo del capitalismo crea diseguaglianze sociali, sfruttamento e ingiustizie. I bisogni dei lavoratori sul continente sono sacrificati. Senza uno Stato di diritto che regoli i conflitti, prima o poi soffre anche lo sviluppo economico». È la lezione che Patten consegnò ai cinesi prima di ammainare la bandiera britannica sull'isola, quando disse che la prosperità di Hong Kong si fondava su due princìpi: «L'economia capitalista è l'hardware, la società pluralista è il software».

I dubbi sulla disponibilità della Cina a lasciar progredire l'esperimento democratico di Hong Kong si sono accentuati all'avvicinarsi delle elezioni legislative del 12 settembre 2004.

Wong Yuk-Man è stato aggredito una sera tardi da una gang di sei uomini mentre tornava a casa in Kimberley Road. Da allora si sono perse le sue tracce, dicono sia fuggito in Canada. Allan Lee ha ricevuto una strana telefonata da un alto dirigente di Pechino – «ha elogiato la virtù di mia moglie e la bellezza di mia figlia dicendo che gli hanno fatto una grande impressione» – e l'ha interpretata come una minaccia. Cheng King-Hon è stato bersagliato da lettere anonime e la sua azienda è stata attaccata dai vandali. Wong, Lee e Cheng avevano una cosa in comune: uno dopo l'altro erano stati i conduttori del più popolare talk show radiofonico di Hong Kong, «Teacup in a storm» (gioco di parole traducibile come «bicchier d'acqua in una tempesta»). Tutti hanno lasciato la radio. Anche il loro ultimo successore, Choy Chi-Keung, ha abbandonato il talk show che si era conquistato tanta audience per la libertà con cui criticava il governo di Hong Kong. Per il capo della polizia locale, Dick Lee, «non ci sono prove che la partenza dei giornalisti sia il risultato di intimidazioni».

Non la pensa così lo Hong Kong Human Rights Monitor: secondo questa organizzazione no-profit fondata da avvocati e giuristi, a prendere di mira quei giornalisti sarebbero state le Triadi, società segrete di stampo mafioso, assoldate dalle autorità cinesi per intimidire il movimento democratico. Non è insolito vedere le Triadi al servizio di un potere politico. Nella storia di Hong Kong furono usate a turno da tutte le potenze interessate al controllo dell'isola, dagli inglesi ai nazionalisti di Chiang Kai-shek; e nel 1941 le organizzazioni mafiose riuscirono a cacciare da sole l'esercito di Sua Maestà britannica dalla vicina Kowloon, consegnata agli invasori giapponesi dietro congruo compenso. I poteri forti locali – l'establishment capitalistico – hanno già fatto la loro scelta di campo. Ne è una prova l'atteggiamento della potente famiglia Ho, i proprietari del network di radio private Commercial Radio al centro dello scandalo. Per conto della proprietà la direttrice del network Winnie Yu non ha mosso un dito per impedire le dimissioni in massa dei conduttori di «Teacup in a storm». Anzi, ha approfittato della fuga dei giornalisti per annunciare che il popolare talk show cambierà formula. Diventerà «più razionale», ha detto: un eufemismo che lascia poche speranze. Tra i businessmen l'opportunismo prevale. *Les affaires d'abord*. Uno dei pochi imprenditori a rompere le righe è stato David Tang Wing-cheung, fondatore di Pacific Cigars, Cipriani Hong Kong e China Clubs. Non ha esitato a mettere sotto accusa «l'élite egoista che ieri si prostrava di fronte agli inglesi e oggi si è convertita al patriottismo cinese, gli straricchi che credono di poter decidere il futuro di Hong Kong per conto di tutti».

Alla vigilia delle elezioni del settembre 2004 è andata ancora peggio a Ho Wai-to detto Alex, 46 anni, coniugato, sbattuto in prima pagina su tutti i giornali di Hong Kong. L'unico indumento che indossava in quella foto erano gli occhiali. Dietro le spesse lenti aveva lo sguardo inebetito dell'animale in trappola. Di fianco alla sua hanno pubblicato le foto di un preservativo usato e di un letto sfatto, le prove del delitto. La polizia cinese – che con squisito senso della privacy ha passato le fotografie ai giornali – ha detto di averlo arrestato insieme a una prostituta nella camera 1410 dello Springwood Harbour Hotel di Humen, nella Cina continentale a pochi chilometri da Hong Kong. «Un uomo vizioso» lo ha definito il commissario Li Zelin e bisogna crederlo sulla parola, perché Ho non ha avuto diritto a un avvocato difensore, non ha potuto parlare alla stampa e ha cominciato subito a scontare la pena: sei mesi in un campo di rieducazione. Peccato per gli elettori che volevano votarlo. Perché nel collegio Kowloon East di Hong Kong, Ho era il candidato del Partito democratico. Sempre nel repertorio dei messaggi minacciosi, poche settimane prima del voto Hu Jintao ha deciso di fare uscire dalla loro guarnigione i reparti militari cinesi di stanza a Hong Kong, per mettere in scena le prime manovre dell'Esercito di liberazione popolare della storia dell'isola.

Per influire su quel cruciale test elettorale, a dire il vero Pechino non ha usato solo questo stile hard. A distanza, e senza mai esporsi di persona, i leader della Cina comunista hanno anche saputo fare qualcosa che assomigliava a una vera campagna elettorale, con metodi di persuasione più morbidi e più «occidentali». Per esempio hanno spedito a Hong Kong un antico e prezioso cimelio buddista, come un gesto di omaggio alla religiosità locale. Hanno mandato in tournée trionfale, giusto prima delle elezioni i trentadue olimpionici reduci dalle vittorie di Atene, le popolarissime star del nuovo nazionalismo sportivo cinese. Hanno varato una miriade di nuove misure a beneficio dell'economia locale, come l'ulteriore liberalizzazione dei voli sulla Cina per le compagnie aeree di Hong Kong, la Cathay e la Dragonair.

I muscoli e le carezze alla fine sono serviti. L'elezione simbolo di Hong Kong, seguita per le sue implicazioni dal mondo intero e soprattutto dalla leadership comunista di Pechino, il 12 settembre 2004 non ha dato ai democratici quel trionfo su cui puntavano. Nei numeri è stato un pareggio, che ha mantenuto inalterato il rapporto di forze tra i democratici e le forze filocinesi, ma dopo i movimenti di massa degli ultimi anni ci si aspettava ben altro. «Una delusione», è stato l'onesto commento di Martin Lee, il padre storico del movimento democratico. Dopo quel risultato è definitivamente tramontata la speranza di ottenere che alle elezioni legislative del 2007 sia applicata la Basic Law, la Costituzione concordata a suo tempo tra Londra e Pechino: quindi che i cittadini possano scegliere tutta l'assemblea, non solo la metà dei rappresentanti.

Un'altra delusione è stata l'improvvisa partenza del governatore Tung, che si è dimesso per «motivi di salute» nel marzo 2005. Poteva essere la più bella vittoria dei democratici. Ma Tung non ha ceduto alla sfiducia dei suoi cittadini. È stato licenziato come un maggiordomo dai leader di Pechino, scontenti per la sua incapacità di domare le proteste. Ed è nei corridoi del potere di Pechino che hanno scelto il suo successore, Donald Tsang. Un burocrate educato dai gesuiti, cattolico praticante e insignito del titolo di baronetto dalla regina d'Inghilterra. Nel gioco delle ombre cinesi, un profilo perfetto per ingannare Hong Kong e l'opinione internazionale. Tsang avrebbe tutto per piacere ai suoi concittadini. Tutto, fuorché la loro investitura democratica.

Per ora la strana isola cinese dall'accento british è confinata nel ruolo di una magnifica anomalia politica senza sbocco. Una pulce – di lusso, ma sempre una pulce – nel grande corpo della madrepatria comunista. L'esperimento democratico di Hong Kong rimane in libertà vigilata, è parziale, è bloccato a metà della sua evoluzione naturale, ed è circondato da un robusto cordone sanitario. In futuro chissà. I dirigenti comunisti, apprendisti stregoni, per comprare il consenso dei mercanti di Hong Kong hanno dato il via a un fenomeno consumistico di cui nessuno può prevedere gli effetti a lungo termine: il turismo di massa dei cinesi continentali sull'isola. Ironia della sorte, per mezzo secolo Hong Kong fu la prima meta di tanti esuli che fuggivano dalla miseria e dalla dittatura del loro paese, in cerca di fortuna e di libertà in quell'oasi capitalistica. Oggi invece viene invasa da cinesi con i portafogli pieni, che nel loro paese ci tornano ben volentieri non appena hanno finito di fare acquisti. Questi milioni di visitatori, tuttavia, vivono un'esperienza davvero singolare. Accorrono a fare shopping in una città abitata da cinesi come loro, che parlano la loro stessa lingua, ma possono scegliere tra partiti diversi, vedere la Bbc e la Cnn, leggere giornali (anche in mandarino) non censurati. Nel piccolo laboratorio di Hong Kong continuano a sopravvivere i germi di un contagio.

LII

Telegiornali, il dolce stil nuovo

Nella registrazione della telefonata la voce del padre è trepidante di emozione: «Ho saputo che mio figlio è riuscito a superare i test per essere ammesso all'università, quando possiamo avere la lettera ufficiale per l'iscrizione?». Dall'altra parte del filo risponde un funzionario della facoltà: «Non è così semplice. Vi abbiamo fatto un grosso favore. Ci aspettiamo gratitudine. Niente pagamenti individuali. Le darò il nome di una società e di un conto bancario». È una conversazione vera, come ne accadono nelle migliori università cinesi. La qualità degli studi negli istituti d'élite è ottima e apre la strada alle professioni meglio retribuite. La selezione d'ingresso è severa. La corruzione dilaga e anche chi ha superato per merito tutti gli esami d'accesso può essere escluso arbitrariamente, se non paga la tangente alle persone giuste. Ma è speciale il caso di quel papà di Nanning, nella provincia dello Guangxi, che ha dovuto pagare 10.000 yuan (1000 euro) perché il figlio entrasse alla prestigiosa Università aeronautica di Pechino. È un caso speciale perché la registrazione della sua telefonata con i funzionari corrotti è andata in onda in tutto il paese il 13 agosto 2004 alle ore 19.38 nel corso del più popolare magazine televisivo della Cina, «Focus», sulla televione di Stato Cctv. Una trasmissione sensazionale che ha creato un fenomeno di società, «la febbre di Focus», perché prende le difese dei cittadini contro i soprusi di regime. Proprio secondo le migliori tradizioni del giornalismo d'inchiesta occidentale.

La diffusione delle tangenti è così grave che la Procura generale del comune di Pechino ha offerto una taglia di 100.000 yuan a ogni residente che denunci burocrati disonesti. Tuttavia i risultati delle campagne ufficiali per sradicare la corruzione sono modesti. Salvo rare eccezioni, nella rete finiscono solo alcuni pesci piccoli. Omertà e collusioni proteggono i più altolocati. I leader nazionali non brillano per il buon esempio visto che molti di loro hanno accumulato fortune considerevoli.

In prima linea nel combattere la corruzione c'è però questo protagonista nuovo, il giornalismo d'inchiesta «made in China». Figlia di una graduale liberalizzazione e privatizzazione del mercato dei media, e di un (modestissimo) allentamento della censura, una nuova generazione di reporter d'assalto sta cominciando a mettere alla gogna i corrotti, a fare luce laddove polizia giudici e politici non sanno o non vogliono arrivare. Il caso «Focus» è diventato un fenomeno di società. Ogni sera dalle 19.30 alle 19.45, nella fascia oraria del magazine, i telespettatori cinesi sono inchiodati davanti agli schermi e gli indici di audience salgono. Anche i dirigenti pubblici – per altri motivi – non si perdono una puntata. I reporter-Robin Hood di «Focus Interview» padroneggiano le tecniche moderne del miglior giornalismo televisivo: l'anchorman occupa lo schermo solo due minuti per «lanciare» il tema dell'inchiesta, gli altri tredici minuti sono veloci e spettacolari montaggi di immagini, interviste e scoop ripresi dal vivo. Le squadre degli inviati girano per la Cina in incognito, studiano per mesi i loro bersagli, si presentano alle interviste come semplici cittadini nascondendo microfoni e telecamere. Nel corso delle puntate si sono travestiti di volta in volta da consumatori o imprenditori, pazienti d'ospedale o studenti, contadini o inquilini di case popolari. Hanno denunciato tangenti pagate per offrire impunità alle imprese che inquinano; espropriazioni illegali di terre; contraffazione di prodotti nocivi per la salute; abusi degli ispettori fiscali; uomini di governo che hanno speso al tavolo da gioco dei casinò i fondi dell'amministrazione. Raccolgono indizi con la cura di inquirenti professionali.

Quando la redazione fu contattata dal papà vittima dell'estorsione dell'Università aeronautica di Pechino, «Focus» mandò un team di reporter nel Guangxi per assistere i genitori e lo studente, e consigliarli su come incastrare i ricattatori con prove incontestabili. I giornalisti ebbero cura di registrare le telefonate, e attirarono i funzionari dell'università in trappola quando il padre riuscì a farsi mandare dei messaggi sms dai loro cellulari personali. Come spesso accade per gli scoop di «Focus», anche nel caso dell'Università aeronautica la potenza della Tv ha costretto le autorità a muoversi. La polizia ha aperto un'inchiesta su tre corrotti, ha congelato i loro conti bancari, ha scoperto che con lo stesso metodo avevano già estorto 600.000 yuan alle famiglie di otto studenti. «Focus» ha intervistato altri genitori, troppo poveri per pagare le bustarelle, i cui figli hanno superato gli esami d'ammissione ma sono rimasti esclusi dall'università. «È stata una grossa perdita per noi» ha detto una mamma «ma quei soldi non li avevamo proprio. Nostro figlio si ripresenterà l'anno prossimo al test d'ingresso, speriamo che ce la faccia di nuovo.»

Una laurea in una delle università d'élite può cambiare la vita di un giovane cinese, proiettandolo verso i mestieri privilegiati del boom economico, le grandi industrie multinazionali, la ricerca tecnologica, le banche e le assicurazioni, gli studi professionali di successo di Pechino e Shanghai, Guangzhou e Shenzhen. È la porta d'accesso a un benessere di standard occidentale. L'istruzione di qualità non ha prezzo, diventa il terreno di una battaglia feroce in cui tutti i colpi sono permessi. Senza lo scoop di «Focus», la realtà della corruzione negli ingressi alle università sarebbe rimasta confinata ai mugugni privati delle famiglie. L'inchiesta televisiva ha squarciato il velo del tabù. Da quella puntata di «Focus» in poi, gli articoli di giornale che denunciano l'intreccio fra istruzione e tangenti sono diventati più frequenti.

Grazie alla sua audience di massa il magazine «Focus» si è guadagnato un rispetto senza precedenti da parte della classe politica. Nei suoi studi televisivi si sono recati in pellegrinaggio molti notabili di partito e perfino il primo ministro Wen Jiabao, che nel registro degli ospiti ha scritto un messaggio di congratulazioni. Non tutti i giornalisti cinesi sono così fortunati. Nelle lontane province rurali, qualche cronista ha provato a emulare gli exploit di «Focus» pubblicando sul giornale locale inchieste sulla corruzione dei capipartito: a volte la reazione è stata la censura, l'intimidazione, l'incarcerazione o addirittura l'assassinio del reporter. I clan dei corrotti sono spietati e oltre alla stampa ne ha fatto le spese anche un magistrato coraggioso, il procuratore Li Haisheng, che guida una task force antitangenti nella città di Xingtai: sua moglie è sopravvissuta per miracolo, ma con gravi ferite alle gambe e al viso, a un attentato dinamitardo di chiara matrice.

Proprio perché le reti di omertà sono così potenti, c'è chi guarda con sospetto al fenomeno «Focus». Il suo successo potrebbe essere consentito dai vertici del partito perché le sue inchieste rimangono in qualche modo compatibili con i desideri dell'autorità centrale. Gli autori di quel magazine sono bravi e fanno un lavoro eccellente, forse però i loro capi li lasciano fare perché quei giornalisti hanno dimostrato di sapersi regolare da soli, sanno quali limiti non devono superare. Hanno fatto pulizia di tanti mariuoli ma non si sono mai spinti veramente in alto, non hanno smascherato casi dentro il governo o fra le dinastie dei dirigenti nazionali.

Un'offensiva controllata contro la corruzione è una terapia alternativa rispetto alle proteste sociali spontanee che preoccupano il partito. Offrire in pasto una vittima sacrificale ogni settimana sugli schermi televisivi di casa è meno destabilizzante di un'escalation di movimenti dal basso.

La nuova generazione di leader cinesi ha deluso molte aspettative di cambiamento ma almeno su un terreno sta cambiando stile: nell'uso della televisione. La propaganda grigia e monotona di una volta è sostituita da tecniche più moderne. Insieme con l'apparenza, qualche volta è anche la sostanza che cambia. Il maestro assoluto in questo campo è il primo ministro Wen Jiabao. Durante l'epidemia della Sars, per segnalare la svolta della trasparenza e l'intenzione di non nascondere più le notizie sulla malattia, Wen fece irruzione in un reparto ospedaliero e andò a dialogare con i malati: naturalmente era ripreso dalle telecamere per i Tg della sera. Dopo le stragi nelle miniere di carbone Wen accorre regolarmente sul luogo della sciagura e con la sua stessa presenza costringe i mass media a dare visibilità alla tragica notizia. Durante il Capodanno cinese del 2005 il premier è finito sulle prime pagine dei giornali per essersi recato in un ospedale a visitare dei pazienti afflitti da Aids: un modo per aumentare l'attenzione verso una malattia di cui ancora pochi anni fa le autorità cinesi negavano perfino l'esistenza. Wen è anche l'unico, finora, alto dirigente comunista che regolarmente affronta i giornalisti occidentali senza rete di protezione: nelle sue conferenze stampa parla «a braccio», sa improvvisare con efficacia, accetta di rispondere a domande non concordate anziché limitarsi a leggere un discorso.

Naturalmente tutto questo serve agli scopi della nomenklatura. Con il suo linguaggio accattivante Wen è un formidabile piazzista, riesce a far dimenticare alcuni difetti non banali del prodotto che vende. Le sue tournée all'estero sono strepitose: piace ai governanti occidentali, seduce i businessmen delle multinazionali, è simpatico ai media. Quando il 6 gennaio 2005 si è recato a Giacarta per il vertice internazionale sullo tsunami, come rappresentante di una Cina che portava in dono meno di un decimo rispetto alla Germania e all'Australia, Wen è riuscito a fare un figurone lo stesso: si è scusato perché la delegazione ministeriale al suo seguito era meno numerosa di quella di altri paesi e ha precisato: «Sull'aereo di Stato ho preferito dare la precedenza alle équipe di medici che si recano sui luoghi della sciagura».

Lo stile nuovo di Wen non è solo un modo più moderno e aggiornato di manipolare il consenso. A lungo andare questa comunicazione abitua i cittadini cinesi a saperne un po' più di prima. A furia di apparire nei telegiornali come un primo ministro che accorre sui luoghi delle sciagure, inevitabilmente Wen crea un precedente: instilla nell'opinione pubblica un'abitudine. Che un giorno potrebbe diventare una pretesa. Nella gente si insinua cioè l'idea che è normale che i governanti facciano così. Che debbano esporsi. Che siano in qualche modo responsabili. Che rendano dei conti all'opinione pubblica. Lo stile di Wen, così come la professionalità dei giornalisti di «Focus», fanno parte di un fenomeno nuovo in Cina. Non va esagerato, né sottovalutato. È uno slittamento progressivo dei confini di ciò che è lecito dire, un cambiamento millimetrico e graduale delle regole della comunicazione. Ci sono giornalisti che fanno la scommessa di lavorare dentro il sistema «saggiandone» le capacità di tolleranza: provano a vedere fin dove si può arrivare senza rischiare il licenziamento o la galera. E ci sono politici che stanno cercando di governare anche attraverso il consenso. È un gioco rischioso, non si sa mai dove può portare.

LIII

Il ritorno del sacro

Feng Xiaogang è il più commerciale dei registi cinesi, una volta all'anno confeziona un film di successo che regolarmente resta in cima alla classifica degli incassi per mesi. A Natale del 2004 ha fatto di nuovo centro con *Un mondo senza ladri*, una spettacolare avventura poliziesca non priva di frecciate maliziose alla Cina di oggi (dipinta, al contrario del titolo, come un mondo con poche guardie e tanti ladri). Il suo non è cinema impegnato, eppure è pieno di dettagli rivelatori. Nei primi dieci minuti *Un mondo senza ladri* trasporta lo spettatore in Tibet, in un monastero buddista dove arrivano in Bmw i giovani ricchi della nuova middle class di Pechino. Sorpresa? Forse per gli occidentali, non per il pubblico cinese. Il buddismo tibetano è davvero di moda e alimenta un boom del turismo a Lhasa.

Un milione di cinesi partono ogni anno verso le alture dell'Himalaya. Ci vanno attirati dalle bellezze naturali (un altro film di successo del 2004 è *Kekexili*, un'ode ambientalista alla purezza immacolata di quelle montagne), ma anche in pellegrinaggio spirituale nelle lamaserie, i templi buddisti di rito tibetano. Che sia una tendenza di massa lo confermano altri segnali. Nelle librerie *Il Buddha vivente Ba Jia* di Wen Pulin ha venduto più di 1 milione di copie. Il cantante tibetano Han Hong con i suoi versi sulla «terra della neve» ha conquistato il cuore dei teenager di Pechino. A Shanghai, il 23 febbraio 2005, nel giorno culminante delle Feste della primavera, una folla di 200.000 persone ha fatto la coda per ore per poter pregare nel tempio del dio protettore della città. Si mormora che il ritorno della religione abbia fatto breccia molto in alto, ai vertici della nomenklatura comunista: l'anziano Jiang Zemin, ex presidente della Repubblica e segretario generale del partito fino a pochi anni fa, in privato avrebbe abbandonato l'ateismo. Nella nuova élite capitalista si moltiplicano i convertiti, e le donazioni ai monaci per restaurare antichi templi affluiscono generose. La versione tibetana piace anche ai cinesi Han (l'etnia dominante del paese) perché ha fama di essere rimasta la più mistica e tradizionalista. Ma è tutto il buddhismo a conoscere un revival nella più grande nazione comunista del mondo. Negli ultimi anni in Cina sono entrati in monastero 29.000 monaci. Si stima che ci siano cento milioni di buddhisti praticanti... contro 65 milioni di iscritti al partito.

La riscoperta della fede tra i giovani ha dovuto superare ostacoli non da poco. Dopotutto, per decenni la religione è stata tabù, i templi sono stati chiusi e molti monaci perseguitati, incarcerati o addirittura uccisi. Alla nuova generazione dovrebbe mancare il collegamento con la memoria storica dei riti, la conoscenza elementare delle credenze. Wang Yun Chun, 24 anni, insegnante di inglese, spiega che nel suo caso fu il nonno a iniziarla al buddismo: «I miei genitori no, non sono religiosi, anzi mio padre ha fede soltanto in se stesso». Lei adesso prega regolarmente, e come molti cinesi ha le idee chiare sull'utilità del culto. «Quando vado al tempio chiedo che la mia famiglia stia in buona salute, e che nessuno di noi perda il lavoro.» Nel caseggiato dove abita sono venuti di recente due lama «e di colpo tutti sono usciti a salutarli, prima di allora non sapevo di avere così tanti vicini religiosi».

In compagnia di Wang visito lo Yong He Gong (Tempio di Armonia e Pace), la più grande e antica lamaseria tibetana (è del 1644) nel centro di Pechino. Ci arriviamo la mattina alle 8, quando molte donne hanno accompagnato i figli a scuola e passano qualche minuto al tempio prima di andare al lavoro. Ce ne sono di giovani ed eleganti, sostano davanti alla gigantesca statua dorata di Buddha con in mano i bastoncini d'incenso che affumicano l'aria del loro profumo. La lamaseria ha 106 monaci, il più anziano ha 87 anni e il più giovane 17. In un anno vengono allo Yong He Gong quasi 2 milioni di fedeli. Recita queste cifre a memoria Hu Xuefeng, 39 anni, di etnia mongola, monaco dall'età di 15. Spiega che la vocazione gli venne spontanea perché «è nelle tradizioni familiari». Precisa che per diventare un buon monaco buddista bisogna «amare la religione, il prossimo, rispettare i genitori e servire il proprio paese, perché solo se il paese è prospero la religione può prosperare». Dopo aver reso questo omaggio obbligatorio al linguaggio politically correct del regime cinese, dà la sua spiegazione sulla rinascita della sacralità in Cina. «I problemi nascono dall'avidità, dalla sete di ricchezza e di successo. Le persone stanno diventando sempre più avide, ma i loro veri bisogni non possono essere soddisfatti dai soli beni materiali. Coltivarsi al buddismo vuol dire liberarsi da questo. Il buddismo crede che l'inarrestabile ricerca del benessere materiale sta distruggendo l'energia intima del pianeta.» Cita il fenomeno delle sette religiose – «che noi combattiamo strenuamente» – come una «conseguenza del vuoto spirituale, della crisi delle certezze» e qui scivola verso un terreno meno politically correct. È d'accordo Li Mei, trentenne impiegata di una multinazionale farmaceutica, che incontro al tempio: «C'è troppo materialismo nella Cina di oggi, non si può andare avanti tutta la vita pensando solo a se stessi».

Gli omaggi che il monaco Hu dedica alla patria richiedono una spiegazione. Dopo decenni di ateismo di Stato e di persecuzioni, la religione ha gradualmente ritrovato un diritto di cittadinanza in Cina dalla fine degli anni Ottanta. A una condizione: il partito unico non tollera organizzazioni e movimenti collettivi «rivali», tantomeno se portatori di un'ideologia. Perciò sono legali solo quelle chiese che fanno atto di obbedienza all'autorità politica. L'Associazione buddista della Cina, all'articolo 2 del suo statuto, si autodefinisce «un gruppo patriottico, il cui scopo principale è quello di assistere il governo del popolo nel promuovere le libertà religiose e la dottrina buddista». Secondo la definizione di Nicolas Becquelin, direttore dell'associazione Human Rights in China, «negli ultimi vent'anni lo Stato è passato dal tentativo di abolire la religione al tentativo di governarla». Le nuove generazioni di monaci vengono formate tutte nelle università buddiste di Stato. Che sono attente, per esempio, a inculcare nei religiosi delle minoranze etniche la devozione per l'unità nazionale. I custodi della fede tibetana educati in quelle università non debbono riconoscere il Dalai Lama. Sia pure con questi condizionamenti, però, la pratica religiosa dilaga a vista d'occhio. Per quanto il Partito comunista eserciti il suo controllo, il culto ha una dimensione individuale e privata, quindi una sua autenticità. Alla fine, fra tante altre libertà che la Costituzione cinese proclama solo sulla carta («di parola, di stampa, di associazione, di manifestazione») quella religiosa oggi è la meno lontana dal vero.

In un altro tempio centrale di Pechino, il Guangji («Benevolenza Universale»), il monaco Neng Zhen descrive i riti antichi e austeri della sua giornata. Un ritmo irreale in mezzo al caos della capitale, smisurata e moderna e iperattiva. «Sveglia alle quattro e mezza del mattino. Un'ora e mezzo di studio delle Sutra, i testi fondamentali della nostra religione. Alle sette la colazione e poi mezz'ora di lavoro manuale per tenere pulito il monastero. Dalle otto a mezzogiorno riceviamo i fedeli, rispondiamo alle loro richieste di consigli cercando ispirazione nella vita del Buddha [Neng pudicamente non accenna al fatto che molti fedeli pagano per avere previsioni astrologiche]. Il pranzo vegetariano a mezzogiorno. Il pomeriggio di nuovo lo studio della Sutra. Cena alle cinque e mezza, poi ancora studio fino alle nove, quando si spengono le luci.» Con lui cerco di esplorare le pagine più buie del passato. Neng ha 34 anni, è originario della provincia rurale dello Hubei e divenne monaco nel 1989 (a 18 anni), quindi già in un'epoca di tolleranza. Ma la sua famiglia – «tutti buddisti osservanti, soprattutto mia madre e mia nonna» –, come attraversò il periodo più terribile, soprattutto gli anni Sessanta quando le Guardie rosse della Rivoluzione culturale distruggevano i templi? «Il piccolo villaggio in cui sono nato» dice Neng «era isolato, credo che fosse troppo lontano per sentire in pieno l'impatto della Rivoluzione culturale. Comunque i miei genitori e i nonni non mi hanno mai voluto raccontare nulla.» Accenna a due monaci molto anziani del suo tempio, morti pochi anni fa: «Tennero duro, continuarono a credere e a fare del bene alla gente comune». Cita il maestro Yicheng, il settantasettenne presidente dell'Associazione buddista della Cina, il quale evoca quel periodo pesando bene le sue parole: «L'instabilità e le turbolenze sociali hanno lasciato su di me molte cicatrici».

Rispetto a Mao Zedong i leader di oggi sembrano convinti che la religione può essere un alleato. E non solo per riempire il vuoto ideologico creato da un comunismo a cui non crede più nessuno, ma anche per fini più pratici. Nel libro ufficiale *Buddismo in Cina*, distribuito dalla propaganda del governo, si ricorda che «il piacere della beneficenza è una tradizione antica». In un paese che smantella lo statalismo senza sostituirlo con un Welfare moderno per assistere i più deboli, la carità dei fedeli si rivela un prezioso surrogato. È la variante post-maoista del *compassionate conservatism* di George W. Bush. Incoraggiato dalle autorità, il fondo di carità buddista Nanputuo è diventato una potenza che distribuisce ogni anno 100 milioni di yuan ai poveri e finanzia il progetto «Speranza» per costruire scuole nelle zone rurali più remote e povere. Anche chi povero non è, cerca nei templi una sicurezza che il boom economico non riesce a dare. «Il riflusso religioso è rivelatore delle paure nascoste della Cina» dice il sociologo Gu Donghui dell'Università Fudan. «Questa società sta cambiando troppo velocemente. A tutti i livelli c'è gente che si sente smarrita, senza identità, e piena di dubbi sul futuro.»

LIV

L'altro modello asiatico

«Trasformare Bombay nella nuova Shanghai» è lo slogan delle autorità indiane. Quaranta miliardi di dollari finanziano un progetto edilizio grandioso che in dieci anni punta a riprodurre la «New York cinese». Per riuscirci, gli indiani hanno arruolato la consulenza della McKinsey e investimenti di multinazionali come la giapponese Mitsubishi. Il modello che inseguono esplicitamente è Pudong, la Manhattan di Shanghai spuntata dal nulla in dieci anni: grattacieli a perdita d'occhio, shopping mall nuovi fiammanti, fabbriche e centri di ricerca, aeroporto intercontinentale e autostrade a dieci corsie, un paradiso per i capitalisti di tutto il mondo.

La sfida Mumbai-Shanghai è il simbolo della gara più grande tra India e Cina, i giganti asiatici lanciati alla conquista dell'economia globale. È una battaglia dura e qualcuno ha deciso che per i più deboli non c'è posto. Per ridisegnare Bombay gli indiani sperimentano metodi... cinesi. Un esercito di poliziotti ha «liberato» 350 ettari del quartiere Dharavi dove era insediato un formicaio di poveri, nei loro tuguri insalubri. Trecentomila persone, un terzo bambini, sono state sfrattate senza preavviso dalle loro casupole di terra, cartone e lamiere. Nella megalopoli portuale da 20 milioni di abitanti, 3 milioni resteranno senza casa quando la rivoluzione urbanistica sarà conclusa. L'Onu ha spedito un'osservatore, Miloon Kothari, e il suo verdetto è allarmante: «È la più brutale campagna di demolizione che sia mai stata scatenata». Per l'esperto dei diritti umani Sandhya Srinivasan «la scena di devastazione che i bulldozer si sono lasciati dietro, quando hanno finito di distruggere le catapecchie nei bassifondi di Mumbai, assomigliava allo spettacolo del dopo tsunami. Gli abitanti non hanno ricevuto preavviso, sono fuggiti alla disperata davanti alla furia delle ruspe, afferrando quello che potevano salvare dalla distruzione: uno zainetto scolastico, una pentola per cucinare».

Per un paese democratico, dove le minoranze hanno dei diritti, il blitz di Dharavi è un'anomalia inquietante. Per non dover rendere conto alle vittime di quelle violenze il municipio di Bombay ha cancellato 100.000 persone dalle sue liste elettorali: non avendo più una casa non sono più residenti e quindi non potranno votare, amen. Sono scene abituali da vent'anni in Cina, le evacuazioni improvvise di interi quartieri con la polizia in assetto di guerra, le vecchie case polverizzate in poco tempo, l'arrivo delle gru e di eserciti di operai, i cantieri che innalzano a gran velocità le nuove cattedrali dello sviluppo. L'India vi aggiunge un tocco originale: il consenso esplicito di fasce del ceto medio. La distruzione dei quartieri poveri di Bombay è stata preceduta da una campagna pubblica, diretta da illustri scrittori e artisti locali, che sui giornali hanno denunciato gli abitanti dei bassifondi come degli abusivi, parassiti e fuorilegge. Quando la polizia è arrivata aveva dietro di sé un bel pezzo della nuova India benestante, colta e hi-tech. Anche questa durezza tradisce le nuove ambizioni globali del paese. Gareggiare con la Cina non è una passeggiata.

Cina e India saranno i «major global players», i protagonisti globali entro il 2020: questo è il verdetto della Cia. In un rapporto di 120 pagine intitolato «Mapping the Global Future», l'agenzia di intelligence americana aggiunge che «le due grandi nazioni asiatiche dotate di armi nucleari trasformeranno il paesaggio geopolitico del pianeta per effetto della loro crescita economica, del loro rafforzamento militare e delle loro immense popolazioni».

La rivalità tra Cina e India è eterna quanto le loro due civiltà – le più antiche nella storia dell'uomo – che si sono combattute ferocemente, amate alla follia e influenzate in profondità per millenni. La loro più recente storia repubblicana è già stata segnata da una guerra in piena regola, nel 1962-63, vinta dai cinesi che si sono annessi un pezzo della regione dell'Himalaya, e poi seguita da trent'anni di tensioni militari e politiche, incluso il dossier scottante del Tibet (è in India che hanno trovato rifugio il Dalai Lama e i suoi seguaci). Oggi il clima bilaterale è molto più disteso, il dialogo diplomatico progredisce da anni. Tuttavia ognuno dei due attori percepisce l'altro come un rivale. Pechino fa tutto il possibile per impedire che New Delhi ottenga un seggio permanente al Consiglio di sicurezza dell'Onu. E quando la Cina si è impegnata negli aiuti umanitari nelle aree dello tsunami, New Delhi ha subito mobilitato la sua flotta militare per indicare «a chi appartiene» l'Oceano Indiano.

Negli ultimi anni la rivalità più appariscente si è spostata però sul terreno economico. Cina e India sono i due pesi massimi protagonisti del nuovo miracolo asiatico. Entrambe fanno notizia per i loro sorprendenti progressi tecnologici. Per lo spettacolare aumento del benessere in larghe fasce della popolazione. Per l'imbattibile concorrenza che fanno ai paesi industrializzati su molti mercati. E infine perché sono la meta delle famigerate «delocalizzazioni», i trasferimenti di posti di lavoro dall'Occidente ricco e costoso. Ma i due giganti non sono campioni a pari merito. La stessa Cia nel suo scenario vede la possibilità che gli Stati Uniti siano sorpassati entro pochi decenni dalla Cina, non dall'India.

Partita dalla miseria degli anni della Rivoluzione culturale maoista, in un quarto di secolo la Cina è cresciuta fino a diventare la seconda economia mondiale. L'India ha affrancato dalla fame 210 milioni di abitanti in vent'anni ma è rimasta più indietro, la sua economia produce annualmente solo un terzo della ricchezza cinese. Questo si riflette sul tenore di vita. Il reddito pro capite dei cinesi è 1000 dollari all'anno, quello degli indiani è solo la metà. La diffusione di simboli del benessere come l'appartamento moderno, l'automobile, Internet, il telefonino e le vacanze all'estero, vede Shanghai ben più avanti di Bombay. Nel 2004 la Cina ha attirato un afflusso record di investimenti stranieri, oltre 60 miliardi di dollari, l'India ne ha ricevuti a stento un decimo. Gli economisti di New Delhi parlano con autoironia del «ritmo di crescita indù», alludendo al fatto che l'aumento medio del loro Pil negli ultimi decenni si aggira attorno al 5%: un risultato invidiabile eppure inadeguato per tenere il passo con Pechino dove il Pil cresce del 9% all'anno.

Gli indiani sanno quali sono i loro handicap. «Il peso dell'agricoltura è ancora eccessivo» spiega il ministro delle Finanze Palaniappan Chidambaran «per cui basta una cattiva stagione dei monsoni a toglierci il 2% del Pil.» Rispetto alla Cina la modernizzazione delle infrastrutture – autostrade, aeroporti, porti, energia – è rimasta indietro. «Per ogni abitante cinese il governo di Pechino spende 24 dollari nella costruzione di nuove strade; è dodici volte quello che investiamo noi indiani» spiega Montek Ahluwalia, presidente della pianificazione di New Delhi. A nome delle multinazionali straniere James Goodnight dell'India Economic Summit dice che l'India è penalizzata «da una burocrazia soffocante e leggi troppo complicate». Il regime comunista cinese è sorprendentemente più efficace nel promuovere la deregulation, le privatizzazioni e un ambiente più accogliente per gli investitori stranieri.

L'India è consapevole anche dei suoi vantaggi. Grazie all'eredità coloniale ha due «rendite» naturali: la conoscenza dell'inglese molto diffusa e un sistema giudiziario di qualità. Inoltre i politecnici indiani sfornano un numero di laureati in ingegneria, matematica e fisica, nove volte maggiore rispetto alle università cinesi. Mentre la Cina è irresistibile nell'«hardware» – in tutti i settori della produzione industriale – l'India la batte nel «software», nelle attività di servizio che impegnano più talenti intellettuali. Come osserva l'esperto Andy Mukherjee, «la multinazionale americana Intel ha scelto la Cina per fabbricare semiconduttori, Google ha scelto l'India per il suo centro di ricerca al di fuori dalla California». L'eccellenza scientifica degli indiani spazia dalla programmazione informatica fino alla ricerca farmaceutica e biogenetica.

La differenza maggiore tra la Cina e l'India è un'altra: a New Delhi ha sede la più grande democrazia pluralista del pianeta, che pratica elezioni libere e l'alternanza di governo, mentre Pechino è guidata da un partito unico che controlla l'informazione e non ammette alternative al suo monopolio del potere. Finora il capitalismo globale ha «votato» per il modello cinese, prediletto dalle multinazionali per quel mix di autoritarismo e mercato che consente di fare affari senza render conto a sindacati, magistratura, associazioni dei consumatori, partiti d'opposizione, stampa indipendente. Il presidente di un'azienda di punta dell'alta tecnologia indiana, Narayana Murthy della Infosys, descrive con lucidità la differenza: «In India le riforme economiche sono più lente, la liberalizzazione procede a un ritmo incerto. Il governo deve dare il giusto peso a un'agenda sociale e alla giustizia distributiva». Le autorità indiane devono pur sempre rispondere a un'opinione pubblica, affrontare il verdetto degli elettori, quelle cinesi no. In certi casi la democrazia è d'impaccio. Le minoranze hanno dei diritti anche quando hanno torto. Possono rallentare riforme importanti. Tra le «minoranze» che si agitano e si difendono in un sistema parlamentare e pluralista ci sono anche quelle cose che chiamiamo lobby, gruppi di pressione, interessi egoisti, corporativi e retrivi. L'imperativo del consenso talvolta genera inerzia.

Ne sappiamo qualcosa noi cittadini della vecchia Europa dove grandi riforme strutturali languono da anni, dove ogni cambiamento è bloccato da mille veti incrociati. Non sempre la libertà e il dinamismo vanno a braccetto. D'altra parte il decisionismo rapido ed efficace può portare a una ripartizione ingiusta dei costi dello sviluppo. Non a caso l'indice di diseguaglianza sociale – la distanza assoluta tra i più ricchi e i più poveri – oggi è più alto nella «comunista» Cina che in India. La mancanza di democrazia rende il governo di Pechino più veloce, gli consente di bruciare le tappe, e il mondo intero è in ammirazione davanti agli scatti fulminei con cui la classe dirigente cinese ha accorciato i tempi della modernizzazione. Nell'arco di mezzo secolo, però, includendovi le tragedie del «Grande balzo in avanti» e della Rivoluzione culturale, la rigidità politica della Cina comunista ha rivelato a più riprese i suoi punti deboli. Senza opposizione, senza contestazione, senza anticorpi, il sistema può imboccare strade sbagliate e perseverare a lungo nell'errore. Fa fatica a individuare i danni compiuti e a correggere la rotta. In mancanza di una normale dialettica tra forze politiche e sociali, l'accumularsi delle tensioni avviene in modo clandestino, finché il tappo salta e il paese precipita in crisi violente. Questo è accaduto più volte dal 1949 al 1989.

Non essendo stato riformato in profondità il sistema politico, non si può escludere che la storia si ripeterà. Nella gara tra i due giganti asiatici la tartaruga-India ha accumulato dei ritardi verso la lepre-Cina. L'operazione shock effettuata a Bombay con l'evacuazione violenta del popolo dei bassifondi indica che la classe dirigente indiana può subire la seduzione del potente vicino e delle sue scorciatoie autoritarie. La voglia di semplificare i problemi e di tranciare i nodi con l'ascia è forte. Tanto più di fronte allo spettacolo dei trionfi cinesi nell'economia globale, che strappano applausi dalle classi dirigenti del mondo intero. Ma in realtà è una gran fortuna per la Cina che esista l'India. Per ricordare che anche in Asia, anche per un paese di dimensioni analoghe, anche in un'economia emergente, anche in una società dove rimangono sacche di povertà e di arretratezza profonde, un'altra strada è possibile.

Conclusione

Era tutto già scritto

Quando settecentocinquant'anni fa Marco Polo racconta la Cina all'Occidente, anche chi crede alla metà della metà dei resoconti del *Milione* resta abbagliato e sedotto da quegli splendori. Marco Polo è un reporter di talento, giunto in una realtà troppo vasta per i suoi lettori. La sproporzione tra l'esperienza che vive e il mondo che si è lasciato alle spalle è inverosimile. L'Europa sua contemporanea, introversa e fanatica, è una periferia esile e quasi deserta se vista dalla Cina. La sua Venezia, allora una delle città più ricche e popolose del continente, ha 160.000 abitanti. La capitale della dinastia Song, Kinsai (oggi Hangzhou), nel 1274 ne ha 2 milioni. Cioè più di tutta l'Inghilterra di quel tempo. La maggior parte dei centri urbani europei considerati «grandi» nel Duecento conta gli abitanti a poche decine di migliaia, la Cina ha venti città sopra il mezzo milione. È stato stimato che all'epoca in cui il giovane mercante veneziano la visitò, essa produceva da sola i due terzi di tutta la ricchezza mondiale. I calcoli sui Pil di allora sono opinabili, ma il divario scientifico, tecnologico ed economico non è in discussione.

Un elenco sommario dalla *Harvard History of China* (John Roberts) ci impartisce a posteriori la stessa lezione di umiltà ricevuta da Marco Polo. Agli albori della dinastia Song, cioè due secoli prima che arrivi il veneziano, la Cina ha già inventato la stampa e la usa per diffondere una produzione letteraria senza eguali. Ci ha preceduti nella polvere da sparo e nella bussola. Ha molte lunghezze di vantaggio su di noi nei forni per l'acciaio, nelle tecniche di estrazione del carbone. La sua supremazia è evidente nella cantieristica e nella tecnologia navale. Idem nel genio civile e nell'ingegneria dei ponti sospesi, nell'idraulica, nelle chiuse e turbine (il sistema dei grandi canali da Pechino a Hangzhou non sarà eguagliato neppure dai navigli lombardi di Leonardo da Vinci). Muove i primi passi nella fabbricazione in serie. La sua scienza cartografica è la più accurata. Possiede un'economia finanziaria sviluppata, con ampia circolazione di carta moneta, un libero mercato per il trasferimento della proprietà terriera, e forme embrionali di Welfare State. È anche la patria della più vasta burocrazia mai esistita, un'idea di Stato, un corpo di funzionari e di regole che saprà tenere unito un territorio pari ai due terzi degli Stati Uniti per un periodo più lungo di qualunque altra civiltà mondiale.

Contrariamente allo stereotipo diffuso da Karl Wittfogel sul «dispotismo orientale», il neoconfucianesimo, il pensiero politico dominante all'arrivo di Marco Polo, pone persino dei limiti all'arbitrio del sovrano. A quell'epoca non appartiene neanche l'altro luogo comune, quello che descrive una Cina così orgogliosa della propria superiorità da rinchiudersi in uno splendido isolamento dal resto del mondo (la fase della chiusura verso l'esterno arriverà più tardi, nel Settecento-Ottocento, causando la crisi di cui approfitteranno l'Occidente e il Giappone per allungare le mani sull'impero in declino). Cina si dice *zhong-guo*, che significa, è vero, «Regno di Mezzo», cioè il centro del mondo, ma anche «crocevia». Al passaggio del primo millennio, quando l'Europa vive la sua era più buia e depressa, nell'allora capitale cinese di Xian vivono 25.000 stranieri. Altri 100.000 a Guangzhou e Quanzhou.

Ai tempi di Marco Polo, sotto la dinastia mongola dei Khan sono rappresentate e tollerate tutte le grandi religioni d'Eurasia: il buddismo venuto dall'India e l'islam dall'Arabia, il cristianesimo romano cattolico, quello bizantino e quello nestoriano, la religione ebraica e il taoismo. I Khan hanno cooptato nella «tecnocrazia» dei loro funzionari molti stranieri, compreso il viaggiatore venuto da Venezia. La Cina di allora ha la visione globale che manca all'Europa. E la sua superiorità, che trapela nelle fantasiose pagine del *Milione*, ha radici ancora più antiche, che affondano in un passato lontanissimo. Mille anni prima di Pericle e dell'età aurea di Atene i cinesi già filavano la seta, lavoravano il bronzo e la giada con una maestria ineguagliata. Alcuni dei capolavori della poesia mondiale di tutti i tempi nascono in Cina quando Alessandro Magno è ancora un bambino. Nel 240 avanti Cristo gli astronomi cinesi studiano il passaggio della cometa di Halley, con dieci secoli di anticipo sugli occidentali. Quando l'impero romano si avvia verso la caduta, quello cinese estende il proprio controllo su un'area geografica che spazia dall'Iran al Vietnam. Nel corso degli ultimi cinquemila anni, quei periodi in cui la Cina non era il «numero uno» mondiale sono stati l'eccezione, non la regola. Dall'anno Mille ai nostri giorni, in almeno sette secoli su dieci la sua economia è stata la più ricca e produttiva del pianeta.

Si può dire, dunque, che il secolo cinese in cui entriamo non è un'anomalia, anzi riporta le cose in ordine, rimette la Cina nel posto che le spetta: il centro del mondo. In una visione di lungo periodo, l'unica epoca tragicamente diversa della sua storia è il «secolo delle umiliazioni» apertosi nel 1840 con l'attacco dell'Inghilterra. Per tutta l'Asia – nonostante gli exploit giapponesi – quello è stato un periodo di regresso brutale. Quando gli inglesi scatenano contro i cinesi la prima «guerra dell'oppio», nel 1840, secondo i calcoli della Banca asiatica di sviluppo il 60% del Pil mondiale è in Asia. Nel 1940 l'Asia è crollata al 20%.

La Cina oggi non fa che chiudere quella parentesi e ridiventa la superpotenza che era quasi sempre stata prima di allora. Però questo suo ritorno avviene in un contesto particolare. Per la prima volta l'elefante cinese riappare fra noi mentre viviamo in un mondo unificato e rimpicciolito dai mezzi di trasporto e dalle tecnologie. Non solo le economie, ma le sorti delle nazioni e degli individui sono sottoposte a eventi – guerre, terrorismo, migrazioni di massa, inquinamento – che non conoscono più confini. La Cina era andata alla deriva, ai margini dello sviluppo mondiale, in un'epoca di bastimenti a vapore che impiegavano settimane da Shanghai a Londra; si candida ora a dominare lo sviluppo mondiale nell'era dell'Airbus A380, delle e-mail e dei videotelefonini. Il suo impatto su di noi ne è ingigantito.

Ben prima che si avverasse questo incontro esplosivo – fra 1,3 miliardi di cinesi e la globalizzazione –, molti leader e pensatori occidentali avevano intuito il potere destabilizzante intrinseco nelle dimensioni stesse della Cina e quindi nel suo serbatoio di manodopera povera. Nel 1816 fu Napoleone a dire «Quando la Cina si sveglierà, il mondo tremerà». Quella frase venne poi ripresa e fatta propria da Lenin poco prima di morire, nel 1923. Nel frattempo lo spettro dell'invasione di prodotti cinesi a basso costo – o di immigrati cinesi disposti a lavorare per un salario infimo – aveva fatto nascere un'ampia letteratura socioeconomica sul «pericolo giallo».

Friedrich Engels, il coautore con Marx del *Manifesto del Partito comunista* nel 1848, a proposito delle ondate di immigrati dai paesi poveri che venivano a fare concorrenza agli operai inglesi e a deprimere i loro salari scrisse queste righe: «Ne arriveranno sempre di più, e più di quanti ne vogliamo, di questi dannati irlandesi, italiani, ebrei e ungheresi; e dietro di loro incombono i cinesi, che superano tutti di gran lunga per la loro capacità di sopravvivere con quasi nulla». Un secolo prima che nascesse il Wto per liberalizzare il commercio internazionale, si agitavano allarmi che riletti oggi hanno un'eco di sorpendente attualità. Ecco un esempio: «La Cina userà un'arma incomparabile e imbattibile, l'operaio cinese, che sarà pagato cinque centesimi laddove il nostro guadagna cinque dollari. I nostri prodotti saranno espulsi dal mercato cinese; poi sarà la Cina a venderci i suoi. All'inizio si difenderà, poi passerà all'offensiva, e noi stessi ci presteremo ad agevolare e organizzare il suo assalto. Lo stiamo già facendo». Questo discorso fu pronunciato nel 1899 all'Assemblea nazionale francese dall'economista e deputato Edmond Théry, che due anni dopo pubblicava il celebre saggio intitolato proprio *Le péril jaune*, il pericolo giallo. Samuel Gompers, il leader sindacale dell'American Federation of Labor che fu una figura leggendaria nella storia del movimento operaio, in un manifesto del 1902 descrisse l'unanime sentimento anticinese che prevaleva nei lavoratori americani. Il titolo era *Le ragioni per escludere i cinesi*. Sottotitolo: *La dignità americana contro il servilismo asiatico: chi la spunterà?* Scriveva il sindacalista americano: «La minaccia che i cinesi rappresentano per noi non risiede semplicemente nella loro disponibilità a lavorare per salari più bassi, ma nella loro evidente capacità di sopravvivere in condizioni che gli occidentali normalmente riserverebbero agli animali. Il rapporto di una commissione di San Francisco incaricata di ispezionare Chinatown conclude che solo una specie subumana può esistere in quel tipo di ambiente: latrine a cielo aperto, esalazioni fetide, fogne e discariche di immondizia, vapori tossici e odori insopportabili; esseri umani ammucchiati come bestiame e stipati in cantine umide, abituati a vivere letteralmente come topi».

L'appuntamento decisivo con il «pericolo giallo» è arrivato con un secolo abbondante di ritardo; a rinviarlo ci hanno pensato varie aggressioni straniere, due rivoluzioni seguite da alcuni colpi di Stato palesi o mascherati, una guerra civile, l'occupazione giapponese e il maoismo. Nel frattempo il nostro linguaggio si è raffinato, l'espressione «pericolo giallo» oggi non è considerata politically correct. Anche i nostri leader più populisti e xenofobi non arrivano a descrivere i cinesi come topi o come subumani. Ma di fronte all'invasione del «made in China» un'analisi del linguaggio politico italiano del 2005 rivela ossessioni simili a quelle che incombevano sui paesi industrializzati cent'anni fa. La Cina di oggi è denunciata continuamente come la patria della pirateria industriale, della concorrenza sleale e dei falsi (sorvolando sul fatto che in quelle attività fino a ieri ci eravamo fatti una reputazione mondiale proprio noi). Non si dice più ad alta voce che gli operai cinesi accettano di lavorare in condizioni subumane, ma si «scopre» con orrore che nelle loro fabbriche non ci sono sindacati, non è garantita la sicurezza contro gli infortuni, si sfrutta il lavoro minorile e in generale non vengono rispettati i diritti umani. Si invocano controlli severi, protezioni, dazi, grandi muraglie contro l'avanzata del prodotto cinese sugli scaffali dei nostri grandi magazzini e supermercati.

Certo in alcuni casi la paura è comprensibile. Interi settori dell'industria italiana sono ormai cimiteri di marche defunte e di imprese fallite, e dietro le statistiche ci sono infinità di sofferenze personali. Dall'Asia sono arrivati a ondate gli shock competitivi che hanno stritolato prima l'industria pesante e i cantieri navali, poi l'elettronica e l'informatica. Ora rischia di scomparire una parte di produzione tessile, di calzature, mobili, arredamento, automobile. Sono centinaia di migliaia di posti di lavoro, nostri concittadini che non hanno più un futuro perché il loro mestiere presto non esisterà più. In Italia sono ancora e soprattutto gli operai e i tecnici dell'industria a subire i danni della delocalizzazione. Che cosa accadrebbe se fossero a rischio anche giornalisti e avvocati, medici e commercialisti, architetti e professori universitari? Qualora anche i mestieri del ceto medio-alto, quelli che fanno opinione, cominciassero a sparire risucchiati verso la Cina a un decimo del costo italiano, l'allarme politico sarebbe ancora più acuto.

La comprensione per i costi umani non deve impedire di vedere la realtà. Il protezionismo è un'illusione. In cui l'Italia ha creduto troppo a lungo, più di altri paesi. Ne è un esempio la campagna scatenata dal tessile-abbigliamento italiano contro l'apertura delle frontiere stabilita dal Wto. All'inizio del 2005 una petizione italiana con 350.000 firme è stata rivolta alla Commissione europea per ottenere protezioni contro le importazioni di vestiti «made in China». È una reazione al cambiamento avvenuto il 1° gennaio 2005, quando è stato abolito il sistema delle quote (quantità massime di importazioni) che avevano limitato il commercio mondiale di tessuti, fibre, filati, abiti e maglieria.

Lo smantellamento dei limiti non è arrivato all'improvviso. Fu negoziato ben dieci anni prima, proprio per lasciare il tempo di ristrutturarsi alle industrie minacciate dalla concorrenza di paesi più competitivi. In Italia, su oltre 600.000 addetti al tessile-abbigliamento un terzo potrebbero essere a rischio, per l'impatto delle importazioni «made in China». L'Italia stessa, però, dieci anni prima aveva firmato consapevolmente gli accordi sullo smantellamento delle quote tessili, nell'ambito di una generale liberalizzazione del commercio mondiale. A quell'epoca avveniva il passaggio dal Gatt (General Agreement on Tariffs and Trade) al Wto, un balzo in avanti della globalizzazione. Quel negoziato – oggi pochi se lo ricordano – fu richiesto dai paesi ricchi, non dalle nazioni emergenti. Fu anche dominato dai paesi ricchi, che ebbero un'influenza prevalente nello scrivere le regole del gioco perché in quel periodo (primi anni Novanta) la Cina e l'India non avevano il peso politico-economico e il potere contrattuale che si sono conquistate oggi. Da quella liberalizzazione l'America e l'Europa si aspettavano benefici superiori ai costi. A fronte di industrie declinanti e minacciate (già allora) dalla competizione di paesi a basso costo del lavoro, altri settori più profittevoli dovevano vedersi aprire nuovi mercati di esportazione nei paesi emergenti: dalle tecnologie avanzate all'immenso settore dei servizi (banche, finanza, assicurazioni, trasporti, comunicazioni, turismo) che sono di gran lunga la parte prevalente nelle economie sviluppate. E così è stato davvero. Anche se nei primi anni Novanta nessuno si aspettava che la Cina diventasse forte com'è oggi, tuttavia lo scenario ottimista di allora sulla globalizzazione non è stato sostanzialmente smentito dai fatti. Oggi la Cina non è solo un minaccioso concorrente che invade il mondo con i suoi vestiti o i suoi computer; è già il terzo mercato d'importazione del pianeta dopo gli Stati Uniti e l'Unione europea, il 60% del suo Pil è in settori liberalizzati e aperti agli stranieri, il 59% delle sue esportazioni profittano a imprese non cinesi (americane, giapponesi, europee) che producono sul suo territorio. Se si esclude l'enorme attivo commerciale bilaterale con gli Stati Uniti, con il resto del mondo Pechino ha i conti in deficit da anni, cioè compra ancor più di quanto vende. Se poi proviamo a immaginarci lo scenario diametralmente opposto a quello attuale – una Cina rimasta ai margini della globalizzazione, una specie di maxi-Corea del Nord con 1,3 miliardi di abitanti sull'orlo della fame, con l'esercito più numeroso del pianeta e il terzo arsenale nucleare – capiamo che quella sì sarebbe una minaccia per la nostra sicurezza, non il «made in China».

Anche se l'Italia è tra i paesi meno attivi nel cogliere le opportunità di esportazione o di investimento in Cina, la nostra industria della moda vanta comunque numerosi esempi di marche note che delocalizzano la produzione in quel paese e riesportano nel resto del mondo beneficiando dei suoi costi inferiori. Esiste poi un'«invasione italiana» di alto livello dentro la Cina stessa. La campagna italiana sulla contraffazione fa passare in secondo piano quest'altra realtà: nel 2004 le vendite di Armani in Cina sono cresciute del 17%, quelle di Gucci del 58%. Zegna, Ferragamo e Tod's hanno aperto schiere di negozi nuovi.

La banca d'affari americana Merrill Lynch prevede che i cinesi diventeranno il primo mercato per i prodotti di lusso «made in Italy» entro cinque anni, superando americani e giapponesi. Più della contraffazione pesa una guerra sommersa tra due Italie della moda: quella della piccola impresa che arranca e perde colpi, e quella dei grandi marchi che hanno i mezzi per delocalizzare in Cina conservando la testa pensante (design, strategie, marketing, finanza) a Milano o a Firenze. Non solo nell'abbigliamento. Mobili, lampade, occhiali: interi settori dello stile italiano hanno conservato in patria esclusivamente i mestieri più sofisticati, più creativi e meglio pagati, ma producono gli oggetti in Cina. È la logica specializzazione di un paese avanzato che per i suoi figli vuole un futuro da manager, non da operai.

Lo «stile Italia» che si regge sulle braccia cinesi, però, non lo dice ad alta voce (magari per non far sapere ai sindacati quanti posti di lavoro ha esportato; o per non rivelare la strategia ai concorrenti), e questo altera la nostra percezione dei vantaggi-svantaggi della globalizzazione.

A Bergamo ha sede la più grande impresa mondiale di telai meccanici per l'industria tessile: la società Itema del gruppo Miro Radici. È uno di quei nomi ignoti al grande pubblico, ma dove risiede la forza residua dell'industria italiana (non è un'impresa piccola, ha superato da molti anni la soglia del miliardo di euro di fatturato). Su dieci telai meccanici che il gruppo Radici esporta nel mondo sette vanno in Cina, uno nel resto dell'Asia, uno in Turchia, uno in Europa. I macchinari «made in Italy» per l'industria tessile sono la prima voce delle nostre esportazioni in Cina. A Prato, la «capitale degli stracci», considerano la vendita di quei perfezionati macchinari quasi come un reato di alto tradimento: un pezzo del sistema Italia fa affari con il nemico, trasferisce in Estremo Oriente la tecnologia con cui loro ci distruggeranno, «la corda per impiccarci». In realtà questa è la naturale riconversione di chi ha capito che bisogna spostarsi su mestieri più sofisticati. L'esempio dell'alta moda e delle macchine tessili non è l'unico. In Cina hanno investito per tempo e hanno avuto successo la Merloni negli elettrodomestici, Luxottica negli occhiali, Snaidero nelle cucine, lo studio Vittorio Gregotti nell'architettura e urbanistica. Purtroppo queste aziende sono ancora poche, e non possono guadagnare che piccole frazioni rispetto a quel che fanno in Cina Microsoft, Siemens o Alstom. Però almeno queste avanguardie tentano di operare la stessa trasformazione che su scala più ampia ha realizzato la California: già vent'anni fa la Silicon Valley rinunciò alle fabbriche, cominciò a delocalizzare in Asia la produzione fisica dei computer, mantenendo sul proprio territorio i centri di ricerca, le direzioni strategiche delle Intel, Hewlett Packard, Apple, Cisco. Per i giovani californiani l'aspirazione non è diventare operai in un impianto di assemblaggio di computer, così come per i giovani italiani l'ambizione massima non è diventare operai dell'industria tessile. Per centinaia di milioni di cinesi, invece, quel posto in fabbrica è proprio il sogno, la speranza di un futuro migliore. Quando in un convegno confindustriale a Prato gli imprenditori locali accusarono la Cina di fare «dumping» (esportazioni sottocosto sovvenzionate dallo Stato), l'economista cinese Fan Gang che era presente rispose: «Nel tessile ormai le imprese cinesi sono private, non hanno sussidi, devono far quadrare i conti a fine mese come voi. Gli 800 euro di salario all'anno che pagano ai loro operai possono scandalizzarvi ma non sono dumping. Chiamatelo sfruttamento, se volete. Noi gli diamo un altro nome: lo chiamamo povertà».

Le illusioni alimentate da una parte della classe dirigente italiana – i politici a caccia di voti che promettono misure contro le importazioni – hanno contribuito al ritardo generale del sistema Italia nel capire l'importanza della Cina. Un pezzo di capitalismo italiano nostalgico del protezionismo, della lira debole, dei mercati chiusi, ha creduto di potersi arroccare in difesa. Buona parte della classe dirigente nazionale ha ignorato a lungo la Cina, poi l'ha scoperta in modo apocalittico, come una minaccia. La conseguenza di quel provincialismo è visibile nella nostra posizione sul mercato cinese. Nonostante le brillanti eccezioni l'Italia nell'insieme non ha una strategia per partecipare alla grande sfida che è il secolo cinese. Altri paesi dimostrano più lucidità, hanno capito che in questo secolo la crescita economica e demografica verrà dall'Asia, che l'Europa è un continente depresso cronico, e la sua unica chance è agganciarsi alle zone dinamiche del mondo. Noi ci lamentiamo della stagnazione italiana ma non ne abbiamo tratto le conseguenze. Tra gli europei arriviamo solo al quinto posto per gli affari con la Cina, molto distanziati non solo da Germania, Inghilterra e Francia ma anche dall'Olanda. A livello mondiale negli investimenti in Cina l'Italia è ventitreesima, relegata perfino dietro alla Malaysia. Anche nel campo culturale gli altri paesi investono nel futuro costruendo relazioni con la giovane classe dirigente cinese mentre noi siamo assenti. Nel 2004 c'erano 60.000 studenti e laureati cinesi iscritti alle università inglesi, 50.000 in quelle tedesche, 40.000 in Francia e 35.000 nella sorprendente Irlanda. In Italia solo 600.

Visto dalla Cina lo spettacolo della demagogia protezionista in voga in Italia è irritante. Se facciamo un balzo indietro di quindici anni, all'inizio dei negoziati per l'ingresso di Pechino nel Wto, scopriamo che a quei tempi erano soprattutto i cinesi a paventare gli effetti della rivoluzione liberista. Come testimonia Wang Hui, un intellettuale della New Left cinese, una forte corrente radicale in seno al Partito comunista contrastava l'ingresso nel Wto e la liberalizzazione degli scambi: nella sua visione, la giovane industria cinese sarebbe stata stritolata dalla concorrenza dei paesi avanzati, colonizzata, consegnata nelle mani del Fondo monetario internazionale, di Washington, delle multinazionali occidentali. Il dibattito cinese di allora anticipava per certi versi i temi del movimento no global in Occidente. «Ci è mai stato chiesto allora» dice Wang Hui «se ci piaceva questo vostro ordine mondiale del Wto?» No, ai cinesi non fu chiesto, la fazione dominante ai vertici del Partito comunista decise in favore del Wto e chiuse la discussione d'autorità. Oggi Cao Xinyu, che rappresenta l'industria tessile cinese, di fronte alle nuove protezioni chieste dall'Italia è sconcertato: «La liberalizzazione nel tessile è stata una decisione comune, concordata con dieci anni di anticipo. Se dopo dieci anni di preparazione vi rinchiudete, gettate un'ombra su tutti gli accordi del Wto». Si avverte il senso di ingiustizia di fronte a paesi ricchi che prima, quando erano sicuri di guadagnarci, hanno stabilito le regole della globalizzazione e ora che hanno delle difficoltà pretendono che la partita sia sospesa e rinviata.

Il volto più dignitoso con cui si presenta il protezionismo italiano è quello di chi dice di volersi battere per i diritti dei lavoratori cinesi. I sindacati italiani che hanno partecipato alla raccolta delle 350.000 firme contro il «made in China» chiedono «il rispetto dei diritti fondamentali» anche per gli operai cinesi. Che quei diritti siano calpestati brutalmente è la verità. Nel marzo 2005 il procuratore generale della Repubblica a Pechino ha fornito un dato ufficiale: durante l'anno precedente 800.000 cinesi erano stati arrestati o perseguiti dalla giustizia per «attentati alla sicurezza dello Stato». Sotto quella definizione rientrano anche scioperi, conflitti sul lavoro, l'organizzazione di sindacati liberi, tutti reati puniti dalla legge. In un paese che ancora si definisce comunista, è illegale fondare un sindacato dei lavoratori mentre è lecito creare associazioni di imprese (anche multinazionali straniere) di tipo confindustriale. I padroni possono coalizzarsi per difendere i loro diritti, i dipendenti no. Per essere più precisi i lavoratori possono solo iscriversi al sindacato unico governativo, che nelle fabbriche ha come capo l'amministratore delegato dell'azienda. A guardare da vicino la costituzione materiale che regola di fatto la Cina, si trovano più analogie con i regimi fascisti che con i princìpi di una dittatura del proletariato, espressione che non a caso è stata cancellata anche nella propaganda di partito.

Certo è duro competere con un sistema di quel tipo. Già negli anni Ottanta il francese Jacques Delors, quando era il presidente della Commissione europea, sollevò il problema del «dumping sociale»: con quel termine intendeva dire che l'apertura delle frontiere può portare una rovinosa concorrenza al ribasso sui diritti dei lavoratori, se a vincere nella competizione mondiale sono i paesi che non hanno sindacati né Welfare. I lavoratori cinesi, però, non staranno meglio se i paesi ricchi un giorno decidessero di ostacolare – sia pure per motivi «nobili e altruisti» – le esportazioni dei loro prodotti. I dieci milioni di contadini cinesi che ogni anno abbandonano per sempre i villaggi e si trasferiscono stabilmente in città, lo fanno perché guadagnano dal triplo al quintuplo che nei campi. Anche nelle fabbriche insalubri e pericolose, con orari massacranti, senza ferie e senza tutele, i loro diritti umani sono meno umiliati che nelle campagne. Se si ferma la locomotiva cinese per loro sarà una tragedia. L'idea che il protezionismo possa aiutare gli operai asiatici a difendere i loro diritti non regge. È come se negli anni Cinquanta la Germania avesse escluso l'Italia dalla Comunità europea, protestando che i nostri operai e braccianti erano sfruttati e sottopagati rispetto ai tedeschi (e lo erano senza dubbio): forse non ci sarebbe stato un miracolo italiano. Invece l'Italia entrò nel Mercato comune nel 1957; a partire dagli anni Sessanta i lavoratori italiani si conquistarono paghe migliori e diritti sindacali con le loro battaglie, e anche grazie alla ricchezza prodotta dalle esportazioni del «made in Italy» verso l'Europa. Le conquiste sociali e gli aumenti salariali non vennero per effetto di un diktat straniero e di sanzioni economiche dal Nordeuropa più avanzato.

Oggi l'economia del pianeta si è talmente integrata che ritornare indietro – innalzare il ponte levatoio attorno ai nostri mercati, mettere la Cina in castigo, scatenare le inevitabili controreazioni in un crescendo di rappresaglie protezioniste – provocherebbe danni immensi a tutti, probabilmente una drammatica recessione mondiale. E tuttavia, se indietro non si torna, è legittimo riflettere su come si va avanti da qui in poi. La questione delle libertà, dei diritti umani e delle conquiste sociali in Cina è fondata. È giusto chiedersi se e quando la nazione più popolosa della terra seguirà l'esempio di altre società (Italia e Giappone negli anni Sessanta, Spagna, Corea e Taiwan nei due decenni successivi), cioè se e quando si avvierà sulla strada di salari più alti, limiti allo sfruttamento, condizioni di lavoro più giuste, conquiste non solo sindacali ma di civiltà. Poiché quelle garanzie sono storicamente legate alla libertà tout court, questo porta a confrontarsi con il dilemma più grande: la Cina può diventare, diventerà una democrazia, e se sì quando? La questione ha una rilevanza che va ben oltre la sfera dell'economia e le preoccupazioni sulla «concorrenza sleale». Pechino è una superpotenza atomica che grazie alla nuova ricchezza rafforza la propria influenza politica ed estende di anno in anno le proprie capacità militari in zone del mondo sempre più vaste. Il fatto che questa superpotenza sia governata da un'oligarchia che prende le decisioni in modo non trasparente, al riparo da ogni dibattito pubblico, la rende più imprevedibile, misteriosa e potenzialmente pericolosa di altre nazioni. Gli europei possono guardare con simpatia al rafforzarsi di un gigante che controbilanci l'egemonia americana, ma rischiano in futuro di imbattersi in un altro unilateralismo, applicato da un paese la cui classe dirigente non deve rendere conto a nessuno.

Queste nostre preoccupazioni dovrebbero condizionare fin d'ora la strategia di Pechino. Perché, se è vero che ormai il mondo non può più fare a meno della Cina, è vero anche l'inverso. La Cina ha bisogno di poter vendere sui nostri mercati, comprare le nostre tecnologie, ricevere i nostri investimenti. Dovrebbe essere quindi nel suo interesse rassicurarci, offrendo di se stessa un'immagine di colosso gentile, di «soft power» deciso a crescere in una relazione di reciproche convenienze con gli altri attori della comunità internazionale. Sarebbe questa la strategia più logica nell'interesse della Cina. Ma non è sempre quella seguita dai suoi dirigenti.

La conferma che il comportamento della nomenklatura comunista non è rassicurante come lo vorremmo si è avuta con sfacciata evidenza a Pechino lunedì 14 marzo 2005. Quel giorno la leadership cinese ha reso plausibile uno scenario che dovrebbe appartenere solo alla fantapolitica: mentre l'Occidente è alle prese con l'invasione pacifica ma inesorabile del «made in China», ecco che la superpotenza emergente sterza di colpo verso una drammatica escalation militare, dall'alto del suo miliardo e 300 milioni lancia l'Esercito di liberazione popolare nell'invasione di Taiwan, isola di 23 milioni di abitanti, grande come metà Lituania. Per proteggere Taiwan, che è una loro alleata, intervengono gli Stati Uniti. Si precipita verso un conflitto sino-americano dalle conseguenze imprevedibili, con il possibile coinvolgimento delle due Coree, del Giappone, dell'Australia: forse l'inizio della terza guerra mondiale. Insensato. Ma non impossibile, dal 14 marzo 2005. Quel giorno si concludeva a Pechino la sessione legislativa annua del Congresso del popolo, cioè il Parlamento cinese. Fra i tanti provvedimenti approvati all'unanimità, è passata la legge antisecessione (2896 sì, due astenuti: forse dormivano). È una legge che autorizza il governo di Pechino a usare la forza delle armi se Taiwan decide di dichiarare formalmente la propria indipendenza. Il modo in cui quella legge è stata presentata urbi et orbi è sintomatico del clima patriottico che si respira in Cina.

Di fronte alla stampa cinese e internazionale, a trarre le conclusioni della sessione legislativa è stato il premier Wen Jiabao. Wen l'occidentale, il leader più seducente, che sa parlare a braccio, improvvisa sorridendo, ha sempre la battuta pronta, non teme il fuoco incrociato dei giornalisti stranieri. Un telecronista della Cnn ha posto la domanda fatidica: «Nella legge antisecessione sta scritto che siete pronti a usare mezzi non pacifici. Che cosa significa? E se una guerra dovesse mettervi contro gli Stati Uniti, oggi siete in grado di vincere voi?». Nella sua risposta Wen è partito da lontano. Ha ricordato che «per cento anni la Cina ha dovuto subire le prepotenze e le umiliazioni delle potenze straniere, eppure non ha mai reagito con l'aggressione, non ha mai mandato i suoi soldati all'estero». (Non gli è stato contestato che dalla rivoluzione comunista in poi l'Esercito di liberazione popolare ha «liberato» il Tibet nel 1950, ha partecipato alla guerra di Corea nel 1950-53, ha attaccato l'India nel 1962 e ha invaso il Vietnam nel 1979; ma in fondo non era una lezione di storia e quindi nessuno si è soffermato sulla leggera imprecisione del premier.) Wen ha sfoggiato erudizione e arguzia citando la legge antisecessione che gli Stati Uniti vararono nel 1861 – alla vigilia della guerra civile – chiosando «noi speriamo di avere più successo». E poi la stoccata finale: «Taiwan è una questione interna. Non tolleriamo le interferenze straniere. Ma non ci fanno paura».

In quell'istante settecento giornalisti cinesi in sala sono scattati come un sol uomo ad applaudire il loro primo ministro. Per l'osservatore occidentale, disabituato a tanta armonia fra giornalisti e leader di governo, è stato impossibile in quel momento evitare un brivido di fronte all'eccitazione nazionalista dell'applauso spontaneo. Nella grande hall dell'Assemblea del popolo su piazza Tienanmen la razionalità sembrava sospesa, sostituita dalla forza bruta delle emozioni. Le affermazioni di Wen volavano come una bolla artificiale di retorica, a grande distanza dalla realtà.

Il richiamo ai cent'anni di umiliazioni coloniali poteva essere legittimo se fosse stato usato a proposito di Hong Kong, ex possedimento coloniale occupato dagli inglesi fino al 1997. Taiwan invece è abitata da cinesi doc, una parte dei quali vi si rifugiarono nel 1949 al seguito dell'armata di Chiang Kai-shek sconfitta dai comunisti, e vi elessero residenza. Dopo essere stata a lungo una dittatura di destra, dalla fine degli anni Ottanta l'isola è una democrazia, i taiwanesi esprimono le loro preferenze politiche in libere consultazioni elettorali e vorrebbero rimanere anche in futuro cittadini di un paese dove esiste la libertà di stampa e il pluralismo dei partiti. Ricchi e intraprendenti, ma ormai marginali di fronte al peso della grande Cina negli affari dell'economia globale, i businessmen taiwanesi sono gradualmente risucchiati dall'attrazione economico-finanziaria del gigante continentale. Le relazioni commerciali tra le due sponde dello Stretto non sono mai state così intense e proficue come oggi. In questa posizione Pechino potrebbe permettersi il lusso di aspettare tranquillamente che il tempo e il denaro facciano il loro effetto. Potrebbe perfino, con un misto di generosità, pragmatismo e lungimiranza, sedurre i democratici taiwanesi concedendo elezioni libere a Hong Kong... Invece ha preferito la legge antisecessione. Ha commesso un autogol a prima vista inspiegabile, gettando un'ombra sul concetto di «ascesa pacifica» della Cina teorizzato ufficialmente dai vertici del Partito comunista.

La Cina di oggi ha senza dubbio problemi più seri da risolvere che non lo statuto di Taiwan, e lo stesso Wen quel giorno ne ha citati in abbondanza. Ha descritto la situazione socioeconomica come un «andare controcorrente: se smettiamo di nuotare torniamo indietro». Ha messo il dito su due emergenze: «la penuria di risorse energetiche, con venticinque province che soffrono di blackout elettrici, e la povertà rurale». Nella lista delle priorità dell'azione di governo ha citato la lotta alla dilagante corruzione fra i dirigenti di partito. Al secondo posto la *corporate governance*, essenziale perché l'immenso risparmio delle famiglie cinesi possa trovare fiducia nella Borsa. Al terzo posto la riforma delle inefficienti banche pubbliche, tra gli ultimi dinosauri del periodo socialista. Al quarto la riduzione delle tasse sui contadini. Al quinto la costruzione di un sistema di sicurezza sociale. Sono compiti immensi che dovrebbero assorbire tutte le energie dei leader cinesi e tenerli occupati per un po' di anni. Ma se i governanti dovessero rivelarsi incapaci di risolvere quella lunga lista di problemi elencati da Wen, e se di conseguenza la Cina dovesse un giorno scivolare verso una tensione politica e sociale acuta? Allora i suoi capi si serviranno di un'avventura militare per deviare altrove la rabbia popolare? È un film già visto sotto altri cieli, altri tempi, altre dittature.

Gli apologeti del regime sostengono che questa è una volgare e faziosa insinuazione; che Taiwan non è affatto un potenziale diversivo dai problemi reali; al contrario, è una vera spina nel fianco della Cina contemporanea, una ferita grave alla sua unità nazionale, un simbolo patriottico fortemente sentito da tutti i cittadini. Il leader comunista che dovesse «perdere Taiwan» – secondo questa visione – perderebbe se stesso, si coprirebbe di infamia, verrebbe travolto da un'ondata di impopolarità. I sondaggi, per quel che valgono in un paese totalitario, dicono la stessa cosa: la schiacciante maggioranza dei cinesi considera vitale per il paese l'unificazione con Taiwan e si indigna per le «ingerenze» straniere su una questione che considera interna. Per usare un'immagine di Wen Jiabao, «la Cina non si immischia in una controversia tra il governo federale di Washington e lo Stato di New York». L'esperienza empirica di chi vive in Cina sembra confermare la versione proregime: i cinesi sono davvero compatti su Taiwan e non ammettono che l'isola possa dichiararsi indipendente.

Che questo sia il sentimento collettivo non deve stupire. È da quarant'anni che il Partito comunista inietta robuste dosi di nazionalismo nelle coscienze, e lo fa ancor più da quando l'ideologia egualitaria è crollata per far posto al mercato: il nazionalismo è tutto quel che resta. Il visitatore che passeggia la domenica insieme a migliaia di pechinesi nei bei viali alberati sulle rive del lago del Palazzo d'Estate – la celebre residenza secondaria degli imperatori alla periferia della capitale – è colpito dalla ripetitività ossessiva con cui, di fronte a ogni stanza di ogni villa, a ogni monumento, a ogni pagoda contenuta in quel vasto complesso storico, tutti i cartelli e tutte le didascalie insistono nel descrivere i danni compiuti dalle truppe inglesi e francesi un secolo e mezzo fa (1860). Il tema della «nazione violentata e offesa», che mai più dovrà subire simili oltraggi dallo straniero, è inculcato perfino nei dépliant turistici, figurarsi a scuola. Con un cortocircuito logico la questione di Taiwan si fonde negli animi della gente con il rancore antigiapponese (in effetti in passato cadde anch'essa sotto l'occupazione nipponica), sicché l'isola oggi alleata degli Stati Uniti diventa il simbolo di un'amputazione dell'integrità territoriale collegata all'aggressione straniera. Il fatto che la maggioranza dei cinesi oggi la pensi come un sol uomo su Taiwan, non dà ragione ai leader. Uno dei pericoli del totalitarismo è proprio la sua capacità di indottrinare il popolo perché pensi come un sol uomo.

L'esempio della legge antisecessione conferma l'importanza della questione democratica. Nel suo progetto per la pace perpetua (1795) il filosofo Immanuel Kant formulò una teoria che finora ha resistito alla prova dei tempi. Uno dei presupposti per la pace universale, disse Kant, è la democrazia; da allora ci sono state tante guerre fra dittature, o che hanno opposto paesi democratici e nazioni rette da dittature, ma non è mai scoppiato un conflitto armato tra due paesi a regime democratico. Che sia validamente eterna oppure no, quella regola ha permeato la nostra visione del mondo. Finché la Cina rimane una dittatura, la sua ascesa non può essere del tutto rassicurante per i suoi vicini e per il resto del mondo. E dunque, a quando la democrazia?

Il trapasso da una dittatura a una democrazia non avviene di solito come un salto istantaneo, dalla dittatura più feroce alla democrazia perfetta, dal tutto nero al tutto bianco. Ci sono ampie zone grigie, passaggi intermedi, transizioni più o meno lunghe. Ci sono poi varianti diverse di democrazia. Tra Londra e Roma, Washington e Parigi, le differenze sono notevoli sia nella teoria che nella pratica. Alcune libertà fondamentali sono considerate come l'abc, il minimo perché un paese possa dirsi democratico: la libertà di leggere, parlare e scrivere secondo la propria opinione senza essere arrestati e perseguitati, la libertà di criticare i governanti, di votare scegliendo fra candidati e partiti diversi. Ma prima ancora delle libertà politiche ci sono delle libertà personali che ormai diamo per scontate talmente ci siamo abituati, eppure sono primordiali e vitali: la possibilità che io ho di scegliermi un lavoro, una casa, una scuola per i miei figli, senza che qualcuno me li imponga; il diritto di trasferirmi a vivere da una città all'altra se voglio; la libertà di viaggiare all'estero; la facoltà di vestirmi come voglio, di portare i capelli lunghi o corti; la libertà nei rapporti sessuali.

Per i cinesi gli ultimi vent'anni hanno portato dei progressi modestissimi nel primo tipo di libertà (politiche), ma degli sviluppi sbalorditivi nelle seconde (libertà personali). E nella vita di tutti i giorni l'impatto di queste ultime è ancora più forte.

I cinesi che oggi hanno sessant'anni hanno vissuto quasi tutta la loro esistenza, i quarantenni e trentenni hanno vissuto infanzia e adolescenza, sotto un regime di comunismo austero, oppressivo ed estremista, che assegnava i posti nelle scuole e nelle fabbriche. Lo Stato imponeva la coabitazione forzata di varie famiglie sotto lo stesso tetto. Il partito invadeva la privacy individuale con lo spionaggio sistematico. I passaporti e i permessi per viaggiare (solo in gruppo e sotto scorta) erano centellinati come premi ai soggetti affidabili. L'ideologia dettava il modo in cui vestirsi, tutti uguali, e comunque nei negozi c'era poca scelta. La morale sessuale puritana ai tempi delle Guardie rosse non era molto più permissiva che in certe nazioni islamiche oggi. Rispetto a quell'esperienza da «comunismo di guerra», così prolungata e intensa che i suoi ricordi dominano ancora gran parte della letteratura e del cinema d'autore contemporaneo, la Cina dei nostri giorni è un paese irriconoscibile. In confronto a vent'anni fa, regnano il permissivismo e l'individualismo. C'è una gran varietà nei comportamenti; diversità nelle scelte professionali e di studio; negli stili di vita; nelle mode e nei consumi. Con l'eccezione di noti dissidenti sottoposti a vigilanza, tutti possono telefonare ad amici e parenti che vivono in America o in Europa e parlare apertamente della Cina senza che le conversazioni siano spiate dalla polizia.

La liberazione sessuale ha fatto passi da gigante, considerato il punto di partenza. I teenager di Pechino e Shanghai sono trasgressivi come a Berlino e a Tokyo. Naturalmente la possibilità concreta di godersi queste libertà personali è proporzionale al benessere economico: tutti hanno il diritto di comprare un biglietto aereo per fare le vacanze a Venezia o di iscrivere i figli a un'università americana, ma di fatto è il ceto medio-alto urbano a poterselo permettere, non i contadini. In ogni caso la middle class delle grandi città si sente libera. Dal suo punto di vista, la Cina non è in una situazione bloccata, anzi sta vivendo un'evoluzione eccitante, ricca di nuove opportunità. Questo sentimento è la base su cui poggia il consenso sociale verso l'attuale regime.

Da tale consenso di massa, che è reale, la nomenklatura comunista estrapola le affermazioni seguenti, che invece sono tutte da dimostrare: i cinesi non hanno bisogno della democrazia, quantomeno non della liberaldemocrazia pluralista com'è intesa in Occidente; il modello americano o europeo di democrazia non è adatto alla Cina e tentare di importarvelo provocherebbe instabilità, ingovernabilità, fino a precipitare il paese nel caos e nell'anarchia, compromettendo lo sviluppo economico che è la necessità più vitale.

Questa teoria dell'incompatibilità fra la Cina e la democrazia (come la intendiamo noi) viene sostenuta con vari argomenti. Il primo è lo scenario catastrofista. La Cina è troppo grande, ha una popolazione smisurata, è un continente con punte estreme di modernità e di arretratezza, con fortissime diseguaglianze economiche, sociali e culturali; governare la Cina da Hong Kong alla Mongolia è come tenere insieme sotto un'unica autorità statale gli Stati Uniti più il Messico e il Brasile, la Colombia e Haiti; è impossibile amministrare una simile complessità attraverso la frammentazione delle forze politiche. Se si importasse qui un Parlamento occidentale le spinte centrifughe sarebbero irresistibili: tra gruppi etnici, tra regioni ricche e povere, tra contadini e cittadini, tra lobby economiche, si aprirebbero contese feroci. Nella migliore delle ipotesi una Cina con tanti partiti politici in competizione adotta un populismo di tipo sudamericano, i suoi governi a caccia di consensi fanno esplodere i deficit pubblici, Pechino finisce in bancarotta e lo shock travolge l'economia globale; nello scenario peggiore scivola verso la guerra civile, con il possibile intervento dell'esercito o perfino la sua spaccatura in più eserciti al servizio di vari potentati locali, come ai tempi dei «signori della guerra» nel primo Novecento.

Il secondo tipo di giustificazione della dittatura usa una sorta di cinico realismo storico. Data l'immensità dei suoi bisogni, la Cina deve realizzare una transizione accelerata verso lo sviluppo, bruciando le tappe e comprimendo i tempi; anche in paesi meno grandi, come la Germania ai tempi di Bismarck, simili «salti» sono stati gestiti da regimi autoritari, gli unici capaci di imporre gli sforzi necessari senza farsi paralizzare dalle resistenze e dai costi sociali. In quest'ottica anche le orribili ingiustizie si stanno verificando ogni giorno nelle campagne cinesi hanno una logica. Gli espropri forzati dei contadini cinesi, che vengono cacciati dalle terre a profitto degli speculatori e dei capipartito corrotti, non sono un fenomeno molto diverso dall'appropriazione privata delle terre comunali nell'Inghilterra del Settecento-Ottocento: il risultato finale è quell'esodo dalle campagne alle città che è necessario al contempo per sviluppare l'industria e per razionalizzare l'agricoltura; il bilancio è tremendo per i diritti umani, positivo per lo sviluppo economico.

Il terzo tipo di giustificazione è quello più «positivo», orgoglioso e nazionalista. Non implica qualche forma di inferiorità della Cina ma, al contrario, esalta una sua diversità che affonda le radici nella storia, nella cultura, nei valori asiatici. Il pluralismo dei sistemi liberaldemocratici, secondo questa teoria, è la proiezione politica di società iperindividualiste e atomizzate. Le civiltà asiatiche segnate dall'impronta buddista e confuciana praticano il rispetto filiale verso i genitori, mettono la famiglia al di sopra dei suoi singoli membri, la collettività al di sopra dell'individuo, il bene comune al di sopra dell'egoismo personale, privilegiano l'armonia e la stabilità anziché la controversia e la polemica. Il confucianesimo educa al rispetto dell'autorità, non a rimettere continuamente in discussione chi sta in alto. Il paternalismo autoritario – a Singapore come a Pechino – è il sistema politico più adatto all'etica asiatica. La combinazione fra questo paternalismo e il capitalismo di mercato è una miscela formidabile per generare sviluppo. Voler trapiantare in Cina la stessa democrazia in vigore a Washington o a Londra, è una forma di arroganza postcoloniale, la pretesa di omogeneizzare il mondo imponendo a tutti il modello occidentale.

Non è secondario il fatto che in queste visioni manchi ormai qualsiasi richiamo al comunismo, al leninismo, al maoismo. È caduta la retorica di un socialismo democratico e liberatore (durata poco, solo durante la resistenza contro i giapponesi e la guerra civile degli anni Quaranta contro il fascista Chiang Kaishek); è stata abbandonata la «dittatura del proletariato» a profitto di un partito dove si iscrivono più padroni che operai; è tramontata l'ideologia egualitaria a vantaggio del Dio-mercato. La classe dirigente cinese ha bisogno di una teoria generale del potere che giustifichi con qualche credibilità la più grande dittatura rimasta in vita nel terzo millennio. Ben vengano Confucio e Buddha, Bismarck e Adam Smith.

Questi prodotti ideologici «made in China» hanno un mercato ricettivo in Occidente. Se all'epoca del maoismo era a sinistra che si trovavano simpatie per la dittatura cinese, mentre la destra (da Charles de Gaulle a Richard Nixon) si limitava a cercare delle convergenze d'interessi in politica estera, una svolta evidente si verifica in seguito all'anno spartiacque per i destini mondiali del comunismo: dopo il 1989, l'anno della caduta del Muro di Berlino e della repressione della primavera democratica di Pechino, il partito filocinese fa proseliti a destra, a sinistra e al centro. Seduce ancor più chi sta ai piani alti del capitalismo mondiale. Quando ancora è caldo il sangue degli studenti sull'asfalto di piazza Tienanmen, già tra i governanti americani ed europei, e nei consigli d'amministrazione delle multinazionali, qualcuno sussurra che Deng Xiaoping forse non aveva torto.

A conferma di questa «intuizione», da quel 1989 in poi i due universi comunisti imboccano strade opposte. Da una parte inizia la lunga e tormentata dissoluzione dell'Urss, il passaggio da Gorbaciov a Eltsin, una transizione democratica turbolenta e difettosa, una crisi economica grave fino alla bancarotta russa del 1998. La riunificazione tedesca ha costi così pesanti che affondano ancora oggi il bilancio pubblico di Berlino. E infine arrivano tutti quei polacchi, cechi, ungheresi e domani rumeni e croati a cui tocca far posto nell'Unione europea. Dall'altra parte, in Cina, dopo i carri armati la situazione politica torna in ordine, lo sviluppo riparte alla grande, trasforma il paese nel primo mercato mondiale e nella nuova locomotiva della crescita globale. Inizialmente sommesso, il coro dei fischi occidentali verso l'Europa dell'Est e degli applausi alla Cina, sale fino a trasformarsi in un crescendo assordante. Fra i due modelli non c'è gara. Non ci conviene tifare per le riforme politiche e «rischiare» che capiti un Gorbaciov o uno Eltsin a Pechino, una transizione democratica pasticciata e conflittuale, il miracolo economico che svanisce, la grande crisi. E alla fine: l'Occidente che deve intervenire con maxiaiuti e piani di salvataggio per mantenere 1 miliardo e 300 milioni di cinesi?

Gli ideologhi del partito unico sono maestri nel vendere la dimostrazione che la loro oligarchia è il miglior governo possibile per la Cina. Ognuno dei loro argomenti, tuttavia, può essere «smontato». Nulla nella storia, nella civiltà e nella cultura dei cinesi li rende inabili a godere della libertà di espressione e di dissenso, ad autogovernarsi, a scegliersi gli amministratori della cosa pubblica più efficienti e onesti. La storia imperiale del paese non dimostra una sua vocazione all'autocrazia, visto che anche il democratico Giappone ha avuto (ha tuttora) dinastie imperiali e la cinese Taiwan elegge un Parlamento pluralista e un presidente a suffragio universale. Anzi nell'antico sistema imperiale gli storici individuano controlli e antidoti che in parte limitavano l'assolutismo: il «mandato del Cielo» era periodicamente revocato da rivolte popolari contro i regnanti incapaci; la meritocrazia degli esami imperiali formava un'amministrazione pubblica scelta secondo criteri di competenza, non solo di obbedienza al sovrano.

Di buddismo e confucianesimo esistono tante interpretazioni e varianti come del cristianesimo, che si possono manipolare per dimostrare tutto e il contrario di tutto (la classe dirigente anglo-protestante degli Stati Uniti teorizzò a lungo che gli immigrati italiani e irlandesi erano inadatti alla democrazia in quanto la religione cattolica li aveva educati a essere schiavi dell'autorità papale). Nel 1912, subito dopo la rivoluzione repubblicana di Sun Yat-sen, la Cina seppe organizzare elezioni non meno libere di tanti paesi europei di allora. Da quel momento avrebbe potuto iniziare la costruzione di una democrazia moderna, se le tendenze golpiste dei «signori della guerra» non fossero state sostenute dalle potenze straniere (è una singolare tendenza degli occidentali nei confronti della Cina, lo stare sempre dalla parte dei liberticidi). Del resto la migliore replica alle obiezioni sulla maturità democratica di questo popolo fu data sessant'anni fa da una fonte davvero insospettabile. Quando nel 1945 il partito nazionalfascista Kuomintang di Chiang Kai-shek si oppose alle libere elezioni a suffragio universale adducendo a pretesto l'ignoranza e l'inesperienza dei cinesi, Mao Zedong rispose: «Se vuoi imparare a nuotare, devi buttarti in acqua».

La dittatura è garanzia di stabilità? Se si allarga lo sguardo oltre gli ultimi quindici anni (un po' pochi per costruirci sopra una «teoria»), è vero l'esatto contrario. Fra il Grande balzo in avanti e la Rivoluzione culturale la storia della Cina sotto i comunisti è stata tormentata dall'instabilità: strappi radicali, svolte politiche repentine e violente, insurrezioni popolari represse nel sangue, lacerazioni del gruppo dirigente risolte a colpi di omicidi e arresti. Proprio perché le regole di conquista del potere e di avvicendamento ai vertici del partito sono opache e arbitrarie, le crisi potrebbero riprodursi. Dal 1949 a oggi si è visto operare più volte un altro difetto tipico della mancanza di controllo popolare e di alternanza: quando il partito unico imbocca una strada sbagliata, per esempio applica una politica economica catastrofica, i suoi dirigenti perseverano nell'errore a lungo prima di correggere la rotta. È inevitabile, visto che la società civile non ha gli strumenti per «segnalare» gli errori cambiando i governanti che sbagliano. L'impotenza dei dirigenti di Pechino a ridurre la corruzione dilagante che essi stessi denunciano è un altro sintomo patologico.

Nonostante l'apparente solidità, la dittatura è fragile perché troppo rigida. Lo dimostra l'importanza che ha assunto la crescita dell'economia come collante della pace sociale, in particolare nella popolazione delle grandi città, che oggi è la *constituency* più appagata dal regime. In tutte le epoche e in tutte le zone del mondo l'economia ha un andamento ciclico: che accadrebbe il giorno in cui la crescita cinese dovesse fermarsi? L'economista Yukon Huang, esperto della Banca mondiale, nel gennaio 2005 ha fatto la seguente previsione: «L'inquinamento, la penuria d'acqua e la scarsità di energia minacciano lo sviluppo cinese e molto probabilmente lo faranno deragliare entro tre o cinque anni». Nei nostri paesi la buona o cattiva salute dell'economia può decretare il successo o la caduta di un governo o di un presidente, in Cina una forte recessione potrebbe segnare l'inizio della fine del regime politico attuale. Se il sistema non prevede che i cittadini scontenti possano mandare a casa un presidente o un primo ministro, in caso di crisi grave i cittadini se la prenderanno con il sistema stesso. Anche i problemi relativi all'unità nazionale – Taiwan, Hong Kong, il Tibet – potrebbero essere risolti in modo soft se la Repubblica popolare si trasformasse in una federazione, e garantisse il rispetto di tutte le minoranze: questo cambiamento richiederebbe la flessibilità tipica di una democrazia, non la rigidità di una dittatura.

A Pechino e Shanghai molti ex contestatori dell'89, oggi rientrati nei ranghi e brillantemente inseriti nel mondo del business, si sono attestati in una posizione di «ottimismo passivo». Si sono convinti che i benefici del capitalismo, la diffusione dell'istruzione e dell'informazione, la crescente apertura verso l'esterno, finiranno automaticamente per portare la Cina verso un cambiamento politico. Non sanno bene verso quale modello approderà – magari esisterà un giorno un'originale variante cinese della democrazia –, ma aspettano pazienti (e nel frattempo accumulano soldi). I più fiduciosi hanno già in mente il percorso preciso: la transizione alla democrazia sarà guidata dall'alto in maniera morbida, inizierà facendo emergere alla luce del sole le «correnti» che già esistono in seno al Partito comunista, embrioni di futuri partiti diversi; infine i capi illuminati estenderanno a livello nazionale, con voto su liste concorrenti, quell'esperimento di elezioni con candidati multipli già avviato nei villaggi. È uno scenario non impossibile, anche se forse è un po' troppo idilliaco: attribuisce ai dirigenti del partito tanta lungimiranza e tanto altruismo.

Purtroppo la storia non procede sempre per le vie più razionali. La visione di questi «chuppie» («chinese-yupple») paradossalmente tradisce ancora l'influenza del determinismo economico marxista: la teoria secondo cui l'economia comanda la politica, lo sviluppo materiale provoca inesorabilmente il cambiamento nel potere. Invece l'economia non può fare da sola, a un certo punto qualcuno dovrà assumersi il compito di guidare una svolta, candidarsi a cambiare il sistema. È vero, però, che la galoppante trasformazione del paese sta creando domande nuove. La globalizzazione, la concorrenza, l'invasione di multinazionali straniere, le regole del Wto: tutto questo rende urgente, per esempio, che nella sfera economica la Cina abbia dei tribunali efficienti per far rispettare le regole del gioco (anche contro la pirateria e l'industria del falso). Questo significa creare, almeno in un pezzo del sistema, uno Stato di diritto con le sue garanzie e i limiti all'arbitrio del partito unico.

Un altro campo in cui l'economia sta forzando la politica è la proprietà immobiliare. Sempre più spesso accade che i piccoli proprietari di case espropriati d'autorità dall'oggi al domani per far posto a qualche speculazione edilizia (di solito ottenuta dai palazzinari a suon di tangenti), anziché rassegnarsi si coalizzano, pagano degli avvocati, esigono verifiche sulla correttezza delle procedure di esproprio e sul calcolo delle indennità. Vanno in tribunale non per invocare un utopico egualitarismo, una giustizia sociale a cui non crede più nessuno. No, vanno dai giudici in nome della difesa puntuale di quella proprietà privata che è diventato uno dei valori fondamentali proclamati dal nuovo regime cinese. In un certo senso i condomini che resistono agli affari tra il partito e i palazzinari rivoltano l'economia di mercato contro la dittatura che la promuove. Dall'*habeas corpus* britannico alla Rivoluzione francese e fino ai giorni nostri, la battaglia per avere tribunali imparziali si chiama anche battaglia per la democrazia.

Chi vive in mezzo ai cinesi impara ad ammirare la meravigliosa vitalità della loro società civile, la loro cultura sofisticata, la loro fantasia e saggezza, la loro curiosità per l'estero. Trova perciò anormale che debbano tenersi dei dirigenti che pretendono di nominarsi da soli. Il secolo cinese non sarà completo senza la nascita della democrazia nel cuore della Città Proibita: senza dubbio uno dei più grandi eventi nella storia dell'umanità.

Almeno, così dobbiamo sperare. L'alternativa sarebbe grave e non solo per i cinesi. In fondo le simpatie che la dittatura di Pechino raccoglie anche fra tanti occidentali sono indicative di una crisi di fiducia che abbiamo in noi stessi, nel valore delle nostre libertà. Se non cambierà la Cina allora rischiamo di cambiare noi. L'impatto di questa nuova superpotenza mondiale, la convergenza e la reciproca contaminazione tra sistemi, può rafforzare le tentazioni autoritarie presenti anche in America e in Europa. Più globalizzazione e meno libertà, più capitalismo e più disciplina per tutti: del secolo cinese, questa sarebbe la fine peggiore.

Indice dei nomi

«Il secolo cinese»
di Federico Rampini
Collezione Strade Blu

Arnoldo Mondadori Editore S.p.A.

Questo volume è stato impresso
nel mese di aprile dell'anno 2005
presso Mondadori Printing S.p.A.
Stabilimento NSM - Cles (TN)

Stampato in Italia - Printed in Italy